云南交通防灾减灾知识与对策系列丛书

Traffic natural disaster prevention and reduction measures in Yunnan highway

云南公路交通自然灾害防灾减灾对策

李　昆　柏松平　李昆华　主编

内 容 提 要

本书主要从云南公路交通地质灾害和气象灾害两个方面介绍了两类自然灾害的防灾减灾对策。在云南公路交通地质灾害及其防灾减灾对策部分，较全面地介绍了云南公路交通所处的地理地质环境；云南公路交通地质灾害的类型、特点及分布；公路滑坡、泥石流、崩塌、软基沉降、岩溶土洞塌陷、水毁等地质灾害及其防灾减灾对策。在云南公路交通气象灾害及其防灾减灾对策部分，较全面地介绍了云南公路交通气象灾害的类型、特点；公路冰雪、大雾、风、雷电、大旱等气象灾害及其防灾减灾对策。

云南是地震灾害的频发地和重灾区，地震灾害可能诱发滑坡、崩塌、滚石、泥石流、地面塌陷等次生地质灾害和溃决水灾。为此，本书将地震灾害及其防灾减灾对策单列一章，较全面地介绍了公路地震灾害的基本概念、地震对公路交通的破坏作用、公路工程构造物抗震基本知识。以案例的形式介绍了公路交通地震灾害防灾减灾综合应急技术。

本书可供交通、国土资源、防灾减灾、水利水电、矿山、国防工程等部门的地质、岩土工程、气象工程技术人员及高等院校有关专业师生参考。

图书在版编目 (CIP) 数据

云南公路交通自然灾害防灾减灾对策/李昆，柏松平，李昆华主编.—北京：人民交通出版社股份有限公司，2014.11

ISBN 978-7-114-11561-5

Ⅰ. ①云… Ⅱ. ①李… ②柏… ③李… Ⅲ. ①自然灾害－影响－公路运输－交通运输安全－研究－云南省 Ⅳ. ①U492.8

中国版本图书馆CIP数据核字(2014)第162358号

云南交通防灾减灾知识与对策系列丛书

书　　名： 云南公路交通自然灾害防灾减灾对策
著 作 者： 李　昆　柏松平　李昆华
责任编辑： 黎小东　刘永超
出版发行： 人民交通出版社股份有限公司
地　　址： (100011) 北京市朝阳区安定门外外馆斜街3号
网　　址： http://www.ccpress.com.cn
销售电话： (010) 59757973
总 经 销： 人民交通出版社股份有限公司发行部
经　　销： 各地新华书店
印　　刷： 北京市密东印刷有限公司
开　　本： 787×1092　1/16
印　　张： 15
字　　数： 355千
版　　次： 2014年11月　第1版
印　　次： 2014年11月　第1次印刷
书　　号： ISBN 978-7-114-11561-5
定　　价： 65.00元

PREFACE

序

交通运输是国民经济的重点战略产业，是国民经济的重要基础设施，是行业产业间联系的桥梁和纽带。安全、经济、快捷、便利地实现人行其便、货畅其流，是交通运输行业的主要职责。

云南地处欧亚大陆东南部，山地面积约占94%，在地形上具有山峦起伏、沟壑纵横、沟床纵度大，流域形状便于水流汇集等特点，为滑坡、泥石流等地质灾害提供了必要的形成条件，已成为全国地质灾害最为严重的省份之一。近几年云南连续干旱，地下水位下降显著，土体干燥，主汛期又集中降雨，山坡稳定性差，导致崩塌、滑坡、泥石流范围增大、数量增多。总之，多种类、高频率、大范围、重量级的自然灾害时常对云南交通运输网络造成损毁。

在交通运输飞速发展的同时，交通事故已成为全球一大公害。据世界卫生组织（WHO）统计，目前，全球每年约有120多万人死于交通事故，因交通事故受伤人数达到5000余万，迄今，全球交通事故造成的死亡人数远远超过了两次世界大战中罹难人数的总和，交通事故已成为全球非正常伤亡的重要因素。与发达国家相比，我国的道路交通事故率明显偏高，造成这种差距的主要原因是“人、车、路、环境”诸要素配合失调和交通管理滞后。云南全省海拔相差甚大，最高点6740米，最低点76.4米，整个地势自西北向东南倾斜。由于地理环境的特殊制约，长大纵坡及小半径曲线路段较多，因而云南成为了全国道路交通事故多发省份。

提高云南交通运输网络承灾能力，加强云南交通运输网络自然灾害预防、交通事故灾害预防与灾害救援和处治能力建设，直接关系到云南经济社会发展的稳定。云南省交通运输厅高度重视交通防灾减灾工作，委托云南交通职业技术学院，根据云南交通运输实际，立项开展交通防灾减灾对策及知识普及研究，重点研究和解决以下几个问题：一是系统分析云南交通运输网络所处的地理地质环境和制约因素；二是系统梳理危及云南交通运输网络安全的灾害种类、分布和特征；三是针对典型自然灾害和事故灾害对交通运输网络及其运输工具和人民生命财产造成的威胁和损害，系统提出预防、应急对策和相关应对措施；四是系统整理和序化交通灾害应急管理的政策、法规、标准和相关应急预案；五是指导交通运输网络和应急设施的覆盖规划，以及对关键交通设施的维修与加固；六是为交通运输网络灾害预防与救援提供决策咨询依据，提高应急管理部门的配合度和应急决策水平；七是对云南交通运输业有关单位工程技术人员、管理干部和交通院校相关专业学生进行培训、宣传和教育等。

历时两载，研究成果《云南交通防灾减灾知识与对策系列丛书》终于付梓出版了。这是云南交通运输行业落实科学发展观的重要举措，是提高云南交通运输网络防灾减灾能力建设的重要成果，体现了云南交通战线广大职工敢于创新、勇于担当的气概，对工作的专注和热爱，心系人民生命财产安全的强烈责任感和使命感。我向参与这项工作的省内外协作单位、专家、学者和身处交通运输第一线的相关工程技术人员和管理干部表示衷心感谢，向编撰该系列丛书的各位编者表示敬意和祝贺。希望参与丛书编撰的专家、学者和老师们注意跟踪和了解丛书的使用效果，多方收集反馈意见，使丛书得到进一步完善，成为云南开展交通防灾减灾培训、宣传和教育的一套优秀丛书，为构建安全、畅通、便捷、和谐的交通运输体系和中国面向东南亚、南亚的国际大通道做出积极贡献。

云南省交通运输厅厅长：刘一平

2014 年 9 月

FOREWORD

前言

云南特殊的地理位置、地形地貌、水文气象、地质条件等诸多因素，决定了云南公路交通自然灾害具有广泛性、多发性、特殊性和严重性，决定了云南现行和未来的道路交通运输网络存在着不可避免的物理脆弱性。在此背景下，如何加强云南交通行业防灾减灾能力建设、增强云南公路交通运输网络承灾能力、提高公路交通防灾减灾科普教育水平和防灾应急能力，既是云南交通行业保障交通畅通、维护群众利益、确保人民生命财产安全、促进社会和谐发展的重要举措，更是云南交通行业落实科学发展观、维护云南经济社会发展稳定、以人为本的重大政治考量。因此，结合实际，全面、系统地介绍云南公路交通自然灾害防灾减灾知识与对策，对云南交通行业从业人员，特别是业内相关人员进行防灾减灾知识培训、技术指导、经验介绍，非常必要、十分迫切；在准备进入交通行业工作的大中专学生中开展交通防灾减灾教育，达到树立意识、形成概念、提高素养的目的，也尤为重要和紧迫。防灾减灾教育是生命教育、生活教育、生产教育和保护教育不可或缺的一环，交通防灾减灾知识、技能、经验走进交通行业建设、管理、养护、运输、安全等企事业单位以及交通院校，已势在必行，此为撰写本书的主要目的。

本书以云南公路交通为对象，以公路交通自然灾害防灾减灾为主题，以公路交通地质灾害和气象灾害为两翼，依托典型案例，较全面地阐述和介绍了云南公路交通自然灾害的类型、特点、分布及预防和应急技术。本书所举案例体现了新材料、新技术、新方法、新措施、新手段在公路交通自然灾害防灾减灾中的应用，具有现实意义和参考价值。

本书撰写过程中得到了云南省交通运输厅科教处、省交通科教研究会、四川省公路局、长安大学、昆明理工大学、云南省公路开发投资有限责任公

司等单位领导、专家、学者、技术人员和同行的大力支持和帮助，在此，均表示最诚挚的感谢。由于时间和编者水平有限，书中错误、遗憾在所难免，恳切希望广大读者提出宝贵意见和建议，以便修订时加以完善。

编者

2014年9月

CONTENTS

目录

第一章 云南公路交通地理地质环境

云南省位于中国西南边陲，简称滇。北与川、藏两省区相连，东与黔、桂两省区接壤，南、西分别与越南、老挝、缅甸为邻，介于北纬21° 9′～29° 15′，东经97° 31′～106° 12′。面积约39.4万km^2，人口4631余万人，其中少数民族约占1/3。辖16州(市)，129个县（市、区），省会昆明市（图1-0-1）。

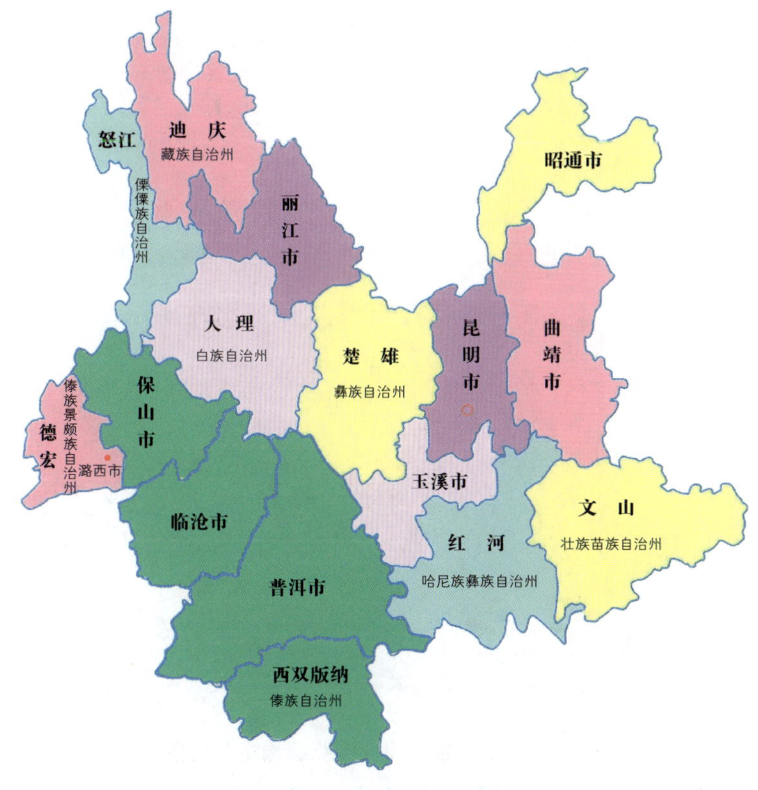

图1-0-1 云南政区图

第一节 区域地质构造

一、区域地质构造特征

云南省地处云贵高原，其大地构造位置处于欧亚板块与印度板块碰撞带的东缘部位，印度板块不断向北向东移动，将其前锋部分插入欧亚板块下部，不断把接触地带向上掀开，形成喜马拉雅山脉及青藏高原和东部的横断山脉及滇东高原，因而构造运动强烈，地层褶皱紧密，断裂构造发育。

二、主要深大断裂

云南省内断裂构造十分发育，其中对区域地质环境和灾害起控制作用的主要深大断裂有怒江深大断裂（F_1）、碧罗雪山—沧源（西）深大断裂（F_2）、昌宁—孟连大断裂（F_3）、（南）澜沧江深大断裂（F_4）、德钦—阿墨江深大断裂（F_5）、程海—哀牢山大断裂（F_6）、金沙江—红河大断裂（F_7）、元谋—绿汁江大断裂（F_8）、小江—个旧大断裂（F_9）、富源—师宗—建水大断裂（F_{10}）、越北古陆北缘弧形大断裂（F_{11}）、陇川—昌宁—弥勒—广南（北）大断裂（F_{12}）、南定河大断裂（F_{13}）、黑河大断裂（F_{14}）和木里—丽江断裂（F_{15}）等（图 1-1-1）。

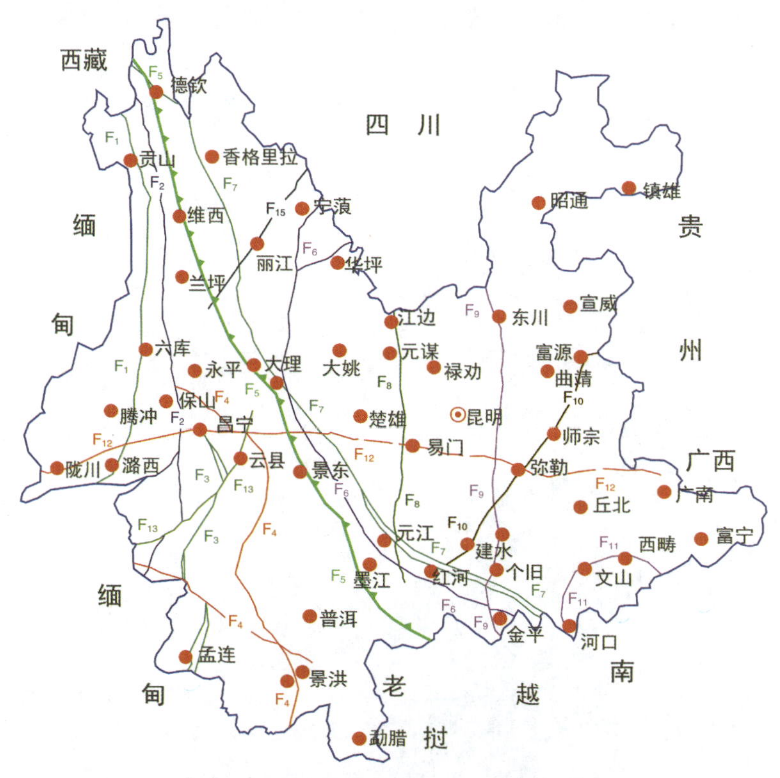

图1-1-1　云南省主要深大断裂构造分布图

（1）怒江深大断裂（F_1）：是云南最西部的 SN 向断裂，北起贡山东侧，向南经六库西侧，折向 SSW，经潞西东继续向缅甸境内延伸，云南省内长约 450km，推测总体向西陡倾（倾角大于 80°）。

（2）碧罗雪山—沧源（西）深大断裂（F_2）：自西藏进入云南西北境内，向南经梅里雪山东侧、碧罗雪山西侧、柯街、沧源西进入缅甸。云南境内长约 585km，总体走向近 SN 向，向西陡倾。该南部被 NE 向的南汀河断裂（F_{13}）右行错断。

（3）昌宁—孟连大断裂（F_3）：位于碧罗雪山—沧源（西）深大断裂与（南）澜沧江深大断裂之间，北起昌宁，南至孟连，向南继续延伸至缅甸境内。云南境内南北长约 300km，东西宽 1 ～ 25km，总体向西陡倾。

（4）（南）澜沧江深大断裂（F_4）：北起保山，于景洪市东南延至缅甸、老挝，在云南省境内长约450km。断裂走向近SN向，平面上呈波状弯曲，总体向西倾，倾角50°～80°，在昌宁东侧北东侧被陇川—昌宁—弥勒—广南（北）大断裂（F_{12}）左行错断。

（5）德钦—阿墨江深大断裂（F_5）：是云南省的主要骨架断裂构造，是西部大洋向东部大陆俯冲导致的深大断裂分界。该断裂自西藏进入云南德钦县，向SSE经维西、大理（西）、景东、墨江（西），沿阿墨江出境至越南，云南境内长达800km，倾向NE，倾角36°～65°。

（6）程海—哀牢山大断裂（F_6）：位于德钦—阿墨江深大断裂（F_5）东侧，从华坪（北）往SW经程海后，再往南至弥渡南转SE至金平进入越南；向北经华坪（北）入四川后再进西藏，在云南境内长约520km。该断裂整体呈向西凸出的弧形构造，倾向E和NE，倾角45°～70°。

（7）金沙江—红河大断裂（F_7）：北起德钦（东），往南东经大理（南）、元江（西）至河口进入越南，大致与德钦—阿墨江深大断裂（F_5）平行，云南省境内长达920km。以大理洱海为界，北段称为金沙江断裂，南段称为红河断裂，分别向NE和SW陡倾。

（8）元谋—绿汁江大断裂（F_8）：自四川省向南进入云南境内，经元谋县城（东）至易门县城(西)，消失于哀牢山，在云南省境内长300km。该断裂走向近SN向，西盘上升，东盘下降，倾角大于70°。至燕山末期，该断裂活动已基本结束。

（9）小江—个旧大断裂（F_9）：位于云南中部偏东，北起东川，往南经开远、个旧、金平（西）而出境，省内全长约450km。该断裂走向与元谋—绿汁江大断裂（F_8）近于平行，总体倾向西，倾角50°～75°。从近代地震资料看，该断裂现今仍在活动。

（10）富源—师宗—建水大断裂（F_{10}）：位于云南省东南侧，为扬子古陆西南部个旧—右江（含红水河流域）地凹的北西缘边界断裂。北起富源，沿SW35°方向经建水、而止于红河断裂（F_7），云南省境内全长320km。

（11）越北古陆北缘弧形大断裂（F_{11}）：位于云南省东南角，西起河口县城东，经文山城南、西畴县城北折向南东方向、经扬万西侧进入越南，云南境内长150km，弧顶可能向北倾斜，2005年8月13日文山地震可能与该断裂活动有关。

（12）陇川—昌宁—弥勒—广南（北）大断裂（F_{12}）：是唯一横贯云南省中部的EW走向的大断裂，西起云南陇川与缅甸交界处，向东经昌宁、弥勒至广南县城北侧进入广西境内，云南省境内全长770km，产状陡立。

（13）南定河大断裂（F_{13}）：位于云南省西部，从耿马县进入云南省后呈NNE向延伸，经云县止于大理市南面，呈略向SE突出的弧形，云南省境内全长225km。从切割F_2、F_3断裂看，它具平移断裂性质，即其NW盘向NE推移，而SE盘向SW推移。

（14）黑河大断裂（F_{14}）：位于云南省西南侧，西起沧源县西部中缅边界，东至勐养，呈NWW—SEE延伸，云南境内长250km。它错切碧罗雪山—沧源（西）深大断裂（F_2）、昌宁—孟连大断裂（F_3）和（南）澜沧江深大断裂（F_4）的南延部分及燕山晚期花岗岩体。澜沧县境内近年发生的地震，可能与该断裂活动有关，主要活动期应为喜马拉雅期。

（15）木里—丽江断裂（F_{15}）：位于云南省西北角，呈NE方向展布，云南境内长

200km，北东端过宁蒗北面进入四川省。该断裂切割金沙江—红河大断裂（F_7），但水平错距不大，为近期以来地震频发带。

第二节　地形地貌

一、云南地形地貌基本情况

（一）地貌分区

根据地质构造特征、地形地貌和区域气候类型来看，云南大致沿丽江—大理—元江河谷为界，分为东、西两个不同的一级地貌区（图 1-2-1）。

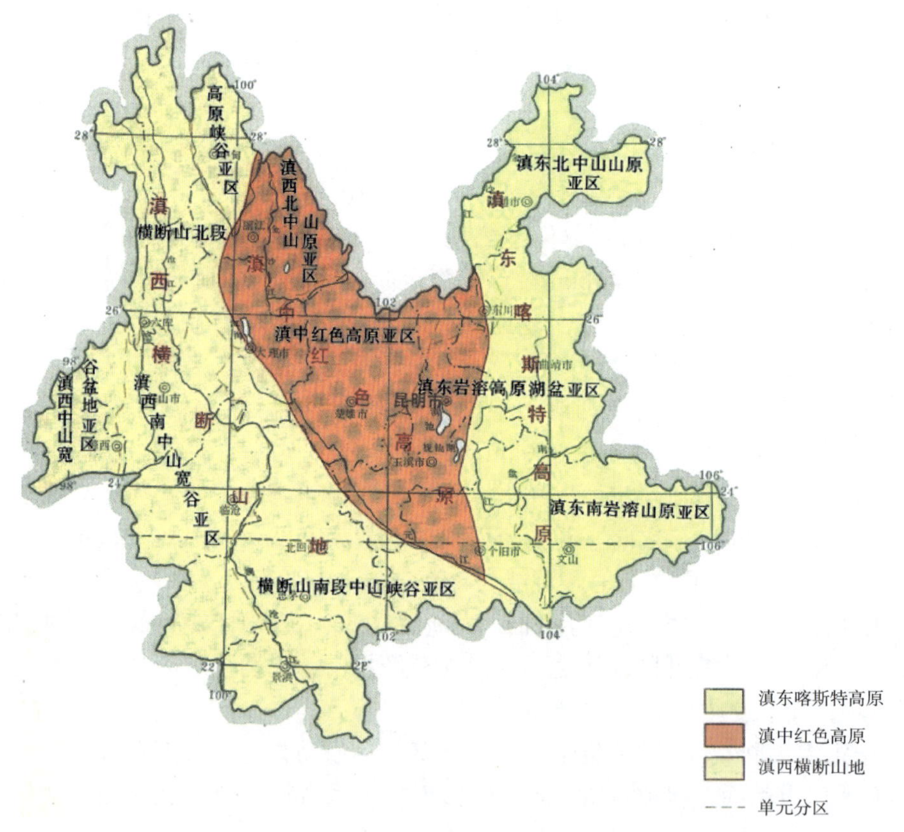

图1-2-1　云南省地貌单元分区图

1. 横断山脉纵谷区

位于丽江—大理—元江河谷一线的西部地区，由高黎贡山、碧罗雪山、怒山和云岭等高大陡峭的山脉和怒江、澜沧江、金沙江等深切峡谷相间排列，形成横断山脉区（山脉夹持江河连绵南下，交通横断，故名），而横断山脉又是喜马拉雅山脉的南部延伸部分，呈高山峡谷相间的地貌形态，相对高差较大，地势险峻。其南侧海拔一般在 1500 ～ 2200m，

北侧一般在3000～4000m。只是在西南部边境地区，地势才渐趋和缓，河谷开阔，一般海拔在800～1000m，个别地区下降至500m以下，是云南省主要的热带、亚热带地区。该区以高山深谷平行排列为特征，气候、土壤、植被均呈明显垂直变化。

2. 滇东、滇中高原区

位于丽江—大理—元江河谷一线的东部地区，常称云南高原或滇东高原，系云贵高原的组成部分。地形波状起伏，地势向南缓倾，平均海拔1600～2200m，表现为起伏和缓的低山和浑圆丘陵，发育着各种类型的岩溶地形。高原中部广泛保存着古夷平面的完整形态。高原的边缘部分，河流切割作用强烈，地形较破碎。

该区进一步分为滇东喀斯特高原亚区和滇中红色高原亚区。滇东喀斯特高原亚区位于小江断裂以东，干旱为主要不利自然因素，高原顶部以高石芽、石丘、溶蚀洼地、溶斗为主，边缘斜坡地区以峰丛、石山、塔状峰林、桶状洼地等占优势，路南石林是闻名中外的以石灰岩地区喀斯特地貌为主的风景旅游区。滇中红色高原亚区位于红河与小江之间，高原面完整，起伏和缓，高原湖盆分布其间，气候四季如春，农业基础较好。

（二）地貌类型

云南在长期的地质历史时期中，内、外地质营力活跃，因而地貌形态丰富，除黄土地貌和海岸地貌外，云南境内几乎所有的地貌学形态都可以见到，如褶皱地貌、断层地貌、火山地貌、风化重力地貌、流水地貌（以滇西高山峡谷最为典型）、喀斯特地貌（滇东地区）、冰川地貌（滇西雪山等）、山地地貌、山间盆地地貌等。除此之外，还有各种特殊地貌，如火山熔岩地貌、砂岩地区的丹霞地貌（剑川、丽江等）、松散或胶结欠佳的沉积土层中形成的土林（元谋）和沙林（陆良）地貌、由地下泉水沉积物形成的泉华地貌（腾冲、中甸等）。

（三）地形地貌特征

云南省整个地势从西北向东南倾斜，江河顺着地势，成扇形分别向东、东南、南流去（图1-2-2）。全省海拔相差很大，最高点为滇藏交界的德钦县怒山山脉梅里雪山的主峰卡格博峰，海拔6740m；最低点在与越南交界的河口县境内南溪河与元江汇合处，海拔仅76.4m。两地直线距离约900km，高低差达6664m（图1-2-3）。

云南地形地貌具有以下五个方面的特征。

1. 高原呈波涛状

全省相对平缓的山区只占总面积的10%左右，大面积的土地高低参差，纵横起伏，但在一定范围内又有起伏和缓的高原面。

2. 高山峡谷相间

这个特征在滇西北尤为突出，滇西北是云南主要山脉的发源地，形成著名的滇西纵谷区。高黎贡山为缅甸伊洛瓦底江的上游恩梅开江与缅甸萨尔温江的上游怒江的分水岭，怒山为怒江与老挝湄公河的上游澜沧江的分水岭，云岭自德钦至大理为澜沧江与长江上游金沙江的分水岭，各江强烈下切，形成了极其雄伟壮观的山种骈列、高山峡谷相间的地貌形态。其中的怒江峡谷、澜沧江峡谷和金沙江峡谷，气势磅礴，山岭和峡谷的相对高差超过1000m，怒江峡谷是世界上两个最大的峡谷之一。

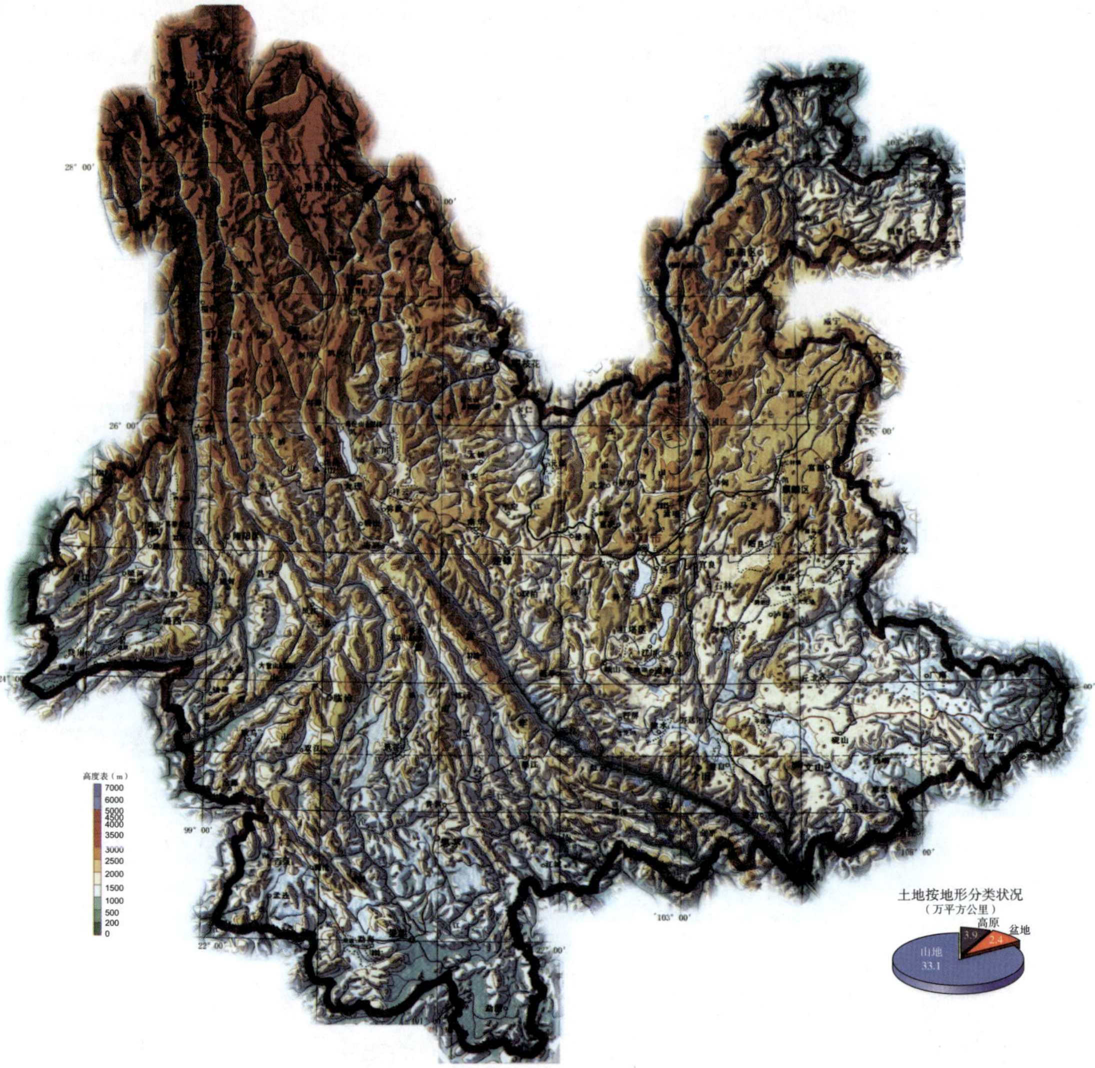

图1-2-2　云南省地形影像图

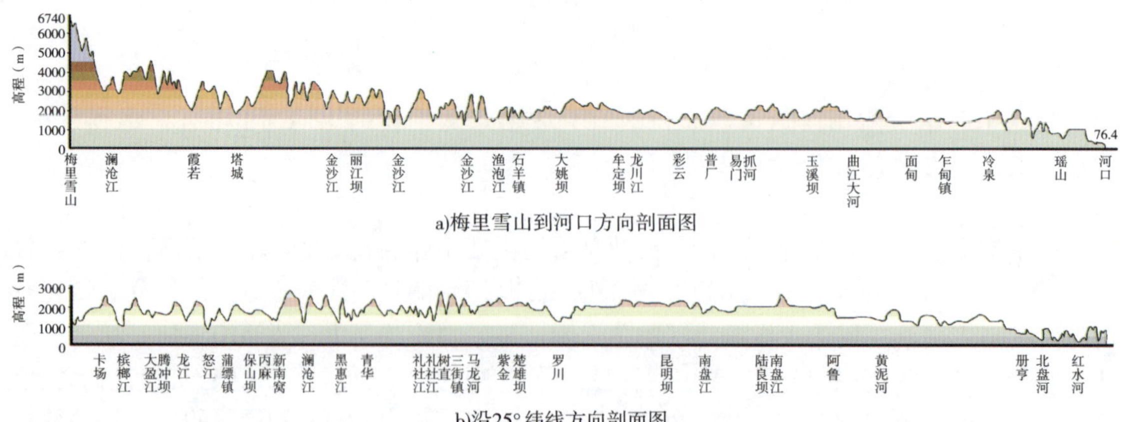

a)梅里雪山到河口方向剖面图

b)沿25°纬线方向剖面图

图1-2-3　云南省地形高程剖面图

在5000m以上的高山顶部，常有永久积雪，形成奇异、雄伟的山岳冰川地貌。金沙江“虎跳涧”峡谷，在玉龙雪山与哈巴雪山之间，两侧山岭矗立于江面之上，相对高差达3000余米，也是世界著名峡谷之一。横亘于澜沧江上的西当铁索桥，海拔已达1980m，从桥面上至江边的卡格博峰顶端，直线距离大约只有12km，高差竟达4760m。在三大峡谷中，谷底是亚热带干燥气候，酷热如蒸笼，山腰则清爽宜人，山顶却终年冰雪覆盖。因此，在垂直几千米的距离内，其气候与自然景观竟相当于从广东至黑龙江跨过的纬度，为全国所仅有。

3. 全省地势自西北向东南分三大阶梯递降

滇西北德钦、中甸一带是地势最高的一级梯层，滇中高原为第二梯层，南部、东南和西南部为第三梯层，平均每千米递降6m。在这三个大的转折地势当中，每一梯层内的地形地貌都是十分复杂的，高原面上不仅有丘状高原面、分割高原面，以及大小不等的山间盆地，而且还有巍然耸立的巨大山体和深切的河谷。这种分割层次同从北到南的三级梯层相结合，纵横交织，把本来已经十分复杂的地带性分布规律，变得更加错综复杂。

4. 断陷盆地星罗棋布

这种盆地及高原台地，在我国西南俗称“坝了”。在云南，山、坝交错的情况随处可见。它们有的成群成带分布，有的孤立地镶嵌在重峦叠嶂的山地和高原之中；有的按一定方向排列，有的则无明显方向。坝子地势平坦，且常有河流蜿蜒其中，是城镇所在地及农业生产发达地区。全省面积在1km^{2}以上的大小坝子共有1442个，占全省总面积的6%；面积在100km^{2}以上的坝子有49个，最大的坝子在陆良县，面积为771.99km^2。云南省主要坝区见表1-2-1。

表 1-2-1　云南省主要坝区统计表

排序	名称	面积（km^2）	高程（m）	排序	名称	面积（km^2）	高程（m）	排序	名称	面积（km^2）	高程（m）
1	陆良	771.99	1834	17	陇川	242.22	934	34	碧城	144.51	1840
2	昆明	763.60	1887	18	弥勒	230.50	1440	35	期纳	143.22	1400
3	洱源盆地	601.00	1965	19	勐遮	229.39	1159	36	弥渡	142.06	1679
4	昭鲁坝	574.76	1907	20	丽江	198.63	2466	37	洱源	141.35	2055
5	曲靖坝	435.82	1863	21	丘北	184.76	1460	38	潞西	141.20	850
6	固东	432.79	1671	22	鹤庆	183.75	2193	39	大无浪	132.69	1827
7	嵩明	414.60	1961	23	师宗	177.15	1890	40	小中甸	128.65	3267
8	平远街	406.88	1483	24	瑞丽	174.76	779	41	元谋	125.03	1075
9	蒙自	369.48	1293	25	保山	172.96	1646	42	姚安	119.35	1873
10	盈江	339.99	785	26	界头街	172.01	1555	43	耿马	115.52	1100
11	祥云	338.75	1965	27	巍山	167.66	1715	44	楚雄	113.75	1773
12	宾川	322.23	1422	28	景谷	160.70	1304	45	路南	111.71	1683
13	澄江	286.82	1729	29	香格里拉	158.53	3288	46	撒马衣	105.01	1928
14	宣威	264.06	1961	30	通海	158.25	1794	47	遮放	103.02	783
15	建水	260.60	1303	31	宜良	152.63	1510	48	南华	101.17	1857
16	普者黑—爵册	248.69	1836	32	罗平	147.76	1495	49	松林	100.56	1935
				33	玉溪	147.66	1623				

5. 山川湖泊纵横

云南不仅山多，河流湖泊也多，构成了山岭纵横，水系交织，河谷渊深，湖泊棋布的特色（图 1-2-4，图 1-2-5）。天然湖泊分布滇中高原湖盆区的较多，属高海拔的淡水湖泊。

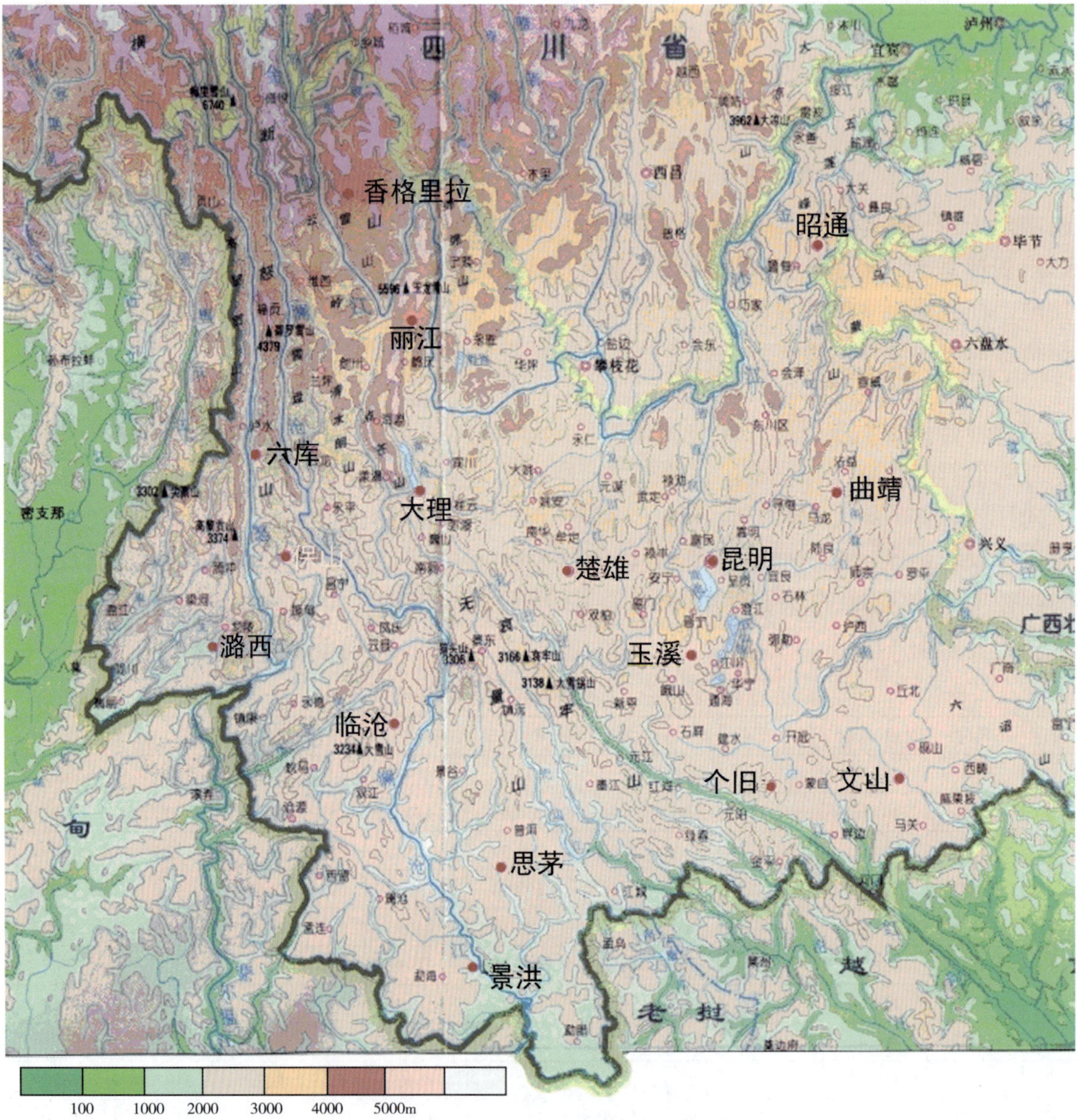

图1-2-4　云南省地形、水系、湖泊分布

总体来说，云南是一个多山的省份，但由于盆地、河谷、丘陵，低山、中山、高山、山原、高原相间分布，各类地貌之间条件差异很大，类型多样复杂。全省土地面积，按地形看，山地占 84%，高原、丘陵约占 10%，坝子（盆地、河谷）仅占 6%。全省 129 个县（市、区）中，除昆明市的五华、盘龙两个城区外，山区比重都在 70%以上，没有一个纯坝区县，有 18 个县 99%以上的土地全是山地。

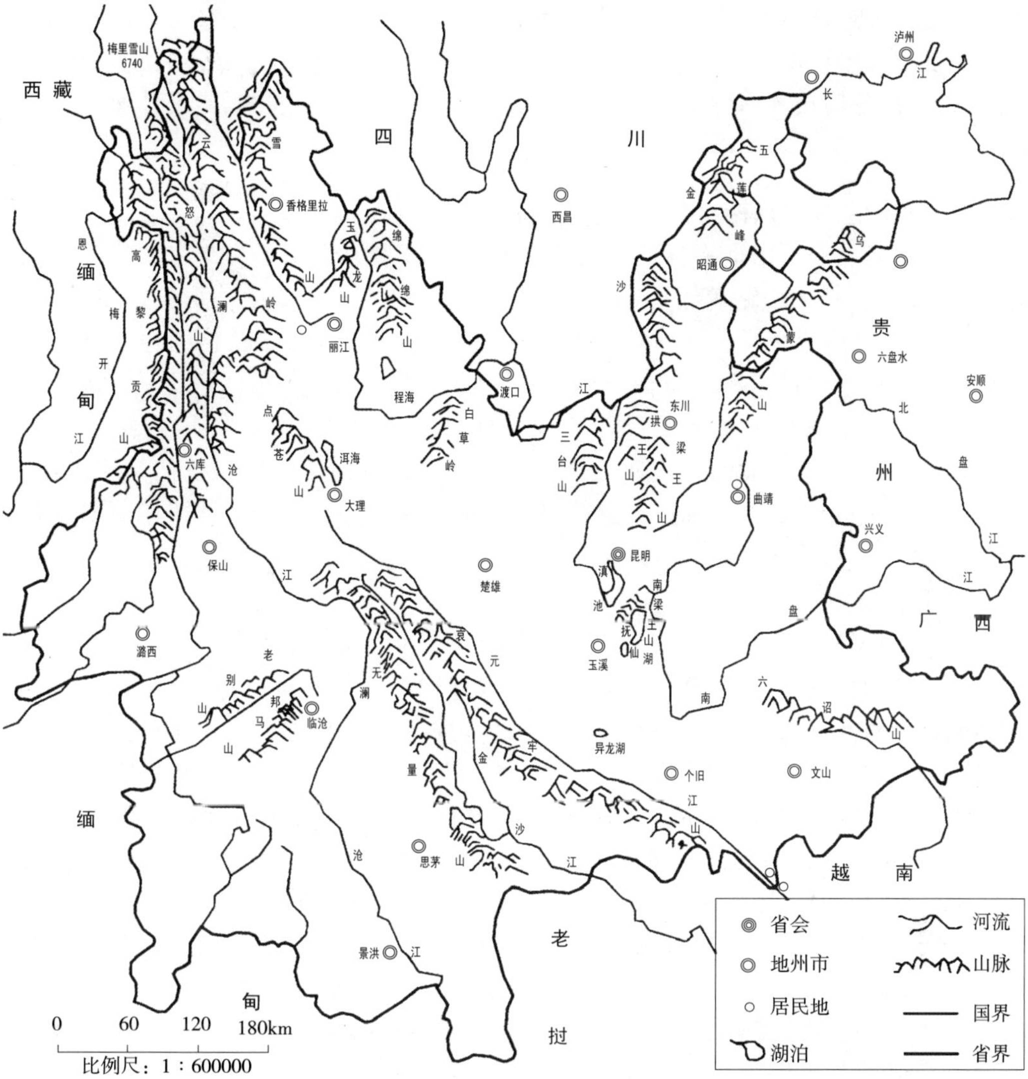

图1-2-5　云南省主要山系分布图

从地形坡度而言，全省极陡坡、陡坡主要分布在滇西北地区。下关—永平分界线以北的横断山地区及三江并流地区都属极陡地区；这种趋势往南逐渐减缓，在滇西南、滇东南则以缓坡为主。有关研究统计表明，云南省面积中，大于25°坡地面积占7.1%；15°～25°坡地面积占18.9%；10°～15°坡地面积占44%；小于10°坡地面积占30%。

二、地貌形态对公路建设的影响

我国现行公路建设的三大法规性文件——标准、规范及规程中，有关地貌形态都是以平原区、微丘区、重丘区、山岭区这四个地貌基本类型进行描述的。

地貌形态既影响着各种工程的结构形式、设计指标和维护方式，又决定着工程的投资额度和使用效率。进行公路地貌形态分类，是为了宏观地反映公路工程建设对地貌形态的基本要求，并将其研究成果指导及控制公路规划、设计、施工及运营等各阶段工程建设。

（一）地貌形态分类指标对公路设计指标的影响

《公路工程技术标准》（JTG B01—2003）规定了公路勘测设计的各项技术指标，其中设计速度指标是各项技术指标的基础，地貌形态（地形）指标是在确定设计速度（或称计算行车速度）时必须考虑的最重要的设计指标之一。

（二）地貌形态分类指标对公路经济指标的影响

（1）《公路建设项目用地指标》（建标〔1999〕278 号）说明了公路建设项目总体用地指标的三个编制条件：公路等级、地形类别、路基标准宽度，其中地形类别即指平原区、微丘区、重丘区、山岭区，它详细规定了在不同的分区内不同等级公路的建设用地指标。

（2）《公路基本建设工程投资估算编制办法》（JTG/T M20—2011）及《公路工程估算指标》（JTG /T M21—2011）是公路工程建设项目立项的主要依据，用于新建和改建的公路基本建设项目的投资估算，是项目建议阶段和可行性研究阶段投资估算的计算标准。其中，各项取费标准及估算指标按公路等级和地形条件编制，地形条件即指地形分类，分为平原微丘区、山岭重丘区，并详细规定了在不同地形分区内不同等级公路在我国各省的公路建设项目的估算取费指标。

以云南元磨高速公路为例，该公路被国内专家称为“建设难度居全国之最”的高速公路，其路线全长 147.37km，四车道高速公路，设计行车速度为 60km/h，路基宽 22.5m（其中约 11km 设计行车速度为 100km/h，路基宽 26m）。该高速公路跨越哀牢山、无量山和元江、阿墨江、把边江，在“两山三江”的崇山峻岭间四上四下，最高海拔 2050m（大风垭口），最低海拔 470m（红河大桥）；路线处于自然横坡陡峻、山高谷深、突起突降的 V 形高山峡谷地带。全线 75%的线路布设在高陡山坡的半腰（图 1-2-6），悬于陡峻的谷坡之上，桥、隧长度占项目总里程的 30%，路线深沟段为 54%，垂直高度超过 100m 的边坡多达 66 处，工程难度大，每千米平均土石方量是国内最高的，因而路基挖方量大，路堑边坡高而密，是迄今云南省内高速公路工程量最大的高速路。元磨高速公路沿线地质病害多，全线滑坡等地质病害达 155 处，单处滑坡最大面积达 97200m^2，滑坡体体积达 184 万 m^3，规模为当时云南高速公路第一。

图1-2-6　崇山峻岭中的元（江）—磨（黑）高速公路

三、云南省公路地貌分区

在一级公路地貌区划分的基础之上，除考虑新构造运动和地貌形态外，加上高程、相对坡度、切割深度等指标，并进行叠置组合得出的次一级公路地貌形态类型（地貌小区）。本书根据全省各地区大地构造特点和地貌形态成因，并结合公路工程建设实践的需要，将云南省公路地貌划分为 2 个地貌区、9 个地貌小区（图 1-2-7，表 1-2-2）。

图1-2-7　云南省公路地貌区划图

表 1-2-2　云南省公路地貌划分表

第一级	划分依据指标	第二级	划分依据指标	具 体 指 标
Ⅰ横断山区	大地构造及地貌类型	Ⅰ1 横断山高原峡谷小区	坡度、高程、切割深度	坡度＞20°，高程＞3000m，切割深度 200～500m
		Ⅰ2 滇西南中山宽谷小区		坡度 3°～20°，高程 1500～3000m，切割深度 0～200m
		Ⅰ3 滇西南中山峡谷小区		坡度 3°～20°，高程＜1500m，切割深度 0～200m
		Ⅰ4 西双版纳河谷盆地小区		坡度 3°～20°，高程＜1500m，切割深度 100～200m

续上表

第一级	划分依据指标	第二级	划分依据指标	具体指标
Ⅱ滇东高原区	大地构造及地貌类型	Ⅱ1 滇中高原小区	坡度、高程、切割深度	坡度＜3°，高程 1500～3000m，切割深度 0～100m
		Ⅱ2 滇中南中山宽谷丘陵小区		坡度 3°～20°，高程＜1500m，切割深度 0～100m
		Ⅱ3 滇东北中山山原小区		坡度 3°～20°，高程 1500～3000m，切割深度 0～200m
		Ⅱ4 滇东高原湖盆小区		坡度＜3°，高程 1500～3000m，切割深度 0～200m
		Ⅱ5 滇东南岩溶山原小区		坡度＜3°，高程＜1500m，切割深度 0～100m
		Ⅱ6 滇东南喀斯特峰丘小区		坡度 3°～20°，高程＜1500m，切割深度 0～200m

第三节　气　　候

云南地处南亚热带季风、东亚季风及青藏高寒气候的结合部位，但大部分地区属亚热带高原型季风气候，“四季如春，一雨成冬（或秋）”。最热月均温 19～22℃，最冷月 5～7℃以上，气温年较差仅 10～14℃，气温日较差较大，冬半年可达 12～20℃。

云南省总的气候特征是“四季不分明，干湿季分明”，“气温年较差小，日较差大”，“水平差异复杂，垂直差异明显”。

一、气候平面分布特征

由于云南地处低纬高原，纬度和海拔增高相一致，致使全省在平面方向从北到南八个纬距范围内呈现寒、温、热三带，具有相当于中国南部的海南岛到东北长春的气候差异，且气候带交错分布，北部的气候带沿山脊南伸，南部的气候带逆河谷北上；高纬度高海拔地区长冬无夏，低热河谷长夏无冬。图 1-3-1 所示为云南省年平均气温分布图。

二、气候垂直分布特征

全省大部分地区山川相间，垂直高差大，一般在 1000～1500m，以金沙江虎跳峡为例，峡谷底部海拔为 1800m，峡谷两侧的玉龙雪山和哈巴雪山与之高差竟达 3000m 以上。从山麓到山顶均可划出几个不同的气候类型，表现出独特的立体气候现象，通常以“山高一丈，大不一样”、“一山有四季，十里不同天”来形容。这种立体气候的垂直变化导致土壤、植被的垂直分布。

除了海拔高度表现出的立体气候现象之外，云南还有干热河谷的独特气候现象。

干热河谷是对具备干（低湿）、热（高温）两个基本属性河谷带状区域的总称，大多分布于热带或亚热带地区，区域内光热资源丰富，气候炎热少雨，水土流失严重，生态十分脆弱。我国干热河谷主要分布于西南，即四川攀枝花、云南和贵州等地区的岷江、大渡河、雅砻江、金沙江、怒江、澜沧江、元江、南北盘江等沿江的河谷坡面。这些河谷坡面一般都处于海拔 500m 以下地段（图 1-3-2）。

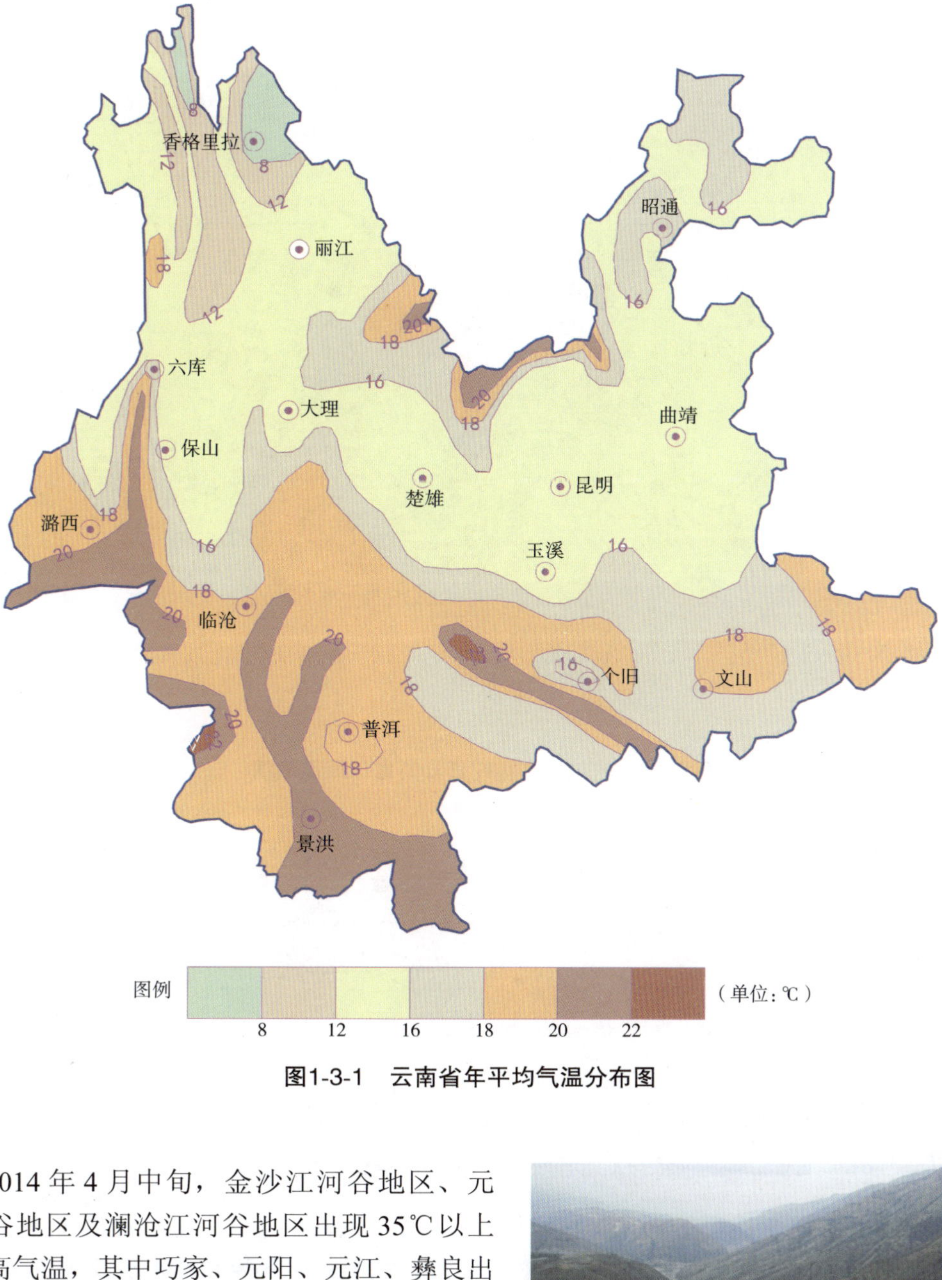

图1-3-1　云南省年平均气温分布图

2014 年 4 月中旬，金沙江河谷地区、元江河谷地区及澜沧江河谷地区出现 35℃以上的最高气温，其中巧家、元阳、元江、彝良出现 37℃以上高温天气。云南全省接近一半的县市（超过 60 个）最高气温突破 30℃。4 月 16 日，元阳、元江的最高气温突破 40℃，其中元江以 40.3℃最高气温成为云南最热地区（图 1-3-3、图 1-3-4）。

图1-3-2　云南山岭重丘区河谷

气象上，高温的标准是日最高气温达到35℃以上，就是高温天气。连续数天（3天以上）的高温天气过程称之为高温热浪（或称之为高温酷暑）。

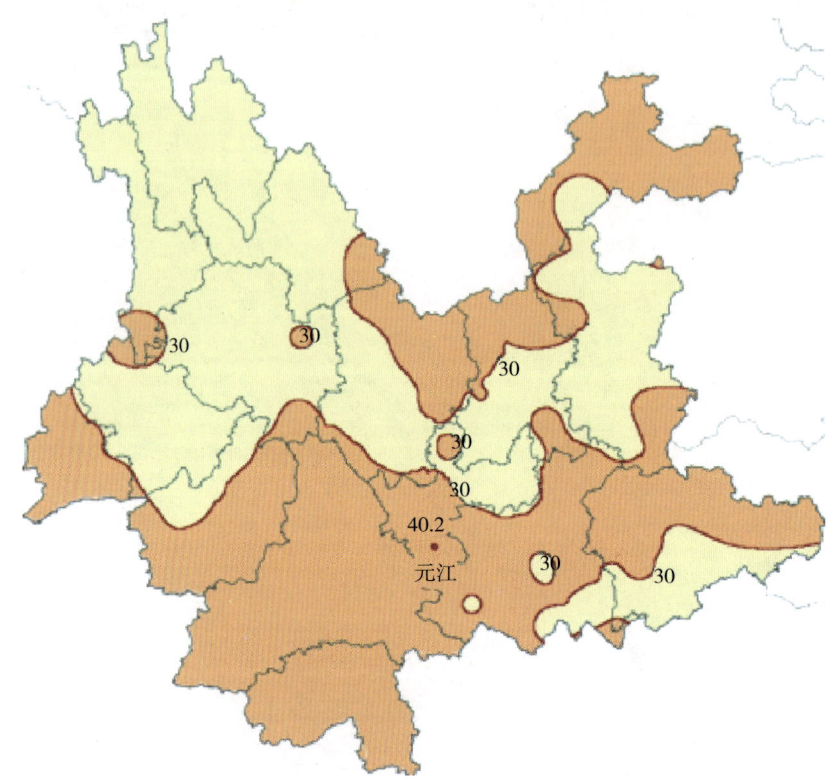

图1-3-3　2014年4月17日云南省日最高气温

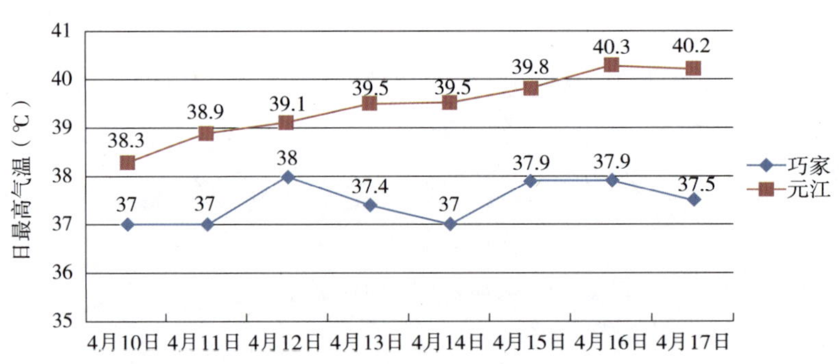

图1-3-4　2014年4月云南省日最高气温

高温预警信号分三级，分别以黄色、橙色、红色表示。高温黄色预警信号的含义是天气闷热，一般指连续3天日最高气温将在35℃以上；高温橙色预警信号的含义是天气炎热，一般指24h内最高气温将要升至37℃以上；高温红色预警信号的含义是天气酷热，一般指24h内最高气温将升至40℃以上。

高温极端气象条件对公路工程施工的各个方面都有极大影响，如：施工人员的高温防护，工作日作息时间的合理安排，高温条件下的混凝土养生，施工机械、材料的高温防护等。

此外，全省干湿季节分明，年均降水量约 1100mm；5 ～ 10 月为雨季，降水丰沛，几乎集中了全年降水的 85% ～ 90%；11 月至翌年 4 月为干季，降水少，晴天多，日照充足。

由于降水季节分配不均，干旱、洪涝和低温、霜冻、冰雹、风灾等自然灾害几乎每年都有发生。同时，公路工程地质灾害如滑坡、泥石流、崩塌、水毁等几乎都集中在雨季，表现出了“大雨大滑，小雨小滑，无雨不滑”的灾害分布特征，因此，雨季的防灾减灾是我们研究的重要课题。

第四节　水文地质环境

一、云南省地表水水系

云南省西北部的青藏高原是世界许许多多河流的发源地，它不仅是中国的“水塔”，也是东南亚、南亚地区的“水塔”。云南处在“水塔”与下游省区或下游诸多国家之间的通道上。

云南是我国自然环境最复杂的省区之一，全省有流域面积在 100km^2 以上的河流 672 条，归属于金沙江、珠江、澜沧江、怒江、红河（元江）、伊洛瓦底江六大水系（图 1-4-1），分别注入太平洋、印度洋。

图1-4-1　云南省六大水系流域分布图

云南的河流大都是六大水系的源头或上游，在高山峡谷间奔驰，水流湍急，礁石横阻，河床落差极大。水量又为气候变化所制约，雨季来临洪水猛涨；雨季一过，流量大减。所以，云南江河虽然多而流长，但除了某些江河在平缓地区可通船舶（如从水富港可沿金沙江航行到上海港，从思茅港可沿澜沧江—湄公河航行到东南亚各国）外，大都不可通航。但云南江河蕴藏丰富的水能资源，可拦河筑坝，修建电站，提供大量廉价动力。

受山脉走向控制，滇西北地区怒江、澜沧江、金沙江顺地势自北向南平行流动，其间最近处相隔仅 76km，向南逐渐疏展，构成世界上蔚为壮观的“三江并流”自然奇观。金沙江流至丽江石鼓附近突然折向东流，怒江和澜沧江流至北纬 25° 附近呈辐射状散开，以形似扫帚而称“帚形”水系。

省内河流具季风性山区河流特点，具有流量大、水位季节变化（洪枯）大、河岸坡度陡、河床比降大、急流险滩多的特点，因此，水流湍急，水力资源丰富。

云南省境内受巨大断裂影响与作用，多分布有断层陷落湖，是西南四省区中淡水湖泊最多的地方。大小湖泊共计 30 余个，总面积约 1066km^2，占全省总面积的 0.28%，集水面积为 9000 多平方千米，总蓄水量约 300 亿立方米。

滇东较大的湖泊有滇池、抚仙湖、阳宗海、杞麓湖及星云湖等；滇西最大的湖泊是洱海，此外还有程海、泸沽湖（位于川、滇交界处，为两省共有）、剑湖、茈碧湖等；滇南主要有异龙湖、长桥海、大屯海等。

云南大多数湖泊平均深度在 20m 以下，超过 20m 的有抚仙湖、阳宗海、程海和泸沽湖。其中，抚仙湖总容水量最多，平均水深 87m，最深处 151.5m，是我国第二深水湖泊；而滇池湖面与集水面积为各湖之冠。

二、云南省地下水类型

云南省内地形地貌、地层岩性和区域构造复杂多样，由此造就了地下水类型齐全，含水岩组富水性各异，地下水水量贫富不均。地下水类型及含水岩组富水性概述如下。

1. 松散岩类孔隙水

含水岩组是第四系松散堆积层，分布于盆地、谷地及山坡上，主要含水层是其间所夹砂砾石层。盆地、谷地中砂砾石层富水性强至极强，水位埋藏浅，水量丰富，单井涌水量多在 500 ～ 2000m^3/d 之间，局部大于 5000m^3/d。多为潜水，局部为承压水。山坡上残坡积含碎石粉质黏土以及滇西北冰积泥砾层分布广，富水性弱，水位随地形而变化。地下水水量贫乏，单井涌水量多在 10 ～ 100m^3/d 之间。

2. 碎屑岩类孔隙水

含水岩组是各时代碎屑岩中砂岩、钙质泥岩夹泥岩，多指向斜盆地和某些单斜构造浅埋区，如楚雄盆地、饱满街盆地等。含水岩组富水性中等，承压～自流，水量中等，单井涌水量多在 100 ～ 500m^3/d 之间。局部水质稍差。

3. 碳酸盐岩类裂隙溶洞水（岩溶水）

含水岩组是各时代碳酸盐岩，主要分布在滇东、滇东南、其他地区零星分布。按含水岩组埋藏条件，可分为裸露型、埋藏型、覆盖型，按碳酸盐岩含量可划分为纯层型（碳酸盐岩占 70% 以上）、夹层型（碳酸盐岩占 30% ～ 70%）。

含水岩组富水性因岩性、厚度、地形和埋藏条件而异。一般灰岩富水性强，次为白云岩。水位埋藏深浅不一，山岭和斜坡补给区（径流）水位埋藏很深，排泄区（盆地、谷地边缘和坡脚）水位埋藏较浅，盆地、谷地中水位埋藏也较浅，且多为承压～自流地下水类型。

碳酸盐岩岩溶发育，滇东地区地表多见峰林谷地、峰丛洼地、孤峰、溶丘、石芽、溶痕、溶孔，地下水多见溶隙、溶洞、暗河，据而含水岩组富水性和地下水水量各地段很不均匀。当含水岩组厚度大，在地形、构造有利条件下，岩溶水多以大泉、暗河形式排泄，流量多大于 50L/s。

4. 基岩裂隙水

含水岩组是各时代碎屑岩、变质岩和岩浆岩，分布于全省各地。地下水赋存于节理裂隙和风化裂隙中，裂隙发育深度 10 ～ 80m。含水岩组富水性一般为弱～中等，泉流量多在 0.1 ～ 1.0L/s 之间，局部可达 1 ～ 10L/s。

5. 冰结层水

主要分布于滇西北高寒山区，含水岩组是各时代松散岩类和基岩类。地下水冬季冰结，夏季消融。含水岩组富水性弱～中等，水位埋藏深浅不一，单井涌水量多小于 1.0 L/s。

上述各含水岩组的富水性以年平均地下水径流模数为主要指标，以泉水流量和单井涌水量为辅助指标进行评价。

第五节　地层岩性特征及红层问题

一、地层岩性特征

在云南省境内，各地质时代、各类岩石均有分布，其中的一些地层，特别是松散岩体、软弱岩层、较硬相间岩层，与地质灾害关系紧密，构成地质灾害的物质基础条件，它们往往在外部条件的激发下，较易发生滑坡、崩塌、泥石流等山地灾害。各地质时代的地层岩性分述如下。

1. 新生界

新生界分布零散，岩性类型多，工程性质差异大。其中，第四纪地层沉积成因类型多变，冲洪积、湖积、冰川以及残坡积均有，岩性主要为固结较差的河湖相黏土岩类和各种成因的松散堆积层，特别是河流峡谷两岸的冲积、洪积砾石层，在新构造的抬升及河流下切作用下，老阶地有很高的临空面，具很大势能，如龙川江、勐果河、牛拦江、大盈江两岸的三级、四级阶地，高差为 20 ～ 30m，河床相卵石堆积于高台阶，滇中、滇东、滇西两岸河流的众多地方都具有这些明显特征，极易产生泥石流。新近系沉积仅限于山间盆地中，中新统、上新统为含煤建造。古近纪古新统为一套陆相碎屑沉积，为云南主要含膏盐地层。其上始新统、渐新统为砾岩及砂泥岩沉积。

2. 中生界

中生界以陆相碎屑岩类为主，滇东、滇西均有出露，尤以滇中大姚—楚雄，滇西兰坪—思茅的侏罗系、白垩系陆相红色岩系最为发育，内含盐层（或称含膏盐红层），分别称为“滇中红层”和“滇西红层”。

此类岩层由砂泥质岩类互层组成，固结性差，抗剪强度低，其间夹层为泥质岩类，极易软化和泥化，在干湿变化下膨胀作用明显，岩石表层崩解迅速，常形成较厚的碎屑层。该地层常含膏盐，在水的长期作用下，特别是经过地震和新构造运动，岩体更松散，凝聚力降低甚至失去，当其处于陡坡位置，尤其当产状与坡向一致时，其高位边坡蓄有的势能易崩塌形成碎屑物，为雨季洪水推动的泥石流提供物质基础。在该地层分布区，滑坡、泥石流灾害发育，滇中广大地区及滇西的部分地区，由此产生的滑坡、泥石流极为明显。

3. 古生界

古生界分布广泛，层序完整，以海相地层为主，碎屑岩、碳酸盐岩均有出露，二叠纪有大量玄武岩喷发，以滇东分布较为广泛。上古生界中碳酸盐岩厚度颇大，是云南喀斯特地貌发育的主要层位。

4. 元古界

元古界主要为变质岩系地层，其中，中上元古界分布于滇东、滇西北，主要是指昆阳群、澜沧群及石鼓群变质岩，前两者变质轻微；下元古界变质岩系则呈巨大变质岩带分布，它们是哀牢山群、苍山群、崇山群、大勐龙群、高黎贡山群和瑶山群，变质程度较深。上述变质岩类，地质时代古老，节理、裂隙发育，常有较厚的风化带，特别是在水浸作用下，其中的变质矿物如绢云母，绿泥石易重新分解为黏土矿物而发生泥化，极易产生松散物质，形成泥石流。例如东川小江流域蒋家沟及大小白泥沟，320 国道西洱河段两岸滑坡极为典型，滑坡、泥石流均发育于此类岩层组成的山地内。

此外，形成时期横跨古生代、中生代、新生代的煤系地层。云南的煤系地层分布广泛，特别是二叠、三叠及第三纪煤田，各地区及山间盆地均有广泛分布。煤系地层为砂泥质岩系，黏土岩类强度低，遇水易软化，组成的斜坡易产生滑落，特别是在采煤的影响下，斜坡更易失稳。其次，隧道开挖中的顶底板失稳，塌陷裂隙，巷道突水，瓦斯和煤尘爆炸，煤层自燃等亦属地质灾害范畴，这是煤系地层区域内隧道开挖的最大灾害，应采取更为严密、系统有效的预防措施。

5. 岩浆岩

云南省境内岩浆活动的地质历史时期以晚古生代和中生代为主，火山喷发最为强烈，规模大、分布广。总体上滇西的岩浆活动比滇东强烈，腾冲近代仍有火山活动。

云南省内岩浆岩类型繁多，超基性岩、基性岩、中性岩、酸性岩、碱性岩皆有出露。临沧花岗岩是云南省最大酸性岩基，出露于澜沧江断裂两侧，面积达 1.7 万 km^2。

强烈风化的花岗岩与地质灾害关系密切。花岗岩在炎热多雨的气候条件下，易形成深厚的风化壳，特别是粗粒花岗岩，混合花岗岩尤其如此。松散风化的花岗岩体，为泥石流提供了丰富的物质条件，常形成黏性高频泥石流。如滇西的大盈江、高黎贡山、临沧头道水，幸福乡的公路，腾冲、龙陵地区的公路泥石流即属此类。

二、“红层”工程地质问题

在云南省出露的地层中，中生界侏罗系、白垩系的地层以紫红色泥岩、粉砂岩、泥灰岩、砂岩、灰岩为主；新生界古近系的地层主要为紫红色砂岩、粗砂岩、页岩夹膏岩、泥灰岩、灰岩。这三套地层均呈紫红色，且在全省范围广泛发育（尤其在滇东和滇中地区），具有厚度大、倾角缓（一般小于15°）、分布广、软硬相间等特点，是构成云南红土高原特色的主要地层，地质上将之统称为“红层”（图1-5-1）。

图1-5-1　云南楚雄地区红层

“红层”的工程地质性状整体较差，主要表现为软、硬岩层互层呈“夹砂糕”状，一方面使得硬质岩层沿软弱岩层层面移动，工程中表现为建好的桥梁严重位移、挖通的隧洞被拉断；另一方面，暴露于地表的红层软岩部分先期风化剥蚀，硬质岩层失稳导致坍塌。因此，红层分布地区常常是泥石流、滑坡等地质灾害的多发区，“红层”成为云南省高等级公路工程建设的特殊地质环境。与红层相关的公路工程地质问题，主要是在红层软岩地区公路修建中的路堤填筑、边坡稳定性分析及防护与加固、桥梁基础、隧道施工以及路线方案选择等这样一些问题。

第六节　公路建设中的地质环境制约

云南省由于各类地质现象极为典型而且壮观，各种地质灾害居全国之冠，一些著名的中外地质学家把云南誉为“中国的地质博物馆”。

总体上，工程建设区域内，地质构造背景复杂与否，地形地貌变化大小首先决定了工程建设的难易程度甚至成败。以三江并流的横断山地区为例，区内出露地层主要是古老的变质岩、碎屑岩、燕山期花岗岩和新生代喷出岩；岩体破碎，风化强烈，风化带厚度一般都在30m以上；沿三江发育三大活动性断裂带，晚新生代以来，新构造活动强烈，火山喷发频繁，地震接连不断，自1400年以来，发生5级以上地震50余次，5级以下的小震几乎天天都有；地形切割强烈、陡坡发育，梅里雪山主峰为6740m，而怒江谷地高程850m；本区年总降水量1300～1800mm，多暴雨和较长时间的持续降雨过程；区内滑坡、崩塌点（约200余处）分布密集，呈带状沿“三江”分布，危害甚大。在原碧江县城旁侧，有两处大滑坡，使县城受到滑坡危害，经济损失近亿元，又无合适城址可迁，因此该县建制被撤销；六库地段，面积为8km^2，有滑坡灾害点3处。其中，贵家坟滑坡（怒江西岸）属堆积层滑坡，体积252万m^3，该滑坡1976年复活滑动，已对东岸的六库镇形成潜在威胁。因此，整体看来，本区的滑坡、崩塌主要受构造和地震的控制，而暴雨又是直接的重要诱发因子。

1. 云南地理地质环境对公路工程建设的制约

云南地域内，地质环境条件复杂而且独特，就公路工程建设而言，地理地质环境的制约主要表现在以下三个方面。

（1）地形：高山、深谷、V形、鸡爪地形多、地面横坡陡、起伏落差大，沟壑纵横，南北向的横断山脉多，高速公路布线十分困难，需穿越崇山峻岭，跨越河谷。

（2）地质：地质构造复杂，稳定性差，红层和膨胀土普遍，强风化岩层普遍，盆地间软土地基多，大滑坡、泥石流等自然灾害频繁发生，喀斯特地貌内溶洞增加工程难度，加之多数地带处于地震高烈度区，造成多条大大小小断裂带，工程抗震设防等大幅度增加工程投入。

（3）水文：云南省地处热带、亚热带、温带气候条件，高海拔山区寒带气候，每年5～10月，雨量集中，单点暴雨常常形成山洪暴发等自然灾害，其特点是旱湿分明，地下水位普遍偏高。

2. 云南山区公路建设中的环境制约问题

如图1-6-1～图1-6-4所示，受地质、地形、水文等公路地质环境诸多因素的影响，云南山区高速公路建设存在的一系列问题，表现在以下几个方面。

图1-6-1　跨越高黎贡山

图1-6-2　建设中的保（山）—龙（陵）高速

图1-6-3　岩溶地貌中的富（宁）—砚（山）高速

图1-6-4　水麻高速螺旋展线桥隧路段

（1）由于受地形限制，形成单点经济特点，路线走向控制点受到严格控制，难以采用多方案走向比选（即理想走廊带往往具有唯一性）。

（2）越岭线多，但好的线位走向单一，布（展）线较为困难。

（3）由于要克服高差，公路隧道、桥梁占路线长度比重较大，分离式隧道、连拱隧道、小间距隧道、长大隧道、桥隧相连工程屡见不鲜。工程难度和费用较高。如元磨147km高速公路，有隧道23座、单洞总长25956m，占路线长度的8.83%。

（4）弯、坡、斜、高、悬臂桥梁多，有的桥集弯坡斜高融为一体，设计科技含量高，施工难度大。如元磨147km高速公路有各种桥梁437座，29741m，占路线长20.23%。

（5）深挖高填、半填半挖是修建山岭区高速公路不可避免的工程项目，土石方量大，工程质量隐患多。如元磨147km高速公路除隧道、桥梁长度外，每千米土石方达69.48万m^3。

（6）高边坡、滑坡地段多。如元磨高速公路，总里程147km，30～200m高边坡达349个，滑坡治理161个，工程费达6亿多元。大保高速公路K365+070～K365+390全长320m，滑坡斜高达378m，治理耗资2700万元。还存在不稳定的安全隐患。

（7）路面排水需要做特殊设计和特殊的施工要求。

（8）大跨径隧道内遇上涌水、膨胀土、泥石流、软泥岩、塌方冒顶等需要在设计、施工中解决的技术难题多。

（9）山岭区高速公路环境保护工程投入大，费用占到总投资的6%～9%。

（10）自然灾害严重，公路建设更应注意环境保护，以免造成植被破坏、水土流失等。

上述地质环境条件和公路建设的特点，使云南省公路建设中存在诸多技术问题需要解决，如公路建设中地质环境引起的公路病害、山地公路建设导致的公路地质环境问题、不同地质环境条件下的公路建设技术对策（包括路基、桥梁、隧道工程技术对策和工程施工、养护、监测技术对策）、山地公路环境地质保护技术等。

第二章 云南省公路交通地质灾害及其防灾减灾对策

第一节 云南公路地质灾害的类型、特点及分布

一、地质灾害的定义

所谓地质灾害，就是在自然和（或）人为因素的作用或影响下形成的、对人类生命财产、环境造成损失的地质作用或地质现象。

按地质灾害致灾速度可分为突发性地质灾害和缓变性地质灾害两大类。突发性地质灾害如地震、崩塌、滑坡、泥石流、地面塌陷等，即习惯上的狭义地质灾害；缓变性地质灾害如特殊性岩土灾害（软土、膨胀土等）、水土流失，土地沙漠化、石漠化等，又称环境地质灾害。

地质灾害与气象灾害、生物灾害等一样是自然灾害的一个主要类型，并以其造成的人员伤亡较多、经济损失巨大，具有突发性、多发性、群发性和渐变影响持久的特点，在自然灾害中占有突出的地位。

我国地质灾害种类齐全，除现代火山灾害外，其他地质灾害都相当严重。按破坏形式、动力作用、物质组成和破坏速率可划分为10大类31种。在地质灾害类型构成上，滑坡所占比例最大（图2-1-1）。

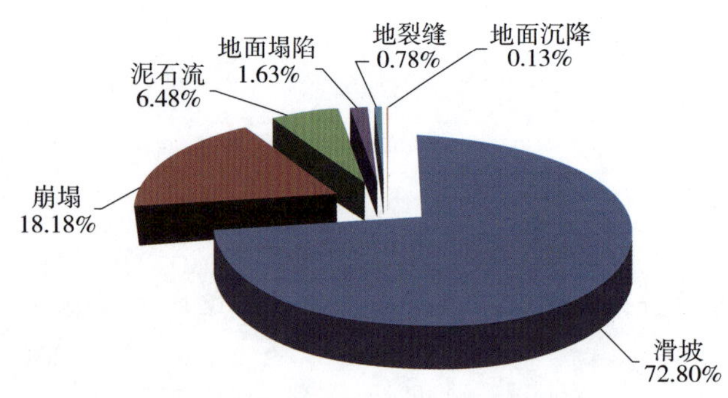

图2-1-1　2010年全国地质灾害类型构成

对于云南而言，由于云南省特殊的地理位置、地形地貌、水文气象以及地质条件，决定了云南省环境地质灾害的广泛性、多发性和严重性。

截至2012年，云南省共发现地质灾害隐患2万多处，上百万人受地质灾害威胁。由于近年来持续干旱造成省内大范围山区、半山区岩土体松散开裂，山体紧固性降低，一旦遭遇强降雨，极易发生突发崩塌、滑坡、泥石流等地质灾害。因此，每年在主汛期来临前，都应该开展各种地质灾害排查，群防群治，组织体系检验，强化防灾减灾的日常演练。

二、云南公路地质灾害的种类

公路地质灾害是指与公路工程（路、桥、隧）及其服务区等附属设施密切相关并在其

建设、运营、养护过程当中发生的地质灾害。

总结云南省长期的公路工程建设实践，云南省公路地质灾害的主要种类有地震、崩塌、滑坡、泥石流、水毁、岩溶土洞塌陷、软基沉降（特殊岩土）灾害与公路工程修建诱发的地质灾害等八类。

1. 地震灾害

云南省属我国5个地震多发区之一，新构造运动和地震活动强烈，全国23个地震带，云南即占3个，是我国地震灾害最严重的省份之一，同时，地震也是云南省各类地质灾害中危害性最大的一类灾害。

公路地震灾害是突发性的，造成的破坏是综合性的、全面性的，如导致公路构筑物的震动性破坏，路基、桥基的失稳或失效，沙土液化、基础沉陷等往往造成公路交通系统大面积失效。地震不仅其本身具有巨大的破坏力，而且还能诱发其他的地质灾害（如滑坡、崩塌、泥石流、地陷、地裂、沙土液化等）及次生灾害（火灾、瘟疫、水坝开裂导致的水灾等）。

自1988年以来，云南省的地震又进入一个新的活动期，因而认识公路地震灾害、研究公路震害规律及保通抢通措施，提高全行业的减灾防灾意识，是安抚人心，稳定社会并获得最大的社会及经济效益的重要途径。

2. 崩塌、滑坡、泥石流灾害

崩塌、滑坡与泥石流是在一定的地质，地形、气候、地震等条件下，由于重力作用产生的。由于在成因上有较密切的联系，因而往往是共同发生。

云南是崩塌、滑坡、泥石流发生频繁的地区，依据段永侯等（1992）的统计，截至1992年7月，云南有迹可查的崩塌、滑坡和泥石流总数量达到20余万处，位列全国第一，第二位是辽宁，总数量是万余处。其中，云南查实的较大规模崩塌数量达到2752处，远比同等规模位列第二的青海（52处）高得多；查实的较大规模滑坡数量达到1706处，远比同等规模位列第二的陕西（多于94处）高得多；云南特大泥石流数量多于30处，位列全国第二，比同等规模位列第一的四川（37处）略少；较大规模泥石流数量2349处，同辽宁一样属全国重度灾害区；云南因崩塌、滑坡和泥石流致死人数为180人/年，位列第二（第一位是甘肃）。

就崩塌、滑坡和泥石流在2011年云南省各灾害类型占比而言，滑坡占比最大（2011年占比为67.6%），崩塌占比为12.4%。

云南省是我国泥石流灾害最为严重的省份，虽然在2011年云南省各灾害类型中只占15.3%，但其分布面之大、规模之大、频率之高、危害之烈在我国乃至世界各国都是少见的，泥石流在云南省的金沙江、澜沧江、怒江、元江、南盘江、伊洛瓦底江等六大水系的沿岸山谷均有分布，并沿主要活动断裂带及地震带发育。

根据2001年对全省14条干线公路7522km地质不良路段的统计，共有灾害工点432处，总长122.393km，灾害路段占总调查里程的1.63%。1990～1999年，云南发生大、中型崩塌、滑坡、泥石流135～144次，高于1980～1989年的114次，其中峰值期为1995～1999年，发生大、中型崩塌、滑坡、泥石流89～109次。如此频繁、如此众多的崩塌、滑坡、泥石流灾害，造成1000余座桥梁被毁，经济损失达168亿余元，并对云南省2220km公路（截至2000年）的运营构成严重威胁，对5000～8000km公路的运营构成威胁或潜在威胁，直接影响云南公路的地质环境和运营环境。

3. 水毁灾害

云南是全国公路水毁最严重的省份之一。据统计，全省每年用于公路水毁抢修费用平均为941万元，约占全省养护费总支出的5%～7%，居全国第3位。云南气候湿润多雨，临沧、怒江、东川、思茅等地，是我省公路水毁比较严重的地区。年平均降雨量大的地区，都是公路水毁严重的地区；降雨量多的年份，都是公路水毁严重的年份。水毁对云南省公路的危害，虽然涵洞大于桥梁，附属工程大于主体工程，但是它可引起挡墙冲塌、路基冲毁，甚至引起崩塌、滑坡，使我省公路的地质环境和运营环境受到严重影响。

4. 岩溶土洞塌陷灾害

云南岩溶地貌普遍发育，岩溶土洞塌陷灾害能引起路基沉陷，破坏路面平整，影响路基的稳定。岩溶对公路地质环境的影响主要是：在路基主要受力层范围内，如有溶洞、暗河等，在附加荷载和振动作用下，溶洞顶板塌陷，使路基突然下沉；溶洞、溶槽、石芽、漏斗等岩溶形态造成基岩面起伏较大，或者有软土分布，使路基不均匀沉陷；基础埋置在基岩上，若其附近有溶沟、竖向岩溶裂隙、落水洞等，会使基础下岩层沿倾向上述临空面的软弱结构面产生滑动，产生新的地质灾害。

5. 软基沉降（特殊岩土）灾害

云南的特殊土主要有软土、膨胀土等。它们对公路的地质环境危害很大，云南的软土主要分布于山间谷地、山间盆地和湖沼、河漫滩沉积区，云南的山间谷地70%都分布着软土，软土路基受振动荷载后，易产生侧向滑动、沉陷、不均匀沉降及基底向两侧挤出等现象，不利于路基的稳定。膨胀土在云南东南部特别发育，是全国典型的膨胀土地区，膨胀土主要分布于二级或二级以上的河谷阶地、盆地边缘、山前缓坡和低丘，膨胀土路基一般易发生胀缩变形，使路面开裂和下陷翘包，构筑物变形，路基滑塌，严重影响公路的运营环境。

6. 公路工程修建诱发的地质灾害

随着我国经济的高速发展，大规模的工程建设诱发的地质灾害日益突出，有关公路工程修建诱发的地质灾害论述详见本节第五部分。

地质灾害种类多样，对公路工程防灾减灾而言，首当其冲的是设计阶段的公路选线，识别路线拟经过区域各种类的地质灾害，并采取绕避等措施减低其危害是我们防灾减灾的重要课题之一。如选线过程中的滑坡、泥石流、崩塌、岩堆、软土、泥沼、岩溶、膨胀土等，它们常控制线路走向，选线不当常导致工程构造物或服务区设施破坏，中断行车，甚至酿成人身与行车安全等严重后果。地质灾害种类不同，严重程度不同，造成的危害及后果会有所差异。选线时应深入调查研究，收集足够的气象、水文、地质与水文地质资料，查明地质灾害分布范围、类型、规模、发生与发展原因、规律性及其对公路的危害程度，整治的难易等，提出可行的绕避或整治方案，从而通过方案比较选定线路位置。

地质灾害地段选线的总原则是：对正在活动、发展的、规模较大且难于整治、严重危及施工与行车安全的地质灾害地段，应予以绕避；对已趋稳定、规模不大、绕避不致大量增加投资的地质灾害地段也宜绕避；对基本稳定、规模不大、易于整治、危害不严重的地质灾害地段，宜选择有利部位通过，但必须有经济、有效、可行的整治措施，做到绕有根据，治有措施，彻底整治，不留后患。

三、云南地质灾害活动的基本特点

云南省由于各类地质现象极为典型而且壮观，各种地质灾害居全国之冠，一些著名的中外地质学家把云南誉为“中国的地质博物馆”。云南是全国自然灾害最为严重的省份之一，往往是多灾并发、交替叠加、灾情重，有“无灾不成年”之说。

2011 年云南省共发生地质灾害 346 起，其中滑坡 234 起、崩塌 43 起、泥石流 53 起、地面塌陷 4 起、地裂缝 8 起、地面沉降 4 起（图 2-1-2）。地质灾害共造成 17 人死亡、5 人失踪、27 人受伤，直接经济损失 2.756 亿元。

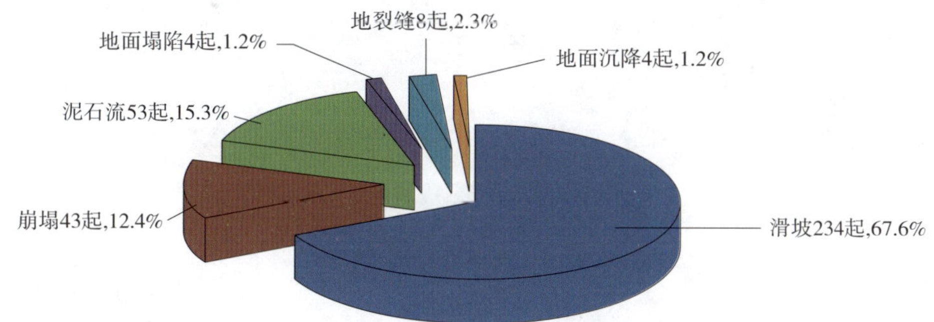

图2-1-2　2011年云南省各灾害类型占比

云南省自然灾害具有种类多、分布广、频率高、强度大、损失重等特点，尤其是干旱、洪涝、地震、泥石流、滑坡、低温、冻害等灾害十分严重。1950 ～ 1999 年上半年，全省因灾死亡 46480 人，直接经济损失 847 亿元。20 世纪 90 年代以来，云南自然灾害频率和经济损失呈逐年上升趋势，已严重威胁云南人民生命财产安全。

云南省地质灾害有如下基本特点：

（1）在成因上有共同性。都是由于地球表层地质作用所造成的。

（2）在空间上“呈区、带分布”。各地震带（区）也就是崩塌、滑坡、泥石流分布带，都沿某一条或几条活动断裂发育或控制。

（3）具有周期性、季节性。据文献研究，云南强震具有 50 年左右的周期，而崩塌、滑坡、泥石流等灾害大多发生在每年 5 ～ 10 月份的雨季。

（4）具有相关性、转化性。云南各类地质灾害之间存在着因果关系，诱发关系及同步关系。如地震可以引起崩塌、滑坡、泥石流等，进而引起水土流失，导致土地沙漠化等；而崩滑也可以产生地震，如禄劝滑坡地震。

（5）地质灾害的形成具有阶段性。云南的地质灾害都具有孕育、发展、发生、平静等阶段，研究其阶段性是地质灾害预测和防治的关键。

四、云南地质灾害高发区域分布概述

云南地质灾害高发区具有分区特点（图 2-1-3）。总体来看，在滇西地区，公路沿线滑坡、泥石流均有分布，且滇西地区高山峡谷地貌发育，高陡的岩石边坡极易发生崩塌、滑坡等；在滇中地区，公路沿线滑坡发育，特别是区域地质环境过渡明显的滇中边缘带，滑坡与地形雨耦合诱发泥石流灾害；在滇东地区，公路沿线水毁灾害主要以崩塌、滑坡、路基沉陷为主。

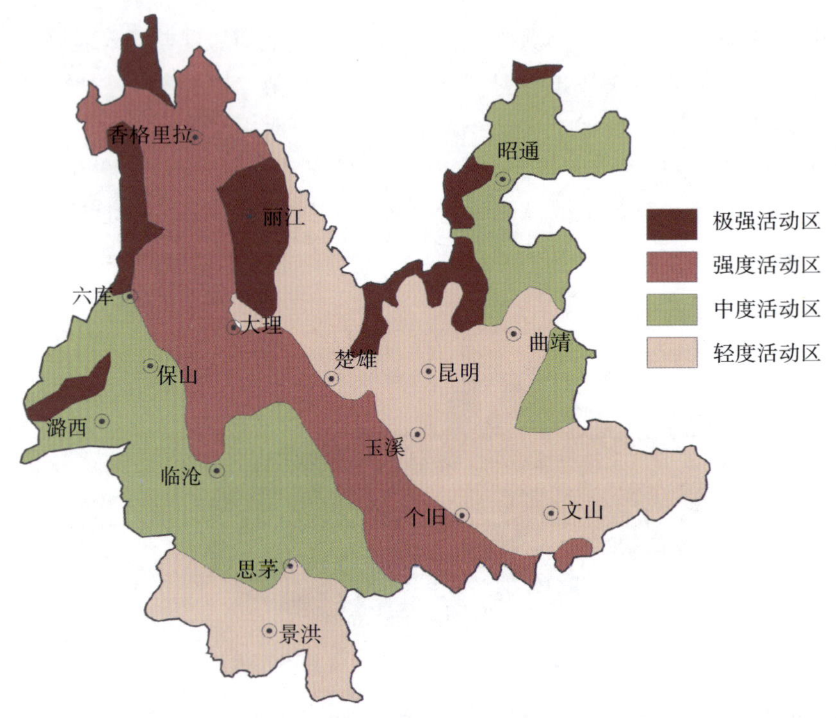

图2-1-3　泥石流滑坡崩塌强度分区（比例尺1：9000000）

地质灾害重点防范区域为以下 7 个区域：

（1）怒江中上游滑坡、崩塌、泥石流灾害高易发区：主要为贡山—福贡—泸水—隆阳－施甸地区。该区地处滇西北横断山脉纵谷地带，地质构造复杂，南北向深大断裂发育，冻融作用等物理风化作用强烈，加之是省内地壳抬升最强烈区，在内外动力地质作用的共同影响下，滑坡、崩塌、泥石流地质灾害发育。

（2）澜沧江中上游滑坡、泥石流灾害高易发区：包括澜沧江上游的德钦—维西—兰坪，中游的巍山—南涧—云县—景东—临沧—镇沅一带。该区地处滇西北横断山脉纵谷区和滇西高山峡谷地貌区，地质构造复杂，澜沧江等断裂发育，岩体破碎，软弱岩体分布广泛，外动力地质作用十分强烈，滑坡、泥石流地质灾害发育。加之澜沧江及其支流水利水电和公路建设活动强烈，雨季极易加剧已有地质灾害隐患点活动，诱发新的地质灾害。

（3）金沙江中上游泥石流、滑坡灾害高易发区：包括宁蒗—永胜—玉龙—宾川部分地区。该区地处金沙江中上游高山峡谷区，区内新构造运动强烈，滑坡、泥石流发育。

（4）金沙江中下游崩塌、滑坡灾害高易发区：包括永善—绥江—水富—盐津—威信—

镇雄等地。该区地处金沙江中下游高中山峡谷地貌区，新构造运动活跃，岩石软硬相间，多陡崖、危岩分布，是省内崩塌、滑坡灾害强活动区。区内人口密度大，矿产资源开发、陡坡耕植活动强烈，对地形、地貌的扰动强烈，诱发地质灾害的可能性大。

（5）巧家—东川—寻甸泥石流、滑坡灾害高易发区：本区地处小江断裂带沿线，山体破碎，滑坡、崩塌、泥石流隐患点密集，雨季极易加剧其活动，并诱发新的地质灾害。

（6）大盈江流域泥石流、滑坡灾害高易发区：包括腾冲—梁河—盈江—陇川—龙陵—芒市一带。区内新构造运动强烈，地质构造复杂，变质岩、岩浆岩体分布广泛，物理和化学风化作用强烈，加之地震活动频繁，造成山体松动，诱发新的地质灾害隐患。

（7）红河流域滑坡、泥石流灾害高易发区：包括新平—元江—红河—绿春—金平一带。该区地处红河流域哀牢山构造侵蚀高中山地貌区，红河断裂、哀牢山断裂发育，哀牢山变质岩体、软弱岩体分布广泛，地质环境条件脆弱，滑坡、泥石流灾害高发。

五、公路工程修建诱发的地质灾害

公路工程作为一项庞大而复杂的跨不同地区、不同地质单元的带状的系统工程，必须开挖或回填土石方，修建桥梁和隧道，改变自然生态环境，在这些工程活动过程中，不可避免地会诱发地质灾害。

1. 修筑路基诱发地质灾害

修筑公路路基，从以下几个方面改变地质环境，进而产生地质灾害。

（1）截断含水层：含水层被公路截断时，浅层地下水系统便会被破坏，使地下水不能流向下游，而在公路截挖的山腰处可能出现地下水露头。因此，必须修筑排水设施，以保护公路的稳定。

（2）地下水位降低：如果公路开挖很深的路堑，路基可能低于该地的地下水位，便会使地下水位下降，从而导致整个地区的地下水位降低。而且，进入路堑中的地下水，还必须采用合适的排水工程予以排除。

（3）淤积和侵蚀作用：公路建设很容易使河流、沟渠或排灌系统产生淤积和侵蚀。沉积物来自于公路新修的路段、路堤和取土坑、弃土堆，在开挖与铺砌路面之前，淤积问题最为严重。公路的排水系统排除越来越多的水，以及重新分布的地表径流，能使邻区陆地和河流的侵蚀作用加强，所产生的沉积物又被带入河流中，使河床淤积，渗透率降低。还可能会使天然河道改变方向，洪水灾害增加，并使供水系统中的含沙量增高。如果设计不合理，公路也会受到河流的侵蚀，导致新的环境地质灾害。

（4）破坏边坡的稳定性：云南地处高原山区，气候湿润多雨，生物、化学风化作用强烈，公路路基开挖产生的边坡坍塌、岩崩、岩体滑动、滑塌等现象十分常见。若山坡的上部有地下水渗流时，这些现象就更加普遍。边坡失稳还会导致坡面冲刷、沟状冲刷以及机械管涌等侵蚀作用，这些作用会产生淤积物，堵塞排水系统和供水系统。这种淤积物在渗透压力作用下运动得很快，同驱动力相叠加，便会形成潜在的滑动面，产生滑动。特别是采用大爆破方式开挖公路边坡，则会严重破坏山体的应力平衡体系，导致边坡失稳。如果开挖边坡时使植被遭到破坏，形成荒山秃岭，产生水土流失，使生态平衡状态受到破坏，便会产生泥石流。这也是云南公路泥石流多发的原因之一。在山区修建公路，因受地形条件限制，必须对山体进行大挖大填，使山体的应力平衡体系遭到破坏。如果地质勘察不详细，设计不合理，施工质量不高，则设计的边坡很难保持稳定，导致沿线山坡的崩塌、滑坡、泥石流灾害的发生频率加快，使公路的地质环境和运营环境受到破坏。

2. 开挖隧道诱发地质灾害

因为隧道完全设置于岩、土体中，隧道的位置、设计和施工主要取决于工程地质条件，工程地质条件是确定隧道性质、形状和造价的重要因素。隧道开挖改变了山体的应力平衡体系以及山体的水文地质条件。如果隧道位置选择不好，设计不合理，施工方法不当，便会产生岩爆，冒顶塌方、地面沉陷、涌水、毒气泄漏等地质灾害。隧道开挖出来的大量废渣若堆放不当，会造成边坡失稳，诱发崩塌、滑坡，水土流失而淤塞河道、污染水质等。

3. 修建桥梁诱发地质灾害

在修建公路桥梁时，如果桥位选择不当，桥梁修好后必然会对流水产生阻碍作用，导致河流沉积、侵蚀作用的改变。若再加上两岸防护不当，就会加重侧向侵蚀作用，而侧向侵蚀会淘空堤岸，使堤岸坍塌，洪水泛滥，大量的泥沙淤积河床，使河道淤塞而破坏农田、水利设施，破坏生态平衡。

4. 改移河道诱发地质灾害

在公路工程中，不可避免地要进行河道改移。改移河道主要用于公路、桥梁和其他整治目的，它是将河流加深、加宽、截弯、取直，清除草木和碎石以及堤岸削砌与防护工程等结合在一起而完成的。河道改移后，将产生新的侵蚀—沉积旋回，加强流水的下切作用。河流的纵向侵蚀使河床刷深，将会直接威胁桥台、桥墩等公路建筑物的稳定与安全；而且如果引起河水水位下降，将造成两岸既有的排灌、供水系统失效，使两岸的水文条件显著改变。河流的侧向侵蚀加强，造成河床在水平方向摆动，使堤岸不断坍塌，河流航道改变，使沿岸公路建筑物和农田受到威胁。河流的淤积作用将会使河道淤塞，导致堵塞排灌和供水系统，而产生新的环境地质问题。

第二节　公路滑坡地质灾害及其防灾减灾对策

就全国而言，地质灾害中滑坡所占比重最大，如 2010 年全国共发生地质灾害 30670 起，其中滑坡 22329 起，占 72.80%。统计资料表明：在云南各种地质灾害中，滑坡是除地震以外造成损失最大的地质灾害。在国外，滑坡对公路交通造成损失的案例也较常见，图 2-2-1 所示为墨西哥高速公路滑坡灾害情景。

在云南，滑坡灾害每年都有发生，并对公路交通造成危害。1991 年 9 月 23 日 18 时 10 分，昭通盘河乡头寨沟滑坡，毁头寨沟村，死 216 人，伤 8 人（图 2-2-2）。1996 年 5 月 3 日、6 月 3 日，元阳老金山采矿区发生滑坡，死 372 人，伤 146 人（图 2-2-3）。

2012 年 6 月 19 日起，滇南普降大雨，19 日 21 时许，通海—建水高速公路曲江—通海方向 K19+100 处（即蚂蚁山大桥路段）发生山体滑坡，建水县公安交警与路政等部门对通海—曲江路段实行双向交通管制；6 月 20 日金平县境内蛮金二级路金竹林隧道、高兴寨隧道、三家寨等路段又有 20 余处山体滑坡，导致交通中断。

图2-2-1　墨西哥高速公路滑坡

图2-2-2　昭通盘河乡头寨沟滑坡

图2-2-3　云南元阳老金山采矿区滑坡

一、滑坡的定义与分类

（一）滑坡的定义

滑坡是斜坡上的土体或岩体，受河流冲刷、地下水活动、降雨、地震及人工切坡等因素影响，在重力作用下，沿一定的软弱带（面）整体或分散地向下滑动的自然现象（图2-2-4），俗称“走山”、“垮山”、“地滑”、“土溜”等。

a)2010年4月台湾高速公路滑坡

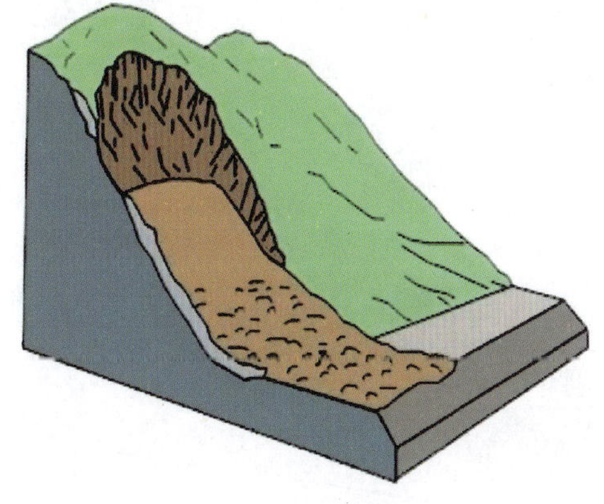

b)示意图

图2-2-4　滑坡现场与示意图

滑坡灾害的定义：对人民生命财产和国家经济建设事业造成危害的滑坡称为滑坡灾害。否则，只是一种自然现象。

斜坡的定义：斜坡是指地表一切具有侧向临空面的地质坡体，是一类广泛的地貌类型。斜坡按成因分为自然斜坡（对公路而言一般称为自然边坡）与人工斜坡（一般称为人工边坡）。自然斜坡是地质发展演化的产物（图 2-2-5）。

图2-2-5 自然斜坡

边坡的定义：由于工程建设而开挖与填筑的人工斜坡。

在重力作用下，构成斜坡的岩土体一般会发生变形破坏，斜坡变形破坏的类型有崩塌（倾倒）、滑坡、错落、坍塌、落石、泥石流。因此，从大的方面来讲，滑坡只是斜坡变形破坏的类型之一。

（二）滑坡的形态要素

滑坡的形态要素是滑坡的重要组成部分，了解滑坡的各形态要素以及它们的位置和相互关系，是正确识别滑坡和判断滑坡特征的基础。

如图 2-2-6 所示，滑坡的形态要素主要有：

（1）滑坡体：与母体脱离经过滑动的部分岩体，简称滑体（图 2-2-7）。

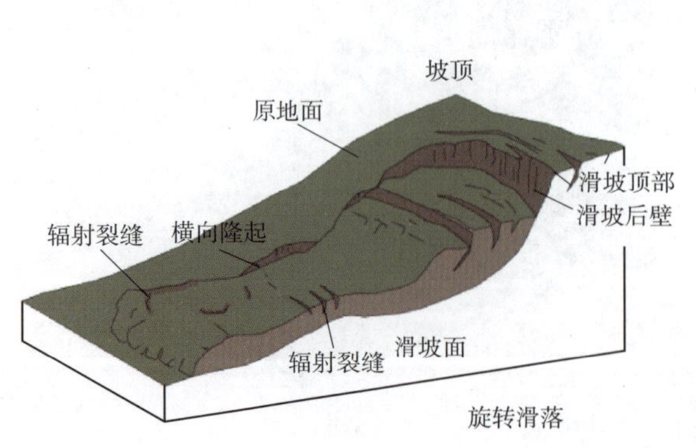

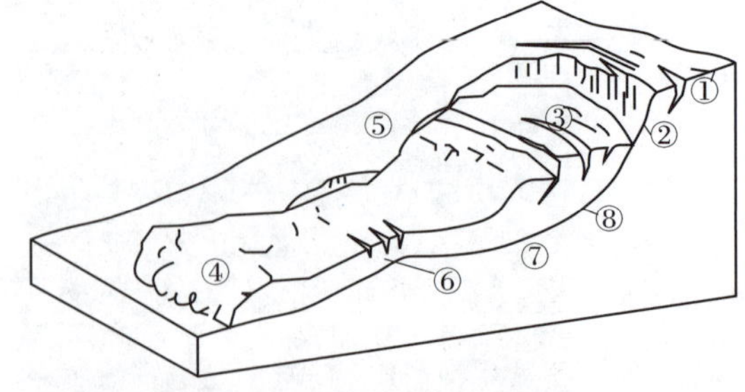

①-后壁环状拉裂；②-滑坡后壁；③-拉张裂缝及滑坡台阶；④-滑坡舌及鼓张裂缝；⑤-滑坡侧壁及羽状裂缝；⑥-滑坡体；⑦-滑坡床；⑧-滑坡面（带）

图2-2-6 滑坡形态要素示意图

（2）滑坡周界：滑坡体与周围未变位岩土体在平面上的分界线，是确定滑坡范围的标志。

（3）滑坡壁：滑坡体后缘由于滑动作用所形成的母岩陡壁，其坡角多为 35° ～ 80°，平面上多呈圈椅状（图 2-2-8）。滑坡壁上常见铅直方向的擦痕。

图2-2-7 湖北省秭归县沙镇溪镇千将坪村二组和四组山体滑坡

图2-2-8 5·12汶川地震引发的北川县城滑坡

（4）滑动面（带）：滑坡体沿下伏不动体下滑的分界面。形态可分为圆弧状、平面状和阶梯状等，简称滑带或滑面（图 2-2-6）。

（5）滑坡床：滑坡体之下未经过滑动的岩土体，简称滑床。

（6）滑坡舌：滑坡体前缘形如舌状的凸出部分，常伸入沟谷、河流。最前端滑坡面出露地表的部位，称滑坡剪出口。

（7）滑坡台阶：滑坡体下滑时各部分运动速度不同而在滑坡体表面形成台阶状的错台。

（8）滑坡洼地：滑体滑动后与滑坡壁之间拉开形成的沟槽，或中间低、四周高的封闭洼地。

（9）滑坡鼓丘：滑体前缘因受阻力而隆起的小丘。

（10）滑坡裂缝：滑坡体在滑动过程中各部位受力性质和大小不同，在滑体及其边缘产生的一系列裂缝。

（11）主滑线：滑坡体滑动速度最快的纵向线，也叫滑坡轴；它代表着一个滑坡整体滑动的方向，位于滑坡体上推力最大、滑床凹槽最深的纵断面上，也是滑体最厚的部分；主滑线实际上是个虚拟要素，其形态或为直线，或为曲线、折线，主要取决于滑床顶面的形状。

以上滑坡诸要素只有发育完全的新生滑坡才同时具备，并非任一滑坡都齐全。

（三）滑坡分类

目前，我国滑坡类型作如下划分：

1. 按滑坡体的规模（体积）大小划分

（1）小型滑坡：滑坡体体积小于 10 万 m^3；

（2）中型滑坡：滑坡体体积为 10 万～100 万 m^3；

（3）大型滑坡：滑坡体体积为 100 万～1000 万 m^3；

（4）特大型滑坡（巨型滑坡）：滑坡体体积大于 1000 万 m^3。

2. 按滑坡的滑动速度划分

（1）蠕动型滑坡，人们凭肉眼难以看见其运动，只能通过仪器观测才能发现的滑坡，通常叫蠕滑（图 2-2-9）。

（2）慢速滑坡：每天滑动数厘米至数十厘米，人们凭肉眼可直接观察到滑坡的活动。

（3）中速滑坡：每小时滑动数十厘米至数米的滑坡。

（4）高速滑坡：每秒滑动数米至数十米的滑坡。

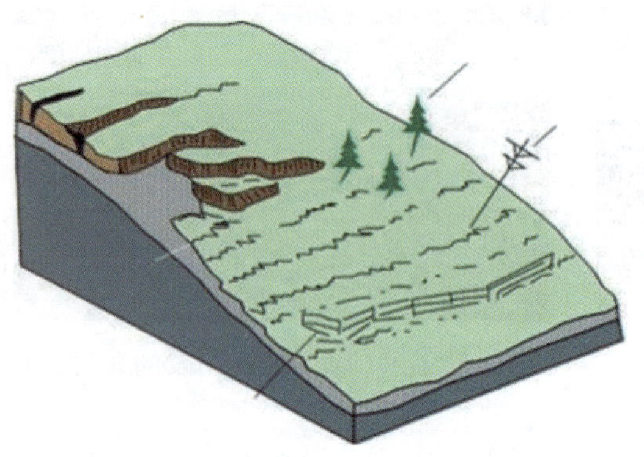

图2-2-9　蠕动型滑坡示意图

3. 按滑坡体的物质组成与地质构造关系划分

（1）覆盖层滑坡：黏性土滑坡、黄土滑坡、碎石滑坡、风化壳滑坡。

（2）基岩滑坡：按滑坡与地质结构的关系可分为均质滑坡、顺层滑坡（图 2-2-10）、切层滑坡，其中顺层滑坡又可分为沿层面滑动或沿基岩面滑动的滑坡；按滑动面形态又可分为圆弧状滑动面、平面状滑动面及阶梯状滑动面（图 2-2-11）。

a) 顺层滑坡灾害实景图

b)顺层滑坡灾害示意图

图2-2-10　岩层顺向坡坡脚开挖易使整片岩层沿层面滑动

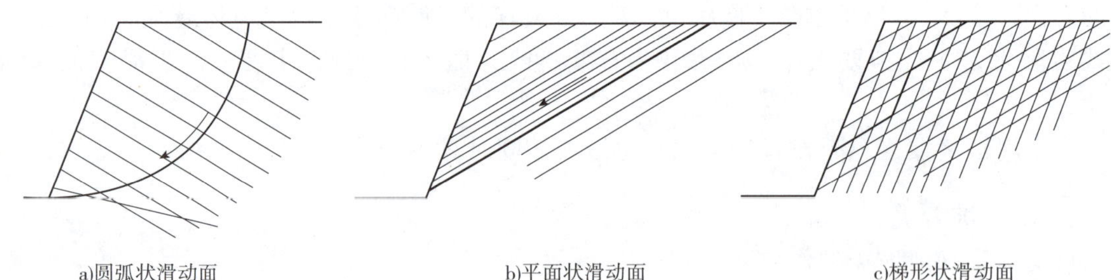

a)圆弧状滑动面　　b)平面状滑动面　　c)梯形状滑动面

图2-2-11　滑动面形状示意图

（3）特殊滑坡：有融冻滑坡、陷落滑坡等。

4. 按滑坡体的厚度划分

（1）薄（浅）层滑坡：滑坡体的厚度＜ 10m；

（2）中层滑坡：滑坡体的厚度为 10 ～ 30m；

（3）厚（深）层滑坡：滑坡体的厚度＞ 30m。

5. 按形成的年代划分

（1）新滑坡；

（2）古滑坡；

（3）老滑坡；

（4）正在发展中的滑坡。

6. 按滑坡运动力学特征划分

（1）牵引式滑坡：下部先滑使上部失去支撑而变形滑动，一般速度较慢；

（2）推移式滑坡：上部岩层滑动挤压下部产生变形，滑动速度较快。

7. 按物质组成划分

（1）土质滑坡；

（2）半岩质滑坡；

（3）岩质滑坡。

8. 按结构分类

（1）层状结构滑坡；

（2）块状结构滑坡；

（3）块裂状结构滑坡。

此处，按滑坡形成的外部条件，还可分为暴雨滑坡、地震滑坡、冲刷滑坡等八类。

二、滑坡的形成条件和影响因素

（一）滑坡形成的主要条件

滑坡形成的主要条件有：一是地质条件与地貌条件，二是内外营力（动力）和人为作用的影响。

1. 地质条件与地貌条件

（1）岩土类型：岩土体是产生滑坡的物质基础。一般来说，各类岩、土都有可能构成滑坡体，其中结构松散，抗剪强度和抗风化能力较低，在水的作用下其性质能发生变化的岩、土，如松散覆盖层、黄土、红黏土、页岩、泥岩、煤系地层、凝灰岩、片岩、板岩、千枚岩等及软硬相间的岩层所构成的斜坡易发生滑坡。

从斜坡的物质组成来看，具有松散土层、碎石土、风化壳和半成岩土层的斜坡抗剪强度低，容易产生变形面下滑；坚硬岩石中由于岩石的抗剪强度较大，能够经受较大的剪切力而不变形滑动。但是如果岩体中存在着滑动面，特别是在暴雨之后，由于水在滑动面上的浸泡，使其抗剪强度大幅度下降而易滑动。

（2）地质构造条件：组成斜坡的岩、土体只有被各种构造面切割分离成不连续状态时，才有可能具备向下滑动的条件。同时，构造面又为降雨等水流进入斜坡提供了通道。故各种节理、裂隙、层面、断层发育的斜坡，特别是当平行和垂直斜坡的陡倾角构造面及顺坡缓倾的构造面发育时，最易发生滑坡。

（3）地形地貌条件：只有处于一定的地貌部位，具备一定坡度的斜坡，才可能发生滑坡。易于产生滑坡的地形地貌主要可概括为以下三类：

① 受流水冲刷、淘蚀的江河、湖（水库）、海等的岸坡；

② 公路、铁路和工程建筑物等工程建设的人工边坡；

③ 坡度 10°～45°、上下陡中部缓、上部成环状的坡形。

产生滑坡的基本条件是斜坡体前有滑动空间，两侧有切割面。例如中国西南地区，特别是西南丘陵山区，最基本的地形地貌特征就是山体众多，山势陡峻，土体结构疏松，易积水，沟谷河流遍布于山体之中，与之相互切割，因而形成众多的具有足够滑动空间的斜坡体和切割面。广泛存在滑坡发生的基本条件，滑坡灾害相当频繁。

（4）水文地质条件：地下水活动，在滑坡形成中起着重要作用，主要表现在：

① 软化岩、土，降低岩、土体抗剪强度，尤其是对滑动面（带）的软化作用和降低强度作用最突出；降雨对滑坡的影响很大。降雨对滑坡的作用主要表现在，雨水的大量下渗，导致斜坡上的土石层饱和，甚至在斜坡下部的隔水层上积水，从而增加了滑体的重量，降低土石层的抗剪强度，导致滑坡产生。不少滑坡具有“大雨大滑、小雨小滑、无雨不滑”的特点。

② 产生或增大动水压力和孔隙水压力，潜蚀岩、土，增大岩、土重度，对透水岩石产生浮托力等。

2. 内外营力（动力）和人为作用的影响

就滑坡形成的第二个条件而言，现今地壳运动的地区和人类工程活动的频繁地区是滑坡多发区。外界因素及作用，可以使产生滑坡的基本条件发生变化，从而诱发滑坡。主要的诱发因素有：地震、降雨和融雪、地表水的冲刷、浸泡、河流等地表水体对斜坡坡脚的不断冲刷；不合理的人类工程活动，如开挖坡脚、坡体上部堆载、爆破、水库蓄（泄）水、矿山开采等都可诱发滑坡，还有如海啸、风暴潮、冻融等作用也可诱发滑坡。

地震对滑坡的影响很大。究其原因，首先是地震的强烈作用使斜坡土石的内部结构发生破坏和变化，原有的结构面张裂、松弛，加上地下水也有较大变化，特别是地下水位的突然升高或降低对斜坡稳定是很不利的。另外，一次强烈地震的发生往往伴随着许多余震，在地震力的反复振动冲击下，斜坡土石体就更容易发生变形，最后就会发展成滑坡。

（二）影响滑坡活动强度的因素

滑坡的活动强度，主要与滑坡的规模、滑移速度、滑移距离及其蓄积的位能和产生的功能有关。一般来讲，滑坡体的位置越高、体积越大、移动速度越快、移动距离越远，则滑坡的活动强度也就越高，危害程度也就越大。具体来讲，影响滑坡活动强度的因素主要有以下四点。

（1）地形：坡度、高差越大，滑坡位能越大，所形成滑坡的滑速越高。斜坡前方地形的开阔程度，对滑移距离的大小有很大影响。地形越开阔，则滑移距离越大。开阔程度对滑移距离的大小有很大影响。地形越开阔，则滑移距离越大。

（2）岩性：组成滑坡体的岩、土的力学强度越高、越完整，则滑坡往往就越少。构成滑坡滑面的岩、土性质，直接影响着滑速的高低，一般来讲，滑坡面的力学强度越低，滑坡体的滑速也就越高。

（3）地质构造：切割、分离坡体的地质构造越发育，形成滑坡的规模往往也就越大。

（4）诱发因素：诱发滑坡活动的外界因素越强，滑坡的活动强度则越大。如强烈地震、特大暴雨所诱发的滑坡多为大的高速滑坡。

图2-2-12　阿富汗巴达克山（Badakhshan）滑坡

例如：2014年5月5日，阿富汗巴达克山发生的山体滑坡致350死，至少2500人失踪（图2-2-12），滑坡发生前，该地区4月25日～29日有强降雨过程。第一次山体滑坡发生在当天正午前，掩埋了大约300家住户，之后在现场救援过程中发生了第二次滑坡，又将至少600人掩埋。经分析认为：这次滑坡，属于强降雨导致的黄土为主的堆积层滑移破坏，并且在滑动过程中转化为流动性较强的“土流”(可以理解成黏稠的泥石流)，直接冲击、掩埋居民点与救援人员，从而产生重大伤亡。

（三）滑坡活动的人工诱发因素

违反自然规律、破坏斜坡稳定条件的人类活动都会诱发滑坡。

（1）开挖坡脚：修建铁路或公路、依山建房或建厂等工程，破坏了斜坡原有的平衡，常常使坡体下部失去支撑而发生下滑（图2-2-13～图2-2-17）。例如一些铁路、公路，因修建时大力爆破、强行开挖，事后陆陆续续地在边坡上发生了滑坡，给道路施工、运营带来危害。

a)天然状态下的平衡

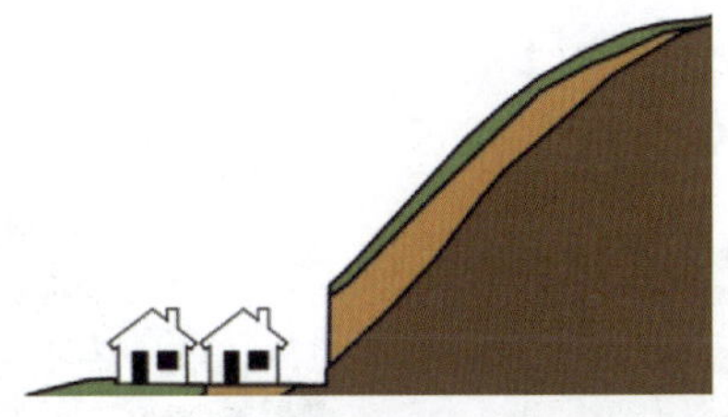

b)人工切坡后不平衡

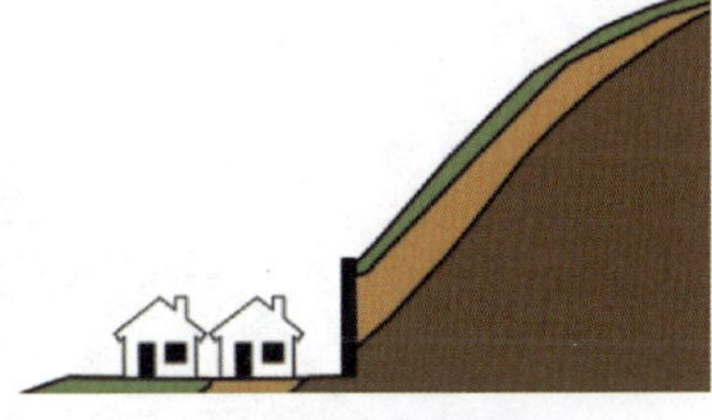

c)切坡支护后的平衡

图2-2-13　斜坡平衡变化示意图

图2-2-14　在陡坡脚下开挖取土容易诱发崩塌、滑坡

图2-2-15　斜坡开挖工程，最容易引起滑坡，开挖前应请地质专业人员进行必要评估

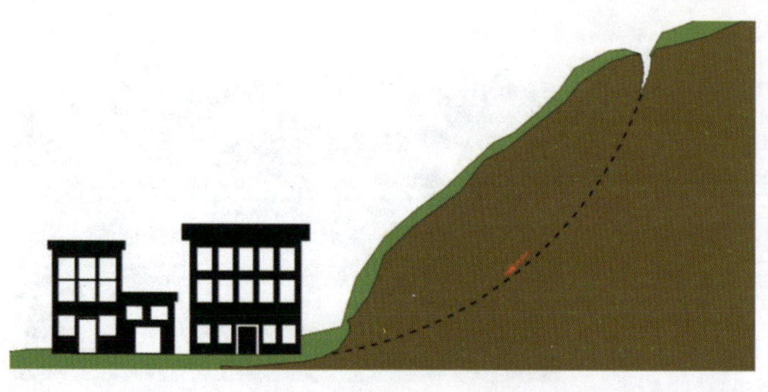

图2-2-16　选址不当，或切坡不合理，未加支护，则构筑物会受到滑坡威胁

图2-2-17　在切坡填方形成的台阶上建构筑物很危险

（2）蓄水、排水：水渠和水池的漫溢和渗漏，工业生产用水和废水的排放、农业灌溉等，均易使水流渗入坡体，加大孔隙水压力，软化岩、土体，增大坡体重度，从而促使或诱发滑坡的发生（图 2-2-18）。水库的水位上下急剧变动，加大了坡体的动水压力，也可诱发斜坡和岸坡滑坡发生。支撑不了过大的重量，失去平衡而沿软弱面下滑。尤其是厂矿废渣的不合理堆弃，常常触发滑坡的发生。

此外，劈山开矿的爆破作用，可使斜坡的岩、土体受震动而破碎产生滑坡；在山坡上乱砍滥伐，使坡体失去保护，便有利于雨水等水体的入渗，从而诱发滑坡。古滑坡体上构筑物荷载过大，也可能导致稳定性降低，引发局部或整体的滑动（图 2-2-19）。如果上述的人类作用与不利的自然作用互相结合，则就更容易促进滑坡的发生。

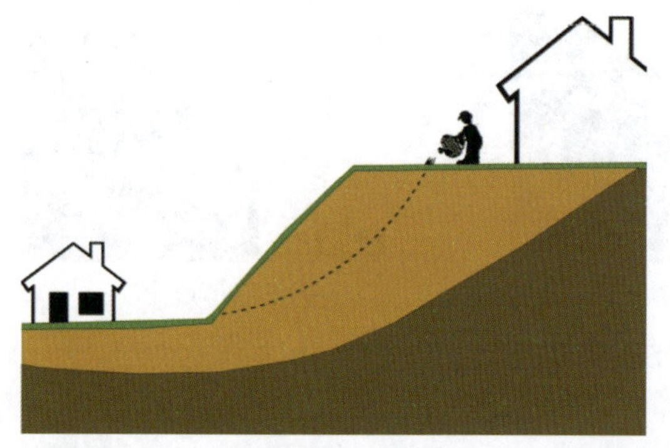

图2-2-18　大量生活废水渗入斜坡土体，容易引发滑坡

图2-2-19　古滑坡体上荷载过大引发滑动

随着经济的发展，人类越来越多的工程活动破坏了自然坡体，因而近年来滑坡的发生越来越频繁，并有愈演愈烈的趋势，应加以重视。

三、云南滑坡地质灾害的时空规律与重点防范区域

（一）滑坡活动的时空规律

1. 滑坡活动的时间规律

滑坡的活动时间主要与诱发滑坡的各种外界因素有关，如地震、降温、冻融、海啸、风暴潮及人类活动等。大致有如下规律：

（1）同时性。有些滑坡受诱发因素的作用后，立即活动。如强烈地震、暴雨、海啸、风暴潮等发生时和不合理的人类活动，如开挖、爆破等，都会有大量的滑坡出现。

（2）滞后性。有些滑坡发生时间稍晚于诱发作用因素的时间。如降雨、融雪、海啸、风暴潮及人类活动之后。这种滞后性规律在降雨诱发型滑坡中表现最为明显，该类滑坡多发生在暴雨、大雨和长时间的连续降雨之后，滞后时间的长短与滑坡体的岩性、结构及降雨量的大小有关。一般来讲，滑坡体越松散、裂隙越发育、降雨量越大，则滞后时间越短。此外，人工开挖坡脚之后，堆载及水库蓄、泄水之后发生的滑坡也属于这类（图 2-2-20）。

图2-2-20　公路边坡滑坡

由人为活动因素诱发的滑坡的滞后时间的长短与人类活动的强度大小及滑坡的原先稳定程度有关，人类活动强度越大、滑坡体的稳定程度越低，则滞后时间越短。

2. 滑坡活动的空间分布规律

主要与地质因素和气候等因素有关。通常下列地带是滑坡的易发和多发地区。

（1）江、河、湖（水库）、海、沟的岸坡地带，地形高差大的峡谷地区，山区、铁路、公路、工程建筑物的边坡地段等。这些地带为滑坡形成提供了有利的地形地貌条件。

（2）地质构造带之中，如断裂带、地震带等。通常、地震烈度大于 7 度的地区，坡度大于 25° 的坡体，在地震中极易发生滑坡；断裂带中的岩体破碎、裂隙发育，则非常有利于滑坡的形成。

（3）易滑（坡）的岩、土分布区。如松散覆盖层、黄土、泥岩、页岩、煤系地层、凝灰岩、片岩、板岩、千枚岩等岩土的存在，为滑坡的形成提供了良好的物质基础。

（4）暴雨多发区或异常的强降雨地区。在这些地区，异常的降雨为滑坡发生提供了有利的诱发因素。

上述地带的叠加区域，就形成了滑坡的密集发育区。如我国从太行山到秦岭、经鄂西、四川、云南到藏东一带就是这种典型地区，滑坡发生密度极大，危害非常严重。

（二）云南滑坡灾害重点防范区域

总体来看，在滇西地区，公路沿线滑坡、泥石流均有分布，且滇西地区高山峡谷地貌发育，高陡的岩石边坡极易发生崩塌、滑坡等；在滇中地区，公路沿线滑坡发育，特别是区域地质环境过渡明显的滇中边缘带，滑坡与地形雨耦合诱发泥石流灾害；在滇东地区，公路沿线水毁灾害主要以崩塌、滑坡、路基沉陷为主。

云南省滑坡地质灾害重点防范区域如下。

1. 金沙江崩滑带

主要分布在禄劝、武定、东川北部沿金沙江两岸发育，危害面积达 5000km^2。已有大型崩滑 50 多处，如禄劝普福滑坡；撒马基滑坡；武定万德、盛德滑坡；热水塘崩塌；东川的大寨，安基，核桃湾滑坡和红路崩塌，崩滑体都在百万立方米以上。

本区域内最大的滑坡灾害，是1965年11月22～23日发生在禄劝北金沙江南岸的普福、老木德一带的特大滑坡，这次滑坡在全国滑坡史上也是最大的一次岩质滑坡。由于金沙江及其支流河谷深切（相对高差达2000～3000m）、断层、裂隙，节理发育，地层为玄武岩、阳新灰岩等脆性岩层并夹有砂岩、页岩等软弱夹层，地层和坡向一致倾向深谷，老滑坡面裸露，加上当年雨量过大，致使滑坡体顺层从海拔3100m的西坡向东滑至海拔1100m的深谷，滑坡面长达6km，宽约2km，滑坡量达4.5亿m^3。滑下的土石掩埋5个村寨，使当日在村寨的全部人口(444人)无一幸免。滑坡体冲至对面山谷白占斗附近的山脚，被撞回并形成一个底面2.6km^2，高约179m的山包，堵塞白占河形成湖泊。这次滑坡产生7次滑坡地震，最大地震为3.7级。

2. 金沙江中上游滑坡灾害高易发区

包括宁蒗—永胜—玉龙—宾川部分地区。该区地处金沙江中高山峡谷区，区内新构造运动强烈，滑坡地质灾害发育。

3. 金沙江中下游滑坡灾害高易发区

包括永善—绥江—水富—盐津—威信—镇雄等地。该区地处金沙江中下游高中山峡谷地貌区，新构造运动活跃，岩石软硬相间，多陡崖、危岩分布，是云南省滑坡灾害强活动区。区内人口密度大，矿产资源开发、陡坡耕植活动强烈，对地形、地貌的扰动强烈，诱发地质灾害的可能性大。危险区段主要有：①永善县务基乡滑坡、团结乡双河村集镇滑坡；②大关县城、木杆镇滑坡；③盐津县城、普洱镇、盐井镇滑坡崩塌；④彝良县荞山乡、角奎镇崩塌滑坡等。

4. 巧家—东川—寻甸滑坡灾害高易发区

本区地处小江断裂带沿线，山体破碎，滑坡、崩塌、泥石流隐患点密集，雨季极易加剧其活动，并诱发新的地质灾害。危险区段主要有：巧家县白鹤滩镇、老店镇、中寨乡滑坡等。

5. 昆明（西山）崩滑带

主要沿南北向西山断裂（普渡河断裂）分布。由于普渡河谷深切，地形峻陡、南北向普渡河断裂及多组北东、北西向断裂在本带交切、复合，加之本区主要为元古界灯影灰岩、澄江砂岩、古生界玄武岩等脆性岩层及砂、页、泥岩等软弱地层互层，因而崩塌、滑坡较为普遍。北段沿普渡河谷两岸发育，南段主要分布在昆明西山西侧，危害面积约200km^2。

本区域内最近一次大滑坡为1990年2月21日发生在昆明市西山区的下冲办事处孙家箐村，滑坡量达50万m^3，使25人丧生，并掩埋两部汽车，两部拖拉机及一台推土机，中断公路交通，直接经济损失超过100万元。现场考察发现，这次滑坡发生在西山断裂西侧的北西向富民断裂及北东向孙家箐断裂交汇处，地层为灯影灰岩且多组节理及垂直裂隙发育。地层极为破碎，地层倾向与坡向和老滑坡面相同，加上人为活动（过量在坡脚开采沙石），致使这次滑坡不可避免地发生了。

6. 怒江中上游滑坡灾害高易发区

主要为贡山—福贡—泸水—隆阳—施甸地区。该区地处滇西北横断山脉纵谷地带，地质构造复杂，南北向深大断裂发育，冻融作用等物理风化作用强烈，加之是云南省地壳抬升最强烈区，在内外动力地质作用的共同影响下，滑坡、崩塌、泥石流地质灾害发育。危险区段主要有：①贡山—福贡公路沿线滑坡；②贡山—德钦公路沿线滑坡；③泸水县鲁掌镇中学滑坡。

7. 福贡—永平崩滑带

该带除泥石流灾害外，崩滑灾害也是很严重的，主要沿贡江（北段）及澜沧江（南段）河谷两岸分布。由于怒江断裂及澜沧江断裂在本区展布，怒江及澜沧江河谷深切（相对高差达 3000m 以上），两岸岩层破碎，加上人为活动，毁林开荒等因素，因而崩塌，滑坡十分发育，大型滑坡 30 多处，崩塌遍及全区，危害面积达 15000km^2，是云南省崩、滑灾害分布面积最大的一个带。较大的滑坡有兰坪县大华滑坡（位于澜沧江西岸、滑坡体超过 2000 万 m^3）、小盐井丫口滑坡、云龙的连井坪、鸡茨坪等。值得注意的是，碧江县城知子罗镇就位于南北两大滑坡体所夹持的块体上。这两大滑坡体总滑坡量超过 300 万 m^3，足够摧毁该县城。该滑坡产生于 1975 年，至今仍在滑动，且裂隙不断扩大，严重威胁该县城的安全，如搬迁，则需搬迁费 8000 万元。

8. 潞西—六库崩、滑带

主要沿怒江断裂及怒江大峡谷（南段）分布，包括泸水、六库，保山、龙陵，潞西等地。本区最高点为高黎贡山的丫扁峰，海拔 4161.5 m，而最低点在怒江谷地，海拔仅 523m，相对高差达 3600 多米。怒江深大断裂南北纵贯全区，因而本区山高谷深，岩层破碎，崩滑沿怒江两岸沟谷广为发育。本带危害面积达 6000km^2，是云南省主要崩滑区之一。近十年（截止 1990 年）仅怒江州因崩滑灾害使 205 人丧生、119 人受伤，毁房 2810 间，田 1.2 万亩、地 4.3 万亩，水利工程 2905 处、电站数十座、桥涵 200 多座，直接经济损失超过 1000 万元，并且使瓦窑—六库（90km），六库—福贡（139km）为病害公路段。

9. 澜沧江中上游滑坡灾害高易发区

包括澜沧江上游的德钦—维西—兰坪，中游的巍山—南涧—云县—景东—临沧—镇沅一带。该区地处滇西北横断山脉纵谷区和滇西高山峡谷地貌区，地质构造复杂，澜沧江等断裂发育，岩体破碎，软弱岩体分布广泛，外动力地质作用十分强烈，滑坡、泥石流地质灾害发育。加之澜沧江及其支流水利水电和公路建设活动强烈，雨季极易加剧已有地质灾害隐患点活动，诱发新的地质灾害。危险区段主要有：①德钦县城滑坡、泥石流；②维西县保和镇瓦窑村滑坡；③维西塔城至德钦县城二级公路沿线；④香格里拉至德钦二级公路沿线；⑤香格里拉县金江镇滑坡；⑥兰坪县营盘中学滑坡。

10. 南汀河流域崩、滑带

该带主要沿南汀河东西两支断裂呈北东向分布。南汀河断裂是新生代以来活动断裂。本区的地层为易风化的临沧花岗岩及澜沧变质岩，岩层破碎、地形陡峭，崩、滑现象十分普遍。临沧—云县（86km）、耿马—双江（82km），勐永—勐撒（43km）等公路段为常年病害公路段，尤其是羊头岩—头道永（16km）每年都要多次中断交通，仅常年治理及交通绕道费要超过 1000 万元。1988 年 11 月 6 日耿马 7.2 级地震及澜沧 7.6 级地震时，引发多起滑坡、崩塌，泥石流等灾害，致使耿双公路沿小黑江 20 多千米长的公路全面崩塌。

11. 大盈江流域滑坡灾害高易发区

包括腾冲—梁河—盈江—陇川—龙陵—芒市一带。区内新构造运动强烈，地质构造复杂，变质岩、岩浆岩体分布广泛，物理和化学风化作用强烈，加之2011年地震活动频繁，造成山体松动，诱发新的地质灾害隐患。危险区段主要有：芒市江东乡滑坡等。

12. 红河流域滑坡灾害高易发区

包括新平—元江—红河—绿春—金平一带。该区地处红河流域哀牢山构造侵蚀高中山地貌区，红河断裂、哀牢山断裂发育，哀牢山变质岩体、软弱岩体分布广泛，地质环境条件脆弱，滑坡、泥石流灾害高发。危险区段主要有：①绿春县城滑坡、大黑山乡滑坡；②元阳县新街镇滑坡；③金平县勐拉乡、阿得博乡滑坡等。

四、公路滑坡地质灾害的防灾减灾对策

（一）滑坡地质灾害的野外识别与监测预警

1. 滑坡地质灾害的野外识别

实际上，我们很少见到前面讲到的组成滑坡的各要素、条件及特征齐全、明显的滑坡，在野外，主要掌握以下识别滑坡或隐患的要领。

（1）地形地貌特征

斜坡上常呈圈椅状（图2-2-21）、双沟同源（图2-2-22）或马蹄状地貌，或斜坡上出现异常的台坎、鼻状凸丘、多级平台及斜坡坡脚侵占河床；斜坡上有裂缝（图2-2-23），房屋倾斜、地面及墙体开裂；出现醉汉林（图2-2-24）及马刀树等。

图2-2-21　美国加利福尼亚滑坡

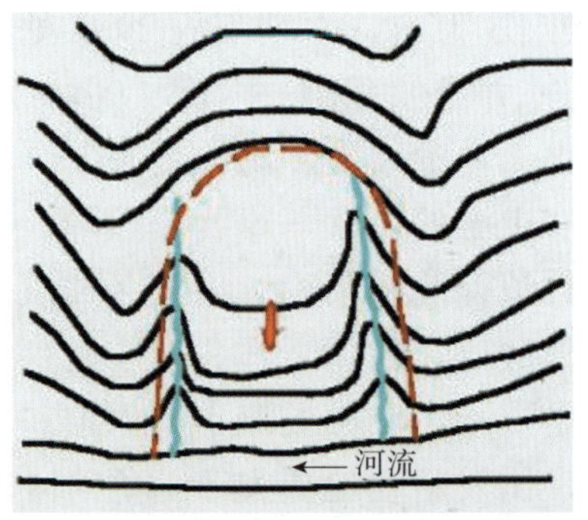

图2-2-22　双沟同源

图2-2-23　斜坡上的裂缝

图2-2-24　醉汉林

（2）地层岩性特征

斜坡上常有岩、土松脱现象或小型坍塌；含有软弱夹层的顺向坡，当坡角大于岩层倾角，而岩层倾角又大于10°时，容易发生滑坡，岩层倾角20°～30°时，滑坡者较多，倾角大于30°时一般都会发生滑坡。

（3）水文地质特征

斜坡坡脚常有成排的泉水溢出（图2-2-25），以及泉、井水水量、水质突变等异常现象。

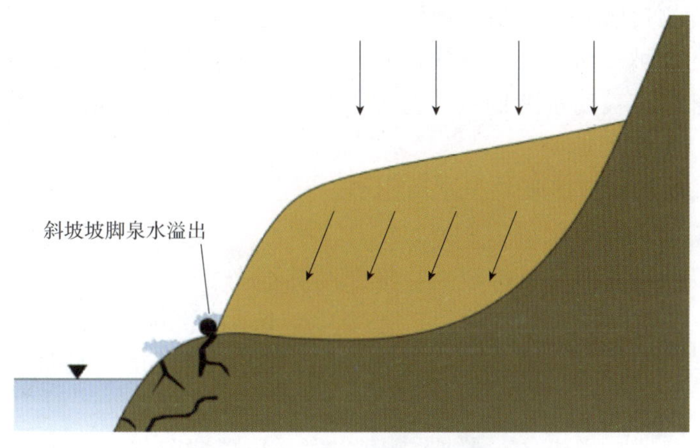

图2-2-25　斜坡坡脚泉水溢出

（4）滑坡要素及迹象特征

滑坡后缘断壁上有顺坡擦痕，前缘土体常被挤出或呈舌状凸起；滑坡两侧常以沟谷或裂面为界；斜坡高处陡坡下部常出现洼地或沼泽。

2. 滑坡地质灾害的监测预警

（1）滑坡发生过程的四个阶段

滑坡活动一般分为以下四个阶段（图2-2-26），这是我们得以对滑坡进行监测预报预警的理论依据。

①蠕滑阶段：坡肩或坡体某些部位出现拉裂缝；坡体内局部出现剪切破坏面［图2-2-26a）］。

②初滑阶段：滑动面贯通，斜坡开始滑动，且滑动速率不断增大［图2-2-26b）］。

③剧滑阶段：滑移速率急剧加大，滑坡体以较大速率向前滑移［图2-2-26c）］。

④稳定阶段：滑移速率逐渐减小，最终停止滑动［图2-2-26d］。

a)蠕滑阶段

b)初滑阶段

c)剧滑阶段

d)稳定阶段

图2-2-26　滑坡活动的四个阶段示意图

（2）滑坡体稳定性判别

在野外，从宏观角度观察滑坡体，可以根据一些外表迹象和特征，粗略地判断它的稳定性如何。

①已稳定的堆积层老滑坡体有以下特征：

a. 滑坡体坡度较缓，地面较平，土体密实、无沉陷现象；

b. 后壁较高，长满了树木，找不到擦痕；

c. 滑坡体两侧的自然冲刷沟切割很深，甚至已达基岩；

d. 滑坡前缘的斜坡较缓，土体密实，长满树木，无松散坍塌现象；

e. 前缘迎河部分有被河水冲刷过的迹象，目前的河水已远离滑坡舌部，甚至在舌部外已有漫滩、阶地分布；

f. 滑坡体舌部的坡脚有清晰的泉水流出等。

②不稳定的滑坡具有下列迹象：

a. 滑坡体坡度较陡，而且延伸较长，坡面高低不平；

b. 后壁不高，有擦痕；

c. 滑坡表面有泉水、湿地，且有新生冲沟；

d. 滑坡前缘斜坡较陡，土石松散，小型坍塌时有发生（图 2-2-27），并面临河水冲刷的危险；

e. 滑坡体上无巨大直立树木；

f. 前缘有成排或季节性泉水溢出；

g. 滑坡体上建筑物及地面有开裂、倾斜、下座等现象。

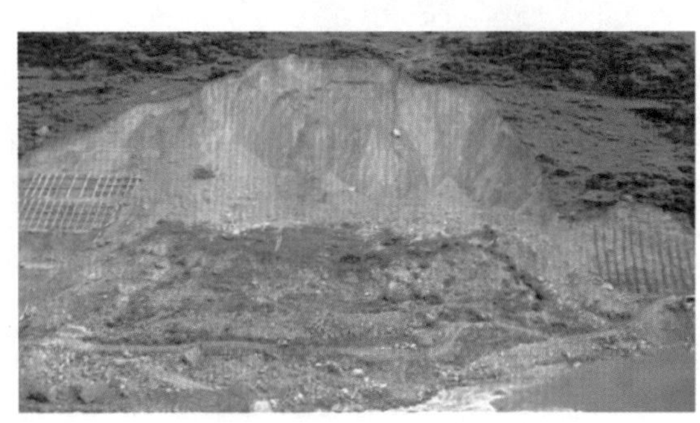

图2-2-27　不稳定滑坡

需要指出的是，以上外表迹象和特征只是一般而论，较为准确的判断，尚需做出进一步的观察和研究。

（3）滑坡发生的前兆特征

不同类型、不同性质、不同特点的滑坡，在滑动之前，均会表现出各种不同的异常现象，显示出滑动的预兆（前兆），归纳起来常见的有以下几种。

①大滑动之前，在滑坡前缘坡脚处，有堵塞多年的泉水复活现象，或者出现泉（井）水突然干枯、井（钻孔）水位突变等异常现象。

②在滑坡体中、前部出现横向及纵向放射状裂缝，或前缘坡脚处土体出现隆起现象。它反映了滑坡体向前推挤并受到阻碍，已进入临滑状态。

③滑坡后缘的裂缝急剧扩展（图 2-2-28），新裂缝不断出现，并从裂缝中冒出热气（或冷风）。

④滑坡体四周岩体（土体）会出现小型坍塌和松弛现象。

⑤大滑动之前，有岩石开裂或被剪切挤压的音响。这种迹象反映了深部变形与破裂。动物对此十分敏感，有异常反应。动物惊恐异常，如：猪、狗、牛惊恐不宁，不入睡，老鼠乱窜不进洞；植物变态，如：树木枯萎或歪斜等。

图2-2-28　滑坡后缘裂缝

（4）滑坡监测的简易手段与频率

如果在滑坡体上有长期位移观测资料，那么滑动之前，无论是水平位移量还是垂直位移量，均会出现加速变化的趋势，这是明显的临滑迹象。对潜在的滑坡或不稳定斜坡上裂缝现象，在一定时期内进行周期性的或实时的测量工作。

①滑坡监测简易方法：本着先进、直观、方便、快速、连续等原则，采用简易方法进行监测，如埋钉法裂缝监测、埋桩法测量滑坡（图 2-2-29 ～图 2-2-31）。

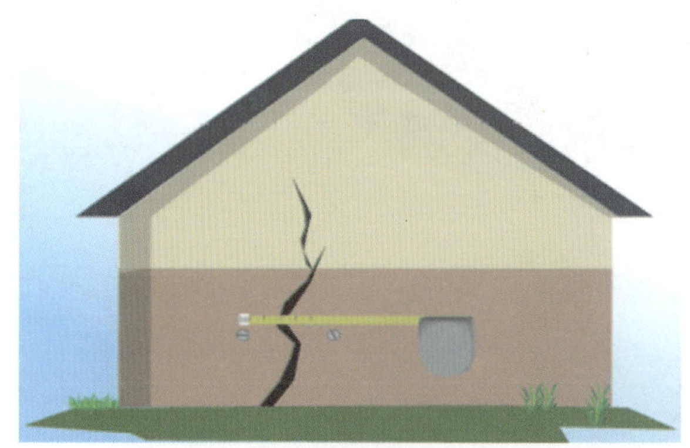

图2-2-29　埋钉法裂缝监测

图2-2-30　埋桩法测量滑坡体后缘位移量

图2-2-31　埋桩法测量滑坡

②滑坡监测频率：正常情况下每 15 天一次，比较稳定的可每月一次；监测在汛期，雨季，预报期，防治工程施工期等情况下应加密，宜每天一次或数小时一次直至连续跟踪监测。

（5）滑坡灾害发生时的应对措施

当遇到滑坡灾害发生时，至少应当做到如下几点。

①当处在滑坡体上时，首先应保持冷静，不能慌乱。要迅速环顾四周，向较安全的地段撤离。一般除高速滑坡外，只要行动迅速，都有可能逃离危险区段。跑离时，向两侧跑为最佳方向。在向下滑动的山坡中，向上或向下跑都是很危险的。当遇无法跑离的高速滑坡时，更不能慌乱，在一定条件下，如滑坡呈整体滑动时，原地不动，或抱住大树等物，不失为一种有效的自救措施。如 1983 年 3 月 7 日发生在甘肃省东乡县的著名的高速黄土滑坡——洒勒山滑坡中的幸存者就是在滑坡发生时，紧抱住滑坡体上的一棵大树而得生。

②当处于非滑坡区，而发现可疑的滑坡活动时，应立即报告邻近的村、乡、县等有关政府或单位（图 2-2-32）。如群测群防站或县、市、地区及省政府，均设有“国土资源局”。该机构应责无旁贷地担当此项责任，并立即组织有关政府、单位、部队、专家及当地群众参加抢险救灾活动。

图2-2-32　如斜坡出现异常情况，要及时向当地政府报告

③政府部门应立即实施应急措施（或计划），迅速组织群众撤离危险区及可能的影响区。并通知邻近的河谷、山沟中的人们做好撤离准备，密切注视灾情的漫延和转化。如滑坡常在暴雨、洪水中转化为泥石流灾害（即次生灾害）。注意、因滑坡可能危害到的某些生命线工程（如水库、干线铁路、干线公路、发电厂、通信设备、干线渠道等）所引发的次生灾害或第三次灾害的发生，如火灾、洪水等。注意调查滑坡是否有间歇性活动特点，尽可能确定其再次活动的可能性和时间。如果必要的话（需经有关专家或科技人员论证），应迅速设立观测点（站）或观测网，密切注视其变化动态，“亡羊补牢，犹未为晚”。

（6）滑坡监测成功实例

长江三峡中的新滩滑坡发生在 1985 年 6 月 12 日，滑坡体体积达 3000 万 m^3，一举摧毁了新滩镇，并使长江航运一度受阻。但由于事先监测和预报准确，新滩镇居民及时撤离而无一人伤亡。滑坡裂缝监测过程中的迹象与变化见表 2-2-1。

表 2-2-1　新滩滑坡各滑坡阶段的迹象与裂缝变化

预报阶段宏观迹象	1. 减速（蠕动）变形阶段（1979 年 8 月以前）	2. 等速变形阶段（1979 年 8 月至 1982 年 7 月）	3. 加速变形阶段（1982 年7月至1985年5月上旬）	4. 急剧变形阶段（1985 年 5 月中旬至 6 月 11 日）
裂缝变化	主滑区地表局部出现近南北向的长大裂缝	于雨期原地表裂缝复活，有新的扩展变形迹象	滑体后缘及两侧出现羽状裂缝，并逐渐扩展，趋于连通，呈现整体滑移的边界条件	裂缝形成弧形拉裂圈，并急剧加长、增宽、下沉，新裂缝不断产生

（二）滑坡灾害的工程防治方法

1. 滑坡的防治原则

滑坡的防治原则："及早发现，预防为主；查明情况，综合治理；力求根治，不留后患"。

基于此，在公路勘察设计阶段，滑坡地段的选线定线原则是：对于技术复杂、工程量大、采用整治措施难于确保稳定的大型滑坡，线路宜予绕避，河谷地段可跨到滑坡对岸通过，或在滑动面下的适当位置以隧道通过；对中小型滑坡，如经整治能确保稳定，工程投资可显著节约时，可在其下部以低填方式或在其上部以浅挖方通过；若线路位置受控制无法绕避时，需采取有效的工程措施，以确保施工与运营安全。

2. 滑坡地质灾害防治的途径

滑坡地质灾害的防灾减灾以及治灾可概括为下述四条途径。

（1）在易发生滑坡的地段限制开发，对移民迁建工程而言应划为不适宜的地段；对于交通干线而言应绕避通过；如可能滑动的滑坡体上已建有城镇或集中居民点，而且该滑坡又不能或不宜进行工程加固，则应搬迁避让。

（2）严格执行土石方工程、建设工程的行业规范，以防止挖方（特别是深挖方）或填方（特别是高填方）边坡发生滑坡。

（3）在可能发生滑坡的地段建立监测预警系统，通过预报以避免或减小滑坡灾害。

（4）采用防治或控制斜坡失稳的工程措施。

3. 滑坡工程的治理措施

前述第（4）项"采用防治或控制斜坡失稳的工程措施"，就是通常所说的滑坡防治工程或斜坡加固工程，国际地科联（IUGS）滑坡工作组（WGL）整治委员会将滑坡工程治理措施分为四大类，简述如下。

（1）改变斜坡的几何形态

用降低坡高或放缓坡角来改善边坡的稳定性。削坡设计应尽量削减不稳定岩土体的高度，而阻滑部分岩土体不应削减（图 2-2-33）。此法并不总是最经济、最有效的措施，要在施工前作经济技术比较。

（2）排水

滑坡的发生常和水的作用有密切的关系，水的作用，往往是引起滑坡的主要因素，因此，消除和减轻水对边坡的危害尤其重要，其目的是降低孔隙水压力和动水压力，防止岩土体的软化及溶蚀分解，消除或减小水的冲刷和浪击作用。地表排水措施有排水沟、坡面防渗等（图 2-2-34），地下排水措施有盲沟、排水洞、排水孔等（图 2-2-35）。

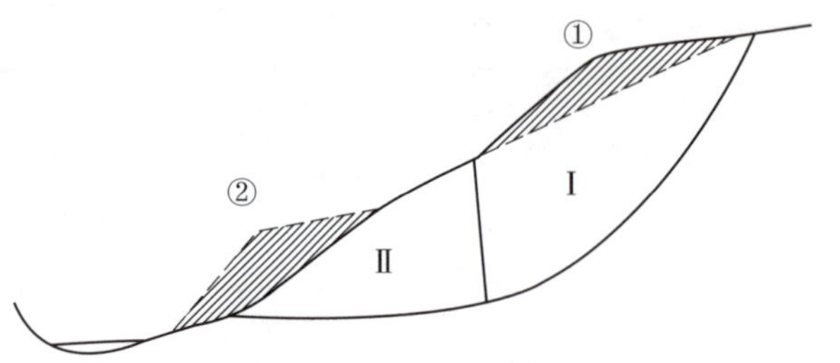

a)减重反压示意图

b)工程治理实例

图2-2-33　减重反压示意图及工程实例

图2-2-34　地表排水（排水沟、坡面防渗）

图2-2-35　地下排水（盲沟、排水洞、排水孔）

（3）支挡结构物

常用的支挡结构物主要有抗滑挡土墙和抗滑桩等（图2-2-36，图2-2-37）。

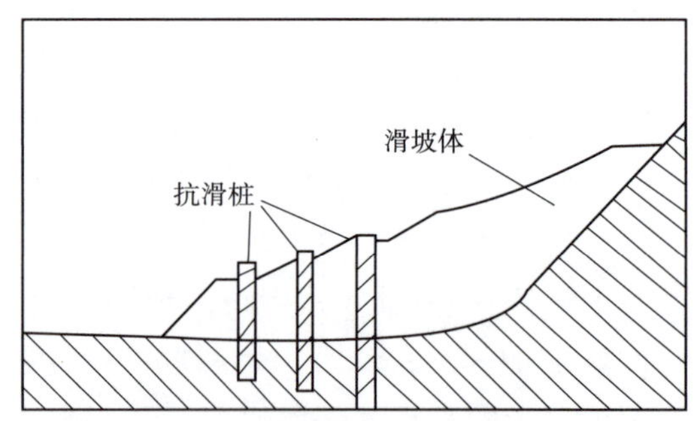

图2-2-36　抗滑桩设计及布置图

抗滑挡土墙是目前处治中小型滑坡中应用最为广泛而且较为有效的措施之一。根据滑坡的性质、类型和抗滑挡土墙的受力特点、材料和结构不同，抗滑挡土墙又有多种类型。从结构形式上分，有重力式抗滑挡土墙、锚杆式抗滑挡土墙、加筋土抗滑挡土墙、板桩式抗滑挡土墙、竖向预应力锚杆式抗滑挡土墙等。从材料上分，有浆砌条石（块石）抗滑挡土墙、混凝土抗滑挡土墙（浆砌混凝土预制块体式和现浇混凝土整体式）、钢筋混凝土式抗滑挡土墙、加筋土抗滑挡土墙等。选取何类型的抗滑挡土墙，应根据滑坡的性质、类型、自然地质条件、当地的材料供应情况等条件，综合分析，合理确定，以期达到处治滑坡的同时，降低处治工程的建设费用。

抗滑桩是深入土层或岩层的柱形构件。滑坡处治工程中的抗滑桩是通过桩身将上部承受的坡体推力传给桩下部的侧向土体或岩体，依靠桩下部的侧向阻力来承担边坡的下推力，而使边坡保持平衡或稳定。抗滑桩与一般桩基类似，但主要是承担水平荷载。抗滑桩断面形式有圆形和矩形，施工方法有打入、机械成孔和人工成孔等方法，结构形式有单桩、排桩、群桩，有锚桩和预应力锚索桩等。

图2-2-37 滑坡工程治理实例

（4）斜坡内部加固

①岩土体性质改良：用压浆（或爆破灌浆法）、焙烧或化学工业方法改良滑坡体及滑动带物质力学性质。

②加筋土挡墙：可用以稳定天然或堆填斜坡、支挡开挖斜坡。

（三）滑坡灾害防灾减灾案例

1. 昭通市头寨沟滑坡—碎屑流（钟立勋，1999）

1991年9月23日18：18左右，云南省昭通市盘河乡头寨沟村发生山体巨型滑坡(图2-2-1)，近2000万m^3。滑体物质由玄武岩组成，具有整体滑落、位能大、速度快之特点。主动滑落之岩块，撞击山头后，变成十分破碎的岩石碎块，并以强大的动能沿着头寨沟沟谷向下游方向流动（呈干燥状态）达2.8km远，直至盘河岸边碎屑物质才停止下来。滑体滑落高差为760m。在头寨沟沟谷中，仅2～3min时间内，这场罕见的巨型滑坡—碎屑流灾害造成了惨重的人员伤亡和经济损失，共有216人遇难，7人受伤，掩埋牲畜252头，毁坏民房202间，毁坏耕地300亩以及大量的森林植被，直接经济损失约1200万元（据省计委国土办）。此次滑坡引起了强烈的地面震动，致使昭通地震台接收到震级为3.5级的震波。

（1）形成原因

这次灾害性的滑坡—碎屑流的形成，属于自然型，几乎与人为活动无关。滑坡发生于山体上部，地形陡峭，坡角45°～50°；地质构造上，位于NE向向斜翼部（NW翼），岩层为单斜层位（倾向SE），向山外倾斜。滑坡体由玄武岩组成，柱状节理十分发育，加上次一级断层通过滑体（玄武岩），断层面及一组节理面均倾向于山外。总之，无论是地形，还是地质构造都有利于形成滑坡。在滑坡体后缘有一条常年性冲沟，水量4～5L/s，直接注入滑坡体（强烈风化的玄武岩）之中，对形成滑坡起了非常重要的作用。另外一个影响因素是当年降水较丰，特别是9月份以前降水较多。仅8月25日降雨量达41.3mm，以后8天又阴雨连绵，至滑坡发生之日共降雨209mm，致使风化而破碎的山体岩石长时间保持湿润状态。这可能是诱发滑坡的重要因素。经调查认为，这不是一般的滑坡，而是由滑坡转化为碎屑流。又不同于滑坡—泥石流。正是这种异乎寻常的碎屑流造成了惨重的灾难。形成滑坡—碎屑流的过程可概括为三个阶段：岩石整体滑动阶段，滑体碰撞山脊、碎裂解体阶段，碎屑流动～停止阶段。

（2）灾后反思

未能利用滑坡前兆信息作出预报。据灾后访问，7年前滑坡后缘山坡表面已出现裂缝，尤其是临滑前一天（即9月22日），后缘裂缝张开宽度由0.2～0.3m急剧增加到1m。当地农民虽已发现，但未意识到一场灾难即将来临，未向有关部门报告险情。因而专业技术人员得不到山体斜坡稳定性急剧恶化的信息，这是一个教训。由此可见，群专结合，增强群众的灾害意识何等重要。

“超距”致灾，教训尤深。所谓“超距”是指滑体超过正常滑动的那一部分位移的水平投影（水平位移）。头寨沟这次发生的玄武岩滑坡—碎屑流正是这样的灾难事件。它与国外研究得最多的著名的瑞士有名的E1m岩崩—碎屑流十分相似；E1m岩崩体积为100万m^3，超距1.15km，死亡115人，最大崩（滑）落高差615m，后缘破裂壁顶点至碎屑流堆积物最远点距离2017m。可见这类灾害不是个别的现象，但又是个难以解决（如最大流动距离）的问题。国外学者经多个实例研究断定：岩崩（或岩滑）—碎屑流的运动距离取决于滑落（或崩落）的高度、路径的粗糙度和崩（滑）落体的体积。

汛期抓住险情，群专结合，科学地做出预测预报。绝大多数滑坡都发生在汛期。许多事实表明，凡是危险的滑坡，汛前或汛期都会有比较明显的活动迹象表现出来。如果抓住这些险情，群专结合，科学判断，是可以作出预测、预报的，是可以减轻或避免人员伤亡和经济损失的。每年汛期之后，总结经验教训。这项工作很重要，需要专业队伍会同当地政府（或部门）共同商定实施办法。

2. 云南彝良县龙海乡镇河村山体滑坡灾害（杨旭等，2012）

2012年10月4日8时10分许，彝良县龙海乡镇河村油房村民小组发生重大山体滑坡，约5万m^3滑坡体倾泻而下，顷刻间淹没了山脚下的田头小学，18名学生和1名村民遇难。

灾害发生后，人们提出疑问：有人曾发现山体开裂？村民：未向村干部或上级部门汇报过。调查发现：此次发生滑坡的山坡，在1976年时也曾发生过滑坡；1997年、2012年5月都有村民在山体上发现过裂缝，长数十米，宽度可以塞进拳头。最近一次人们注意到山体开裂是2012年6月：裂缝宽度有5～6cm、长约几十米，看不到裂纹深度。该村民发现裂纹后，担心的仅只是垮山会使种植在地里的洋芋受损。村民们坦言，发现裂纹后，大家的安全意识都不够，以为滑坡的规模不会太大，而且下方又是河道，即使滑坡也不会有多大损害，因此根本没有引起他们的重视，也没有向村干部，甚至上级政府部门报告过。2012年10月4日8时10分许，彝良“9·07地震”之后一个月，彝良县龙海乡镇河村油房村民小组重大山体滑坡发生。

第三节 公路泥石流地质灾害及其防灾减灾对策

据统计，我国有29个省（区）、771个县（市）正遭受泥石流的危害（图2-3-1），平均每年泥石流灾害发生的频率为18次/县，近40年来，每年因泥石流直接造成的死亡人数达3700余人。据不完全统计，新中国成立后的60多年中，我国县级以上城镇因泥石流而致死的人数已约4400人，并威胁上万亿财产，由此可见泥石流对山区城镇的危害之重。目前我国已查明受泥石流危害或威胁的县级以上城镇有138个，主要分布在甘肃（45个）、四川（34个）、云南（23个）和西藏（13个）等西部省区，受泥石流危害或威胁的乡镇级城镇数量更大。

从图2-3-1可见，云南省泥石流灾害是我国泥石流灾害最为严重的省份之一。泥石流在云南分布面之大、规模之大、频率之高、危害之烈在我国乃至世界各国都是少见的。1969年8月大盈江流域弄璋区南拱泥石流，使新章金、老章金两村被毁，97人丧生，经济损失近百万元。2012年6月14日晚8时许的丽江市玉龙县特大山洪泥石流共造成4人受伤、7人失踪。思茅地区景谷县2012年7月31日发生特大泥石流灾害，4人遇难，10人失踪。87人受伤，直接经济损失20600万元。

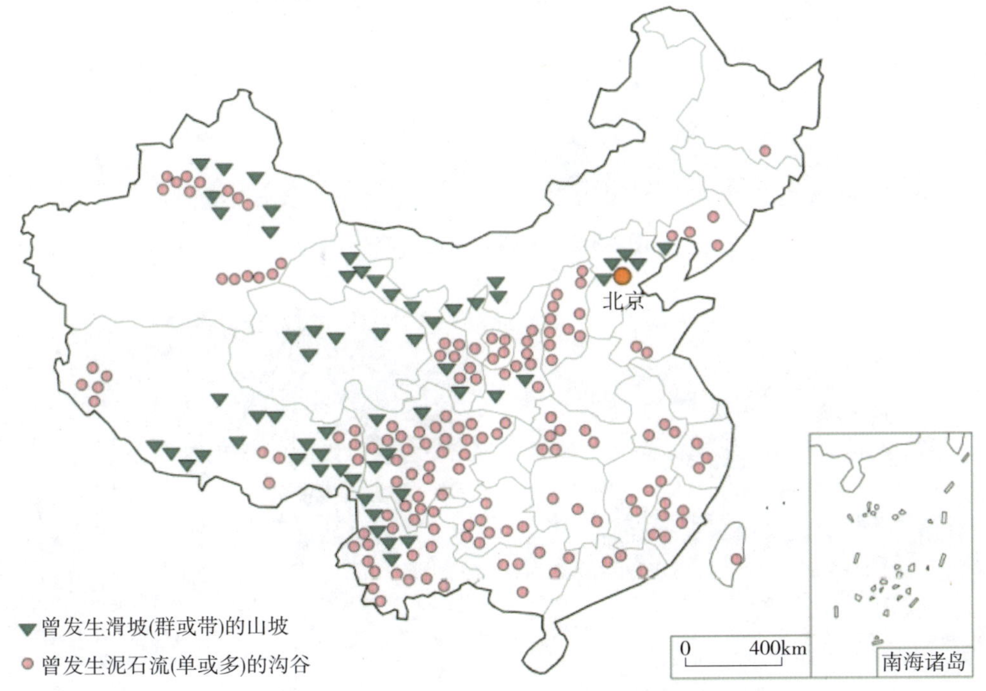

图2-3-1 我国滑坡、泥石流灾害分布图

一、泥石流的定义与分类

（一）泥石流定义

泥石流是由于降水（暴雨、冰川、积雪融化）在沟谷或山坡上产生的一种携带大量泥沙、石块和巨砾等固体物质的特殊洪流。其汇水、汇沙过程十分复杂，是各种自然因素（地质、地貌、水文、气象等）或人为因素综合作用的产物。它的运动过程介于山崩、滑坡和洪水之间，俗称“走蛟”、“出龙”、“蛟龙”等。

在某种意义上，泥石流与洪水同属山地洪流，即它们都是大量水分携带山体泥沙、石的流体沿沟、槽汇聚呈急泻而下的洪流。泥石流大多伴随山区洪水而发生。它与一般洪水的区别是洪流中含有足够数量的泥沙石等固体碎屑物，其体积含量最少为15%，最高可达80%左右。

泥石流灾害：指对人民生命财产造成损失或构成危害的灾害性泥石流（图2-3-2）；如不造成损失或不构成危害，则只是一种自然地质作用和现象。

潜在泥石流沟：经调查无近期泥石流活动史，但存在可能爆发泥石流部分条件的沟谷（图2-3-3）。

图2-3-2　云南东川泥石流

图2-3-3　泥石流沟

（二）泥石流的分类

1. 按泥石流的物质状态分类

按泥石流的物质状态分为黏性泥石流和稀性泥石流两类。

（1）黏性泥石流：含大量黏性土的泥石流或泥流。其特征是：黏性大，固体物质占40%～60%，最高达80%。水不是搬运介质，而是组成物质；稠度大；石块呈悬浮状态，暴发突然，持续时间短，破坏力大。

（2）稀性泥石流：以水为主要成分，黏性土含量少，固体物质占10%～40%，有很大分散性。水为搬运介质，石块以滚动或跃移方式前进，具有强烈的下切作用。其堆积物在堆积区呈扇状散流，停积后似“石海”。

2. 按泥石流的物质成分分类

（1）泥石流：由大量黏性土和粒径不等的砂粒、石块组成［图2-3-4a）］。

（2）泥流：以黏性土为主，含少量砂粒、石块，黏度大，呈黏稠泥状［图2-3-4b）］。

（3）水石流：由水和大小不等的砂粒、石块组成［图2-3-4c）］。

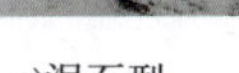

a)泥石型

b)泥流型

c)水石型

图2-3-4　泥石流按组成物质分类

3. 按泥石流沟的形态分类

（1）沟谷型泥石流：在沟谷地形中发生、发展的泥石流叫沟谷型泥石流［图2-3-5a）］。

（2）坡面型泥石流：在山坡坡面地形上发生、发展的泥石流叫山坡型泥石流［图2-3-5b）］。

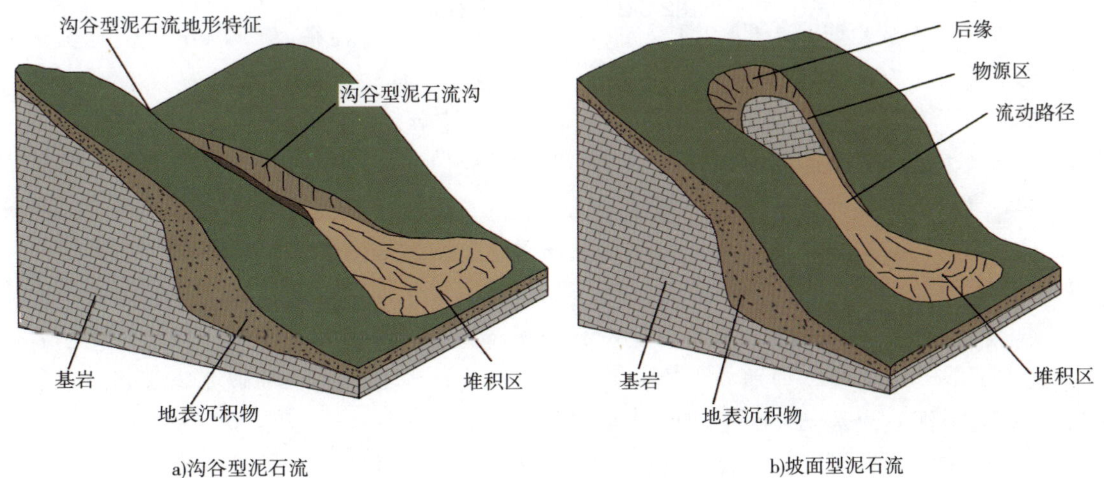

a)沟谷型泥石流　　b)坡面型泥石流

图2-3-5　泥石流按泥石流沟形态分类

以上分类是我国最常见的三种分类。除此之外还有多种分类方法，如按泥石流的成因分类有：冰川型泥石流，降雨型泥石流；按泥石流流域大小分类有：大型泥石流，中型泥石流和小型泥石流；按泥石流发展阶段代发类有：发展期泥石流、旺盛期泥石流和衰退期泥石流等。

二、泥石流形成的三个基本条件

（1）上游堆积有丰富的松散固体物质。

（2）有短期内突然性的大量流水来源，如集中暴雨、冰雪融化、湖库溃决。

（3）有陡峭的便于集水集物的适当地形，一般此种地形又分为形成区（汇水区与松散物质供给区）、流通区、沉积区（图 2-3-6）。

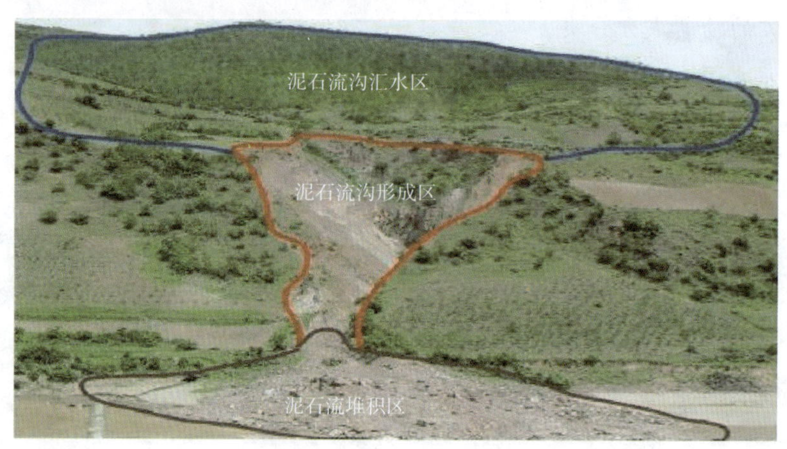

图2-3-6　泥石流的地貌分区实景图

三、泥石流致灾特点及类型

（一）泥石流致灾特点

泥石流是暴雨、洪水将含有沙石且松软的土质山体经饱和稀释后形成的洪流，具有暴发突然、来势凶险、运动快速、能量巨大、携带巨大石块、冲击力强、破坏性大和过程短暂等特点。

水动力学的试验研究表明：河流搬运碎屑物质的大小（粒径 d，以 cm 计）与其流速（v_d，以 m/s 计）的平方成正比，即$v_d = k\sqrt{d}$，也就是说，如果说一个流速为 2m/s 的河流能搬运 4cm 砾石的话，那么当其流速增加到 3m/s 时，它就可以移动 9cm 直径的砾石了。山区河流流量不大，但流速高，因此也可移动很大的碎屑。

泥石流流体浓度介于夹沙水流和滑动土体之间，其固体物质粒径分布范围很宽、流体性质很不稳定，冲和淤是其主要危害。水文学者认为，泥石流是比洪水密度大得多的一种特殊洪流；流变学者认为，泥石流是一种多相流体；水土保持学者认为，泥石流是水土流失的一种特殊形式；地貌学者认为，泥石流是塑造地表形态的一种造貌过程；工程学者认为，泥石流是一种不良物理地质现象；环境学者认为，泥石流是一种破坏环境的因素；灾害学者认为，泥石流是一种山地地质洪流灾害。

泥石流常常具有暴发突然、来势凶猛、迅速之特点，并兼有崩塌、滑坡和洪水破坏的双重作用，其危害程度比单一的崩塌、滑坡和洪水的危害更为广泛和严重（图 2-3-7）。

图2-3-7　泥石流的危害

影响泥石流强度的因素较多，如泥石流容量、流速、流量等，其中泥石流流量对泥石流成灾程度的影响最为主要。此外，多种人为活动也在多方面加剧这上述因素的作用，促进泥石流的形成。

泥石流对公路的危害巨大，泥石流可直接埋没车站、铁路、公路，摧毁路基、桥涵等设施，致使交通中断，还可引起正在运行的火车、汽车颠覆，造成重大的人身伤亡事故。有时泥石流汇入河道，引起河道大幅度变迁，间接毁坏公路、铁路及其他构筑物，甚至迫使道路改线，造成巨大的经济损失。如甘川公路 394km 处对岸的石门沟，1978 年 7 月暴发泥石流，堵塞白龙江，公路因此被淹 1km，白龙江改道使长约 2km 的路基变成了主河道，公路、护岸及渡槽全部被毁。该段线路自 1962 年以来，由于受对岸泥石流的影响，已 3 次被迫改线。新中国成立以来，泥石流给我国铁路和公路造成了无法估计的巨大损失(图 2-3-8)。

综上所述，泥石流对人类的危害具体表现在以下四个方面：

（1）破坏自然生态环境。灾害区范围沿通过地区展布，随地形变化成带状和片状。

（2）快速冲毁或淤埋通过地区的生产、生活设施及危及人身和财产安全。

（3）因堵塞而造成堵塞体上游的淤埋与淹没的灾害，堵塞体下游因堵塞体溃决而突发的冲毁或淤埋的灾害。

（4）诱发大河上、下游河段的灾害，直接灾害后果严重，具有难以抗御的特点，并易诱发次生灾害。

图2-3-8　云南东川泥石流与铁路

（二）泥石流致灾类型

结合云南的地形地貌特点与长期的工程建设经验，云南省泥石流地质灾害类型主要概括为坡面型泥石流地质灾害与沟谷型泥石流地质灾害两大类型。

（1）坡面型泥石流：这种类型的泥石流以中、小型为主，危害程度远不及山谷型泥石流，分布面广，但却比较零星（图 2-3-9），云南全省各地均有分布。主要发育在河谷两岸坡度大于 45° 的陡坡上，并形成倒石堆、崩塌体等相关地貌。山坡坡面上不透水层埋藏较浅，表层有较好的植被覆盖，无沟槽水流，水动力为地下水浸泡和有压地下水作用，在同一坡面上可多处同时发生，呈梳状排列，突发性强，无固定流路。

坡面型泥石流具有爆发突然、持续时间短、无周期性，且多发生在节理、裂隙发育的脆性地层等特点。公路交通工程泥石流灾害以此类为主。

（2）沟谷型泥石流：有明显的坡面和沟槽汇流过程，松散物主要来自坡面和沟槽两岸及沟床堆积物的再搬运（图 2-3-10）。泥石流流动除在堆积扇上流路不确定外，在谷口以上基本集中归槽流动。沟谷型泥石流是云南省分布面最广、危害性最大的一类泥石流。沟谷型泥石流有如下特征：

①泥石流沟谷长，汇流面积大，多为常年有水沟谷，暴发时侵蚀性大，此类以距东川城北 20km 的蒋家沟泥石流最为典型。

②爆发频度高、强度大。

③活动时间有季节性，这一类型泥石流一般多在每年的 5 ～ 10 月份的雨季，据统计全省 94%的山谷型泥石流又多集中在 6 ～ 8 月份的暴雨季节。

坡面型泥石流与沟谷型泥石流灾害的区别与联系，见表 2-3-1。

图2-3-9　坡面型泥石流

图2-3-10　沟谷型泥石流

表 2-3-1　坡面型泥石流与沟谷型泥石流灾害的区别与联系

坡面型泥石流	沟谷型泥石流
1. 无恒定地域与明显沟槽，只有活动周界	1. 以流域为周界，有一定的沟谷制约
2. 活动规模小，限于 30° 以上斜面，破坏机制更接近于坍滑	2. 以沟槽为中心，活动规模大，由洪水、泥沙两种汇流形成，更接近于洪水
3. 发生时空不易识别，成灾规模及损失范围小	3. 损失大，发生时空有一定规律性，可识别成灾规模
4. 坡面土体失稳，主要是有压地下水作用和后续强暴雨诱发。暴雨过程中的狂风可能造成林、灌木拔起、倾倒，使坡面局部破坏	4. 主要是暴雨的冲蚀作用和汇流水体的冲蚀作用
5. 总量小，重现期长，无后续性，无重复性	5. 总量大，重现期短，有后续性，能重复发生
6. 在同一斜坡面上可以多处发生，呈梳状排列，顶缘距山脊线有一定范围	6. 列入流域防灾整治范围
7. 可知性低、防范难	7. 有一定的可知性，可防范

四、云南泥石流地质灾害重点防范区域分布

泥石流在云南省的金沙江、澜沧江、怒江、元江、南盘江、伊洛瓦底江等六大水系的沿岸山谷均有分布，并沿主要活动断裂带及地震带发育。据不完全统计，全省有较大的泥石流沟317条，分布范围达5.6万km^2，占全省总面积的七分之一，各地、州、县均有不同程度泥石流灾害。泥石流对云南省社会、经济、生态环境、人民生命财产的危害是十分严重的。暴发时阻塞交通、颠覆列车、淤埋河床、冲毁良田、掩埋村镇、加速砂石化、破坏生态环境平衡，严重地制约云南省经济建设的发展。据估计，每年因泥石流对云南省所造成的直接经济损失超过数亿元。

（一）泥石流灾害区域分布特征

在滇西地区，公路沿线滑坡、泥石流均有分布且滇西地区高山峡谷地貌发育，高陡的岩石边坡极易发生崩塌、滑坡等，为泥石流的暴发提供很好的物源条件。在降雨多的地区，泥石流较为发育，公路水毁链最为显著。

在滇中地区，公路沿线滑坡发育，特别是区域地质环境过渡明显的滇中边缘带，滑坡与地形雨耦合诱发泥石流灾害。在小江断裂带附近的巧家、会泽和东川一带的公路，泥石流灾害最为严重，公路水毁链也很明显。

在滇东地区，公路沿线水毁灾害主要以崩塌、滑坡、路基沉陷为主。滇东南地区，喀斯特地貌发育，路基沉陷也较为明显，总体上看，滇东公路水毁链效应不明显。

（二）泥石流灾害重点防范区域

云南省泥石流地质灾害主要分布在以下地带：小江带、元谋带、宾川—期纳带、漾濞江流域带、福贡—永平带、大盈江流域带等6个泥石流带。另外6个滑坡、崩塌带也有泥石流分布，其中以小江泥石流带规模最大，灾情最重。

（1）小江泥石流带：沿小江深大断裂带分布，尤以东川泥石流最为著名，是中国乃至世界进行泥石流学术研究的基地之一。

（2）元谋泥石流带：沿元谋断裂及龙川江河谷分布，北起金江附近的迤资，经黄瓜园、元谋、黑井、南至广通，共有较大的泥石流沟21条，全长140km，危害面积达2300km^2，是云南省泥石流较为发育地区。成昆铁路有150km长的铁路线在该泥石流带中通过，由于两侧泥石流经常爆发，如盐水河、海螺等泥石流曾多次堵断孙水河及龙川江，极大地威胁着这一带铁路的安全，并危害龙川江两岸和元谋盆地农田及工程设施。

（3）宾川—期纳泥石流带：位于永胜至宾川沿程海断裂南北向分布，共有较大泥石沟14条，危害面积达2000多平方千米，主要分布在期纳、杨宝箐、片角等地。该带泥石流每年都要多次暴发，造成人员伤亡，使宾川—永胜（星湖段）长达60km的公路成为“病害”公路，并冲埋良田。祥云鹿鸣地区1986年泥石流暴发掩埋1386亩水田，埋积泥沙厚达3m。

（4）漾濞江流域泥石流带：该带位于大理—剑川地震带内，并沿大理—剑川断裂及乔后断裂分布，包括通甸，剑川，洱源、乔后、大理，漾濞及南涧等地，共有较大的泥石流沟30多条，危害面积达6000多平方千米。每年雨季尤其是6～8月暴雨季节，该带泥石

流多次暴发，阻断交通，淹没农田、破坏工程设置并造成人员伤亡。值得注意的是，该带南涧县是多条泥石流的汇流处，由于近年来森林植被破坏严重，水土流失现象普遍，如不加防治，今后将成为第二个东川。

（5）福贡—永平泥石流带：该带沿澜沧江断裂分布，包括福贡、兰坪、云龙、永平等地，危害面积达 1.12 万 km^2，是泥石流分布面积最大的一个发育带。分布较零星，规模一般不大，共有较大的泥石流沟 20 多条。危害较严重的一次是 1977 年兰坪县西莱园暴发的泥石流，便数百万立方的泥沙冲进县城春龙镇，掩埋面积 $1km^2$，县百货大楼一层楼被淤埋，兰坪县城因此从春龙镇迁往金顶镇，重建费用超过 3000 万元。

（6）大盈江流域泥石流带：沿北东向盈江断裂及大盈江河谷两岸分布，共有泥石流沟 50 多条，危害面积达 $5000km^2$。该带泥石流暴发频繁，其强度及危害性在全省仅次于小江带。危害性较大的泥石流沟有喇叭河、襄宋河，卢赛河、来帕河等，其沟长都超过 10km。其他的泥石流沟如盈江县浑水沟，沟长 3.75km，流域面积 $4.5km^2$，每年有 200 万 m^3 泥沙推入大盈江中，使河床以 10cm/ 年的速度淤升。仅梁河县 1985 年由于泥石流暴发，便大盈江溃堤达 11km 长，冲毁电站 7 座，公路 8km，掩埋农田 6400 亩，8km 长的渠道被破坏，直接经济损失达 400 万元，超过全县一年的财政收入。

五、公路泥石流地质灾害的防灾减灾对策

（一）泥石流的野外识别与监测预警

1. 泥石流地质灾害的野外识别

主要依据泥石流的三个基本形成条件进行野外识别。

（1）物源依据：泥石流常发生于地质构造复杂、断裂褶皱发育，新构造活动强烈，地震烈度较高的地区。这样的地区地表岩石破碎，崩塌、错落、滑坡等不良地质现象发育，为泥石流的形成提供了丰富的固体物质来源；泥石流的形成，必须有一定量的松散土、石参与。所以，沟谷两侧山体破碎、疏散物质数量较多，沟谷两边滑坡、垮塌现象明显，植被不发育，水土流失、坡面侵蚀作用强烈的沟谷，易发生泥石流。

另外，岩层结构松散、软弱、易于风化、节理发育或软硬相间成层的地区，因易受破坏，也能为泥石流提供丰富的碎屑物来源；一些人类工程活动，如滥伐森林造成水土流失，开山采矿、采石弃渣等，往往也为泥石流提供大量的物质来源。

（2）地形地貌依据：在野外工程活动中，泥石流沟的识别具有重要意义。当一条沟谷在松散固体物质来源、地形地貌条件和水源水动力条件三个方面都有利于泥石流形成时，这条沟谷就一定是泥石流沟。只是泥石流发生的频率、规模大小、物质组成和流体性质等特征，会随着上述因素的动态变化而有所变化。满足了上述条件的沟谷，已经发生过泥石流的，今后仍然会发生泥石流；尚未发生过泥石流的，今后将会发生泥石流。

泥石流沟在地形上通常具备以下特征：山高沟深，地形陡峻，流域形状便于水流大量汇集，沟床纵坡比降大，使得水流保持较高流速；在地貌上，泥石流的地貌一般可分为形成区、流通区和堆积区三部分（图 2-3-11）。

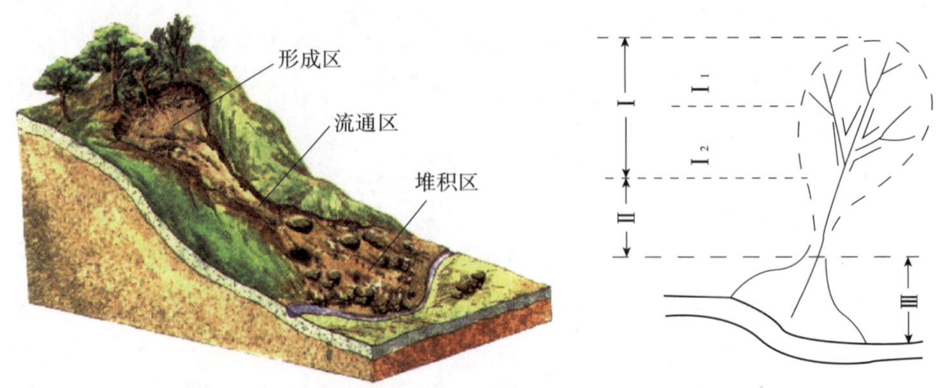

图2-3-11 泥石流地貌分区

Ⅰ－形成区；Ⅱ－流通区；Ⅲ－堆积区

形成区包括汇水动力区和固体物质补给区，形成区的地形特征，是对泥石流进行评价的重要标志。一般来说，沟谷上游三面环山，一面出口为瓢状或漏斗状，地形比较开阔、周围山高坡陡、山体破碎、植被生长不良，这样的地形有利于水和碎屑物质的集中。

泥石流沟谷的中下游，是泥石流搬运通过的区段——流通区。流通区纵坡的陡、缓、曲、直和长、短，对泥石流的强度有很大的影响。一般来说，中游流通区的地形多为狭窄陡深的峡谷，谷床纵坡降大，使泥石流能迅猛直泻。

泥石流下游堆积区是泥石流固体物质（泥、沙、石）停积的场所，位于流域的下游或山口之外坡度比较平缓之处，堆积物呈扇形、锥形或带形。

一般来说，沟谷上、下游高差大于300m，沟谷两侧斜坡坡度大于25°的地形条件，有利于泥石流形成。

（3）水源依据：水既是泥石流的重要组成部分，又是泥石流的激发条件和搬运介质（动力来源），局部暴雨多发区域，有溃坝危险的水库、塘坝下游，冰雪季节性消融区，具备在短时间内产生大量流水的条件，有利于泥石流的形成。我国泥石流的水源主要是连续降雨等。其中，我国泥石流的暴发主要是受暴雨、长时间的连续降雨的激发，局地性暴雨多发区，泥石流发生频率最高。因此，泥石流发生的时间规律是与集中降雨时间规律相一致，具有明显的季节性。一般发生在多雨的夏秋季节。因集中降雨的时间的差异而有所不同。四川、云南等西南地区的降雨多集中在6～9月，因此、西南地区的泥石流多发生在6～9月；而西北地区降雨多集中在6、7、8三个月，尤其是7、8两个月降雨集中，暴雨强度大，因此西北地区的泥石流多发生在7、8两个月。据不完全统计，发生在这两个月的泥石流灾害约占该地区全部泥石流灾害的90%以上。

2010年8月18日1时30分，云南贡山县普拉底乡东月河谷发生泥石流，90人失踪，14人死亡，县城交通通信中断，冲毁路基200多米，怒江水位提高6m（图2-3-12）。

1981年7月9日凌晨1时30分，四川大渡河南岸利子依达沟暴发特大泥石流，此次灾难造成300余人死亡，146人受伤，成昆铁路瘫痪372h，直接经济损失2000余万元，是世界铁路史上迄今为止由泥石流灾害导致的最严重的列车事故。图2-3-13为被泥石流颠覆的9、10号车厢。

图2-3-12　云南贡山县普拉底乡东月河谷泥石流航拍图与现场

图2-3-13　四川大渡河南岸利子依达沟特大泥石流导致的列车事故

2. 通过特有现象判断泥石流的发生

泥石流暴发突然猛烈，持续时间不长，通常在几分钟至 1 ～ 2h 结束。由于泥石流较难准确预报，易造成较大伤亡。除根据当地降雨情况来估测泥石流暴发的可能性外，我们还可通过一些特有现象来判断泥石流的发生，以便采取快速、正确的自救方法。

（1）当发现河（沟）床中正常流水突然断流或洪水突然增大并夹有较多的柴草、树木，都可确认河（沟）上游已形成泥石流。

（2）仔细倾听是否有从深谷或沟内传来的类似火车轰鸣声或闷雷式的声音，如听到这种声音，哪怕极微弱也应认定泥石流正在形成，此时须迅速离开危险地段。

（3）沟谷深处变得昏暗并伴有轰鸣声或轻微的振动感，则说明沟谷上游已发生泥石流。

3. 泥石流到来前的征兆

（1）连续长时间降雨后，可能会发生泥石流。

（2）暴雨过后山谷中若出现雷鸣般的声响，预示将会有泥石流发生。

4. 泥石流地质灾害的预防措施

（1）房屋不要建在沟口和沟道上

受自然条件限制，很多村庄建在山麓扇形地上。山麓扇形地是历史泥石流活动的见证，从长远的观点看，绝大多数沟谷都有发生泥石流的可能。因此，在村庄选址和规划建设过程中，房屋不能占据泄水沟道（图 2-3-14），也不宜离沟岸过近；已经占据沟道的房屋应迁移到安全地带。在沟道两侧修筑防护堤和营造防护林，可以避免或减轻因泥石流溢出沟槽而对两岸居民造成的伤害。

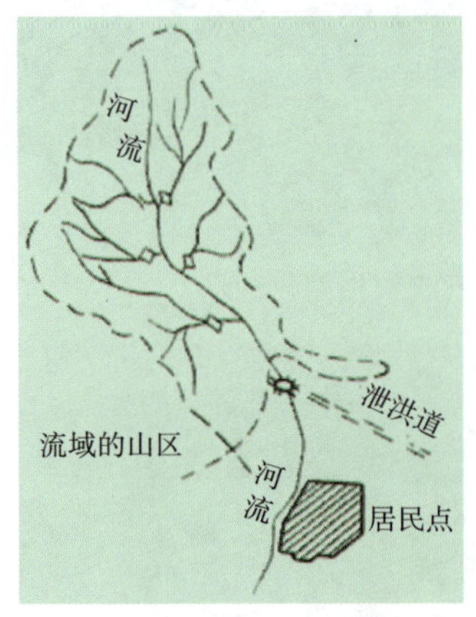

图2-3-14　房屋不要建在沟口和沟道上

（2）不能把冲沟当作垃圾排放场

在冲沟中随意弃土、弃渣、堆放垃圾，将给泥石流的发生提供固体物源、促进泥石流的活动；当弃土、弃渣量很大时，可能在沟谷中形成堆积坝，堆积坝溃决时必然发生泥石流。因此，在雨季到来之前，最好能主动清除沟道中的障碍物，保证沟道有良好的泄洪能力。

（3）保护和改善山区生态环境

泥石流的产生和活动程度与生态环境质量有密切关系。一般来说，生态环境好的区域，泥石流发生的频度低、影响范围小；生态环境差的区域，泥石流发生频度高、危害范围大。提高小流域植被覆盖率，在村庄附近营造一定规模的防护林，不仅可以抑制泥石流形成、降低泥石流发生频率，而且即使发生泥石流，也多了一道保护生命财产安全的屏障。

（4）雨季不要在沟谷中长时间停留

雨天不要在沟谷中长时间停留；一旦听到上游传来异常声响，应迅速向两岸上坡方向逃离（图 2-3-15）。雨季穿越沟谷时，先要仔细观察，确认安全后再快速通过。山区降雨普遍具有局部性特点，沟谷下游是晴天，沟谷上游不一定也是晴天，“一山分四季，十里不同天”就是群众对山区气候变化无常的生动描述，即使在雨季的晴天，同样也要提防泥石流灾害。

图2-3-15　泥石流紧急避险示意图

（5）泥石流监测预警

监测流域的降雨过程和降雨量（或接收当地天气预报信息），根据经验判断降雨激发泥石流的可能性；监测沟岸滑坡活动情况和沟谷中松散土石堆积情况，分析滑坡堵河及引发溃决型泥石流的危险性，下游河水突然断流，可能是上游有滑坡堵河、溃决型泥石流即将发生的前兆；在泥石流形成区设置观测点，发现上游形成泥石流后，及时向下游发出预警信号。对城镇、村庄、厂矿上游的水库和尾矿库经常进行巡查，发现坝体不稳时，要及时采取避灾措施，防止坝体溃决引发泥石流灾害。

（二）泥石流灾害的工程防治方法

在公路勘察设计阶段，泥石流地段的选线定线原则如下：对于泥石流严重且集中的地段，应予以绕避，河谷两岸均有泥石流时，应选危害轻微的一岸通过，必要可多次跨河选择有利岸侧绕避；线路必须通过泥石流时，宜在通过区设桥跨过，并留足孔跨及净空，不能设桥时可用隧道或明洞在其下部通过，不宜设计为路堑，不宜在沉积区通过；仅在泥石流不严重，技术上易于处理，经比选方可在沉积区通过，但应分散设桥，不宜改沟合并设桥。对山前区泥石流，宜在沉积区下方通过，山区泥石流则宜在沉积区上方通过。

减轻或避防泥石流的主要工程措施主要有：

（1）跨越工程。指修建桥梁、涵洞，从泥石流沟的上方跨越通过，让泥石流在其下方排泄，用以避防泥石流。这是铁道和公路交通部门为了保障交通安全常用的措施。

（2）穿过工程。指修隧道、明硐或渡槽，从泥石流的下方通过，而让泥石流从其上方排泄。这也是铁路和公路通过泥石流地区的又一主要工程形式。

（3）防护工程。指对泥石流地区的桥梁、隧道、路基及泥石流集中的山区变迁型河流的沿河线路或其他主要工程措施，作一定的防护建筑物，用以抵御或消除泥石流对主体建筑物的冲刷、冲击、侧蚀和淤埋等的危害。防护工程主要有护坡、挡墙、顺坝和丁坝等。

（4）排导工程。其作用是改善泥石流流势，增大桥梁等建筑物的排泄能力，使泥石流按设计意图顺利排泄。排导工程，包括导流堤、急流槽、束流堤等（图 2-3-16）。

排导槽是一种槽形线性过流建筑物，其作用是既可提高输沙能力、增大输沙粒径，又可防止河沟纵、横向的变形。将泥石流在控制条件下安全顺利地排泄到指定的区域。

（5）拦挡工程。用以控制泥石流的固体物质和暴雨、洪水径流，削弱泥石流的流量、下泄量和能量，以减少泥石流对下游建筑工程的冲刷、撞击和淤埋等危害的工程措施（图 2-3-17）。拦挡措施有拦挡坝、储淤场、支挡工程、截洪工程等，其中，拦挡坝可分为重力式实体拦挡坝和格栅坝两种。

图2-3-16　泥石流排导工程

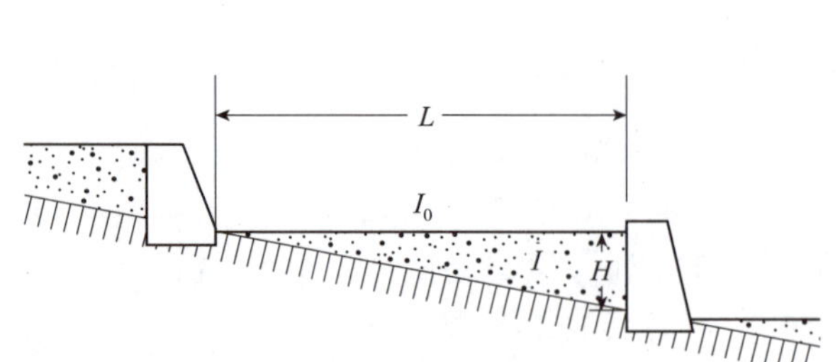

L–坝间距离；I–沟床纵坡降；I_0–泥石流堆积物表面纵坡降；H–坝高

图2-3-17　泥石流拦挡工程

（6）植被工程。应根据泥石流发生的条件、泥石流性质及危害状况、泥石流发展趋势，结合当地自然条件和社会经济实际制定植被与工程防治相结合的综合治理方案。植被措施一般在泥石流沟的全流域实施多树种、多层次的立体保护。植被工程对浅层土体的不稳定性和侵蚀有较好的防治效果，而对于深层滑坡应当采取植被工程与土木工程相结合进行综合治理。

对于防治泥石流，常采用多种措施相结合，比用单一措施更为有效（图 2-3-18）。泥石流防治工程分类见表 2-3-2；泥石流按地貌区采取的防治工程措施见表 2-3-3。

图2-3-18　泥石流防治工程实景图

表 2-3-2　泥石流防治工程分类

<table>
<tr><td rowspan="5">泥石流防治工程</td><td>1. 流量控制（拦蓄量和下排量）</td><td>拦挡工程、分流工程</td><td>排导工程、停淤场</td></tr>
<tr><td rowspan="2">2. 输沙量控制(拦蓄和下排砂量）</td><td>产沙控制</td><td>拦挡工程，山坡工程，水保工程，护岸、护底工程</td></tr>
<tr><td>输沙控制</td><td>拦挡工程、排导工程、淤场工程、河道工程</td></tr>
<tr><td>3. 输沙粒径控制</td><td>拦挡工程</td><td>停淤场工程</td></tr>
<tr><td>4. 被保护对象的特殊安全要求</td><td></td><td></td></tr>
</table>

表 2-3-3　泥石流按地貌区采取的防治工程措施

通 过 地 区	优　　点	缺　　点	工 程 措 施
流通区	沟床固定、狭窄，冲刷、淤积小	线路高程大，展线长	一跨高净空
扇缘区	冲刷、淤积小	沟床变迁大，线路长	逢沟设桥
沉积区	无	冲、淤严重	提高高程 线路外移 排导槽 明洞渡槽

第四节　公路崩塌地质灾害及其防灾减灾对策

一、崩塌的定义与分类

（一）崩塌的定义

崩塌的定义：陡坡上的岩土体在重力作用下，突然脱离母体向下倾倒、崩落、滚落（跳跃），堆积在坡脚（或沟谷）的地质现象［图 2-4-1a)］。具有明显的拉断或倾覆特征。

危岩体：被多组不连续结构面切割分离，稳定性差，可能以倾倒、坠落、塌滑等形式崩塌的地质岩土体［图 2-4-1b)、图 2-4-1c）和图 2-4-2］。危岩本身既是崩塌灾害的祸根，也是一种景观资源。许多崩塌区都是山清水秀的自然风景区，是游人观赏自然景观的理想场所。

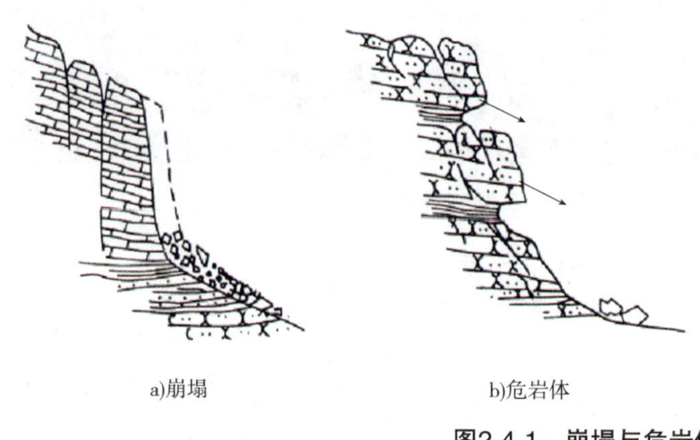

a)崩塌　b)危岩体　c)落石

图2-4-1　崩塌与危岩体

图2-4-2　危岩体示意图及实景图

落石：斜坡上个别岩块在重力作用下脱离坡体掉落的现象。

崩塌地质灾害：对人民生命财产和国家经济建设事业造成危害的崩塌称为崩塌地质灾害，简称崩塌灾害。

（二）崩塌灾害的致灾特征

塌灾害具有高速运动、高冲击能量、多发性、在特定区域发生时间和地点的随机性、难以预测性和运动过程的复杂性等特征。

崩塌常常砸埋房屋，伤亡人畜，摧毁工厂、学校，毁坏公路、铁路等各种设施，有时甚至造成毁灭性灾害（图 2-4-3）。

1987 年 9 月 17 日凌晨，四川巫溪县城龙头山发生岩崩，摧毁一栋 6 层的宿舍、两家旅舍、居民房 29 余户，掩埋公路干线 70 余米，造成 122 人死亡，直接经济损失达 270 万元左右。云南省威信县墨黑煤矿山区，近 40 年来分别于 1948 年、1984 年、1987 年 8 月、1987 年 12 月、1988 年 1 月发生较大崩塌。据不完全统计共毁坏民房 157 户，毁坏耕地 824 亩，损失粮食 22 万斤。

图2-4-3　崩塌实景图

（三）崩塌的分类

（1）按崩塌体的物质组成分为两类（图 2-4-4），一种是产生在土体中的，称为土崩；另一种是产生在岩体中的，称为岩崩。

当岩崩的规模巨大，涉及山体者，又俗称山崩。当崩塌产生在河流、湖泊或海岸上时，称为岸崩。

图2-4-4 云南昭通彝良“9・07”地震引发的土崩与岩崩

（2）按崩塌起始运动形式，分为滑移式崩塌、倾倒式崩塌、坠落式崩塌、错断式崩塌和拉裂式崩塌等（图 2-4-5）。

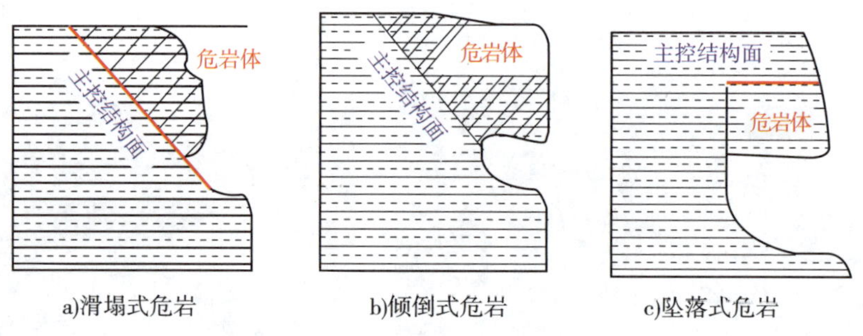

图2-4-5 按崩塌起始运动形式分类

（3）按动力成因，分为自然动力型崩塌和人工动力型崩塌。

（4）按崩塌体规模、范围、大小，分为剥落、坠石和崩落等类型。

（5）按崩塌体体积规模，分为小型（$V < 1\times10^4\ m^3$）、中型（$1\times10^4 m^3 \leqslant V < 10\times10^4\ m^3$）、大型（$10\times10^4 m^3 \leqslant V < 100\times10^4\ m^3$）、特大型（$V \geqslant 100\times10^4\ m^3$）。

（四）崩塌、滑坡、泥石流灾害的区别与联系

滑坡、崩塌、泥石流这三种地质灾害多发生在山区，故又称为山地地质灾害。这类灾害在我国发生的频度大，据统计，21 世纪初至今，我国共发生崩塌几十万次，发生滑坡几万余次，灾害性的泥石流 1000 余次。这类地质灾害的严重程度也是触目惊心。

崩塌（崩落、垮塌或塌方）与滑坡具有无法分割的联系，常常相伴产生。它们产生于相同的地质构造环境和地层岩性构造条件下，并具有相同的触发因素。有时岩土体的重力运动介于运动式和滑坡式时是难以区分的。为此，称这种山体活动现象为滑坡式崩塌，或崩塌型滑坡。在一定条件下，崩塌、滑坡可相互诱发、互相转化（图 2-4-6）。滑坡与崩塌之间有以下区别：

（1）滑坡呈较好的整体性沿滑动面滑落，具一定几何形态。而崩塌多呈锥形、堆积物杂乱无章、无规则的滑动面。

（2）滑坡与崩塌均为山体失稳向坡脚运动，但崩塌是以垂直运动为主，而滑坡则以水平运动为主。

（3）滑坡与崩塌两者的破坏作用大都为急剧、短促、猛烈，然而有的滑坡的破坏则较缓慢。

（4）滑坡与崩塌的生成地质环境常相同或近似，但山地坡度和高度有一定的差别，即崩塌发生在坡度大于50°、高度大于30m以上的陡坡，滑坡多发生在坡度小于50°的斜坡。

图2-4-6　昭通彝良2012年“9·07”地震引发的崩塌与滑坡

滑坡、崩塌与泥石流关系密切，常常发生滑坡、崩塌的区域，具备一定的水源条件，崩塌和滑坡的物质则可作为泥石流的重要物质来源，从而在滑坡、崩塌运动过程中可直接转化为泥石流，滑坡、崩塌发生后的一段时间内，其堆积物在一定的水源条件下亦可形成泥石流。此外，泥石流与滑坡、崩塌有许多相同的触发因子。鉴于滑坡、崩塌、泥石流的类似性，为此，在防御崩塌、泥石流时可参照滑坡的防御措施。

二、崩塌的形成条件和诱发因素

（一）崩塌的形成条件

（1）形地貌条件：江河、湖（水库）、沟的岸坡，铁路、公路边坡，工程建筑物边坡及各类人工边坡都是有利崩塌产生的地貌部位。地形高陡斜坡的前缘，地形坡度大于45°，尤其是大于60°的陡坡、孤立山嘴或凹形陡坡均为崩塌形成的有利地形（图2-4-7）。

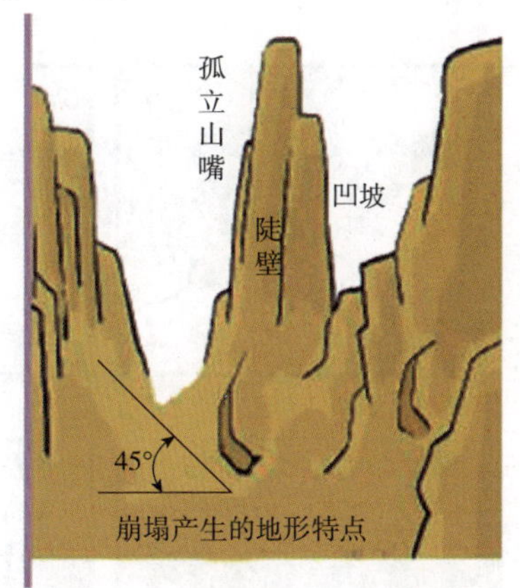

图2-4-7　产生崩塌的地形特点示意图

（2）地层岩性条件：岩、土是产生崩塌的物质条件。一般而言，各类岩、土都可以形成崩塌，但不同类型，所形成崩塌的规模大小不同。崩塌一般发生在厚层脆硬岩体中，如：石灰岩、石英砂岩、石英岩、砂砾岩、初具岩性的石质黄土、结构密实的黄土等所形成的高陡斜坡往往发生规模较大的崩塌；页岩、泥灰岩等互层岩石及松散土层等往往以小型坠落和剥落为主。

（3）地质构造条件：各种构造面，如节理、裂隙面、岩层界面、断层等，对坡体形成切割、分离，为崩塌的形成提供脱离母体（山体）的边界条件。尤其是张裂隙的存在，坡体中裂隙越发育，越易产生崩塌，与坡体延伸方向近于平行的陡倾构造面，最有利于崩塌的形成。

图2-4-8　彝良地震引发的崩塌

（二）崩塌形成的诱发因素

能够诱发崩塌的外界因素很多，主要有：

（1）地震。地震引起坡体晃动，破坏坡体平衡，从而诱发崩塌（图2-4-8）。一般烈度大于7度以上的地震都会诱发大量崩塌。

（2）降雨、融雪。降雨，特别是大雨、暴雨和长时间的连续降雨，使地表水渗入坡体，软化岩、土及其中软弱面，产生孔隙水压力等，从而诱发崩塌（图2-4-9）。

（3）地表水的冲刷、浸泡。河流等地表水体不断地冲刷坡脚或浸泡坡脚、削弱坡体支撑或软化岩、土，降低坡体强度，也能诱发崩塌（图2-4-10）。

（4）不合理的人类活动。如开挖坡脚、人工爆破、地下采空、水库蓄水、泄水等改变

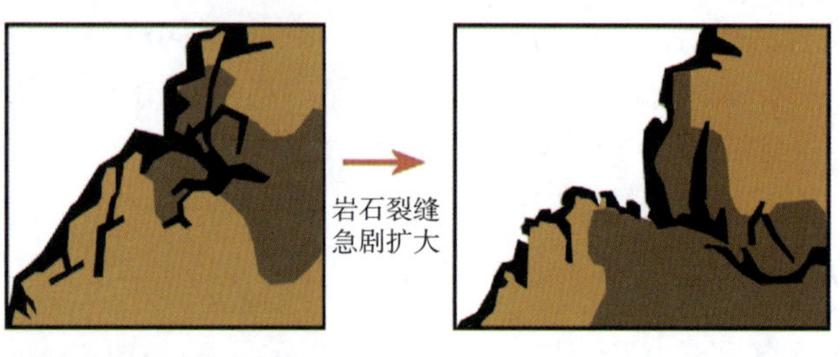

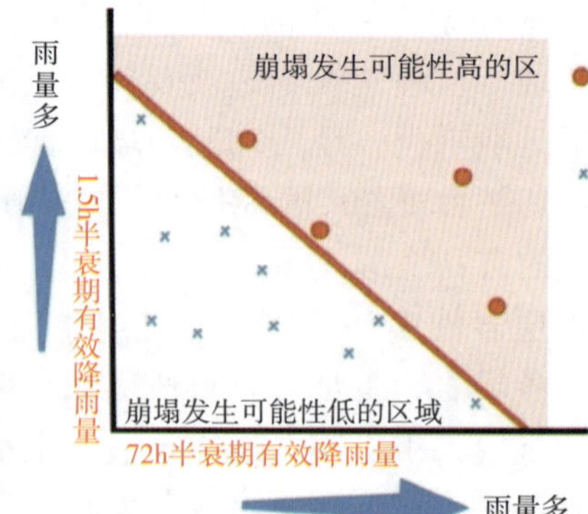

图2-4-9　崩塌发生与降雨量关系

坡体原始平衡状态的人类活动，都会诱发崩塌活动（图 2-4-10）。

还有一些其他因素，如冻胀、昼夜温差变化等，也会诱发崩塌。

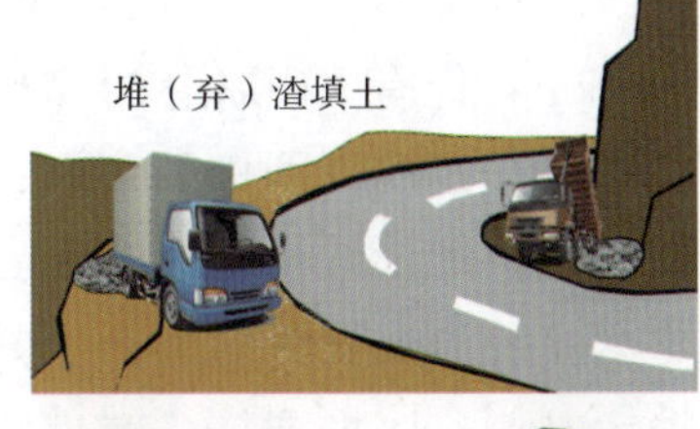

图2-4-10　崩塌诱发因素示意图

三、崩塌地质灾害重点防范区域与防范时段

（一）崩塌地质灾害重点防范区域

在崩塌的形成条件中，地形地貌条件是个关键因素。江河、湖（水库）、沟的岸坡，铁路、公路边坡，工程建筑物边坡及各类人工边坡都是有利崩塌产生的地貌部位。地形坡度大于 45°，尤其是大于 60° 的陡坡、孤立山嘴或凹形陡坡均为崩塌形成的有利地形。

从地形坡度而言，云南省极陡坡、陡坡主要分布在滇西北地区。下关—永平分界线以北的横断山地区及三江并流地区都属极陡地区；这种趋势往南逐渐减缓，在滇西南、甸东南则以缓坡为主。

据不完全统计，云南全省有较大的滑坡 1500 多处，而崩塌则几乎遍布全省。

具体来说，前述的 6 条泥石流带同时也是崩塌发育带，此外，还有金沙江崩滑带、昆明（西山）崩滑带等 6 条崩滑带，其中以金沙江带灾害最严重。

（1）小江泥石流带：沿小江断裂带呈南北向分布，泥石流灾害为主，崩塌也较发育。

（2）元谋泥石流带：沿元谋断裂及龙川江河谷分布，北起金江附近的迤资，经黄瓜园、元谋、黑井、南至广通，是云南省泥石流较为发育地区，崩塌也较发育。

（3）宾川—期纳泥石流带：位于永胜至宾川沿程海断裂南北向分布，主要分布在期纳、杨宝箐、片角等地。泥石流灾害为主，崩塌也常有发生，使宾川—永胜（星湖段）长达 60km 的公路成为“病害”公路。

（4）漾濞江流域泥石流带：该带位于大理—剑川地震带内，并沿大理—剑川断裂及乔后断裂分布，包括通甸，剑川，洱源、乔后、大理，漾濞及南涧等地。泥石流灾害为主，崩塌、滑坡次之。

（5）福贡—永平泥石流带：该带沿澜沧江断裂分布，包括福贡，兰坪，云龙、永平等地，危害面积达 1.12 万 km^2，是泥石流分布面积最大的一个发育带，崩塌也较发育。

（6）大盈江流域泥石流带：沿北东向盈江断裂及大盈江河谷两岸分布。泥石流灾害为主，崩塌也较发育。

（7）金沙江崩滑带：主要分布在禄劝、武定、东川北部沿金沙江两岸发育，危害面积达 $5000km^2$。已有大型崩滑50多处，如热水塘崩塌、东川的红路崩塌，崩滑体都在100万 m^3 以上。

（8）昆明（西山）崩滑带：主要沿南北向西山断裂（普渡河断裂）分布。由于普渡河谷深切，地形峻陡、南北向普渡河断裂及多组北东、北西向断裂在本带交切、复合，加之本区主要为元古界灯影灰岩、澄江砂岩、古生界玄武岩等脆性岩层及砂、页、泥岩等软弱地层互层，因而崩塌、滑坡较为普遍。北段沿普渡河谷两岸发育，南段主要分布在昆明西山西侧，危害面积约 $200km^2$。

（9）福贯—永平崩滑带：该带除泥石流灾害外，崩滑灾害也是很严重的，主要沿贡江（北段）及澜抢江（南段）河谷两岸分布。由于怒江断裂及澜沧江断裂在本区展布，怒江及澜沧江河谷深切（相对高差达3000m以上），两岸岩层破碎，加上人为活动，毁林开荒等因素，因而崩塌，滑坡十分发育，大型滑坡30多处，崩塌遍及全区，危害面积达 $15000km^2$，是云南省崩、滑灾害分布面积最大的一个带。较大的崩塌有怒江东岸石头寨大崩塌，崩塌体在400万 m^3 以上，兰坪县的茅草登，云龙县的崩马场等。

（10）潞西—六库崩、滑带：主要沿怒江断裂及怒江大峡谷（南段）分布，包括泸水、六库，保山、龙陵，潞西等地。本区最高点为高黎贡山的丫扁峰，海拔4161.5m，而最低点在怒江谷地，海拔仅523m，相对高差达3600多米。怒江深大断裂南北纵贯全区，因而本区山高谷深，岩层破碎，崩滑沿怒江两岸沟谷广为发育。本带危害面积达 $6000km^2$，是云南省主要崩滑区之一。近十年（截止1990年）仅怒江州因崩滑灾害使205人丧生、119人受伤，毁房2810间，田1.2万亩、地4.3万亩，水利工程2905处、电站数十座、挢涵200多座，直接经济损失超过1000万元，并且使瓦窑—六库（90km），六库—福贡（139km）为病害公路段（图2-4-11）。

图2-4-11　福贡民族中学附近崩石群

（11）南汀河流域崩、滑带：该带主要沿南汀河东西两支断裂呈北东向分布。南汀河断裂是新生代以来活动断裂。本区的地层为易风化的临沧花岗岩及澜沧变质岩，岩层破碎、地形陡峭，崩、滑现象十分普遍。临沧—云县（86km）、耿马—双江（82km），勐永—勐撒（43km）等公路段为常年病害公路段，尤其是羊头岩—头道永（16km）每年都要多次中断交通，仅常年治理及交通绕道费要超过1000万元。1988年11月6日，耿马7.2级地震及澜沧7.6级地震时，引发多起滑坡、崩塌，泥石流等灾害，致使耿双公路沿小黑江20多千米长的公路全面崩塌。

（二）崩塌地质灾害重点防范时段

云南省地质灾害重点防范时段为6～10月，其中，滇西北重点防范时段为3～4月和6～10月。

四、崩塌地质灾害的防灾减灾对策

（一）崩塌的野外识别与监测预警

1. 崩塌的野外识别

防御崩塌灾害最重要的是能够识别出可能发生崩塌的危岩体或危险土体，识别的主要途径是从地质结构和地形地貌方面进行山体崩塌危险性分析。一般来说，可能崩塌的山体通常具有如下特征：

（1）山体的坡度大于 45°，相对高差大，特别是那些山体中的孤立山嘴和凹形陡坡，都是利于崩塌的地形。

（2）山体岩层中裂隙发育，尤其是那些利于与母体（山体）分离的垂直和平行山坡走向的高倾角裂缝、顺坡裂缝、软弱带、山体上部张性或张剪性裂缝、切割山体的裂缝等发育（图 2-4-12），这些都是使山体崩塌的地质构造条件。

（3）山体边坡存在临空空间，或是有崩塌活动堆积物的部位，也就是说，曾经发生过崩塌的地方仍存在再次发生崩塌的危险。

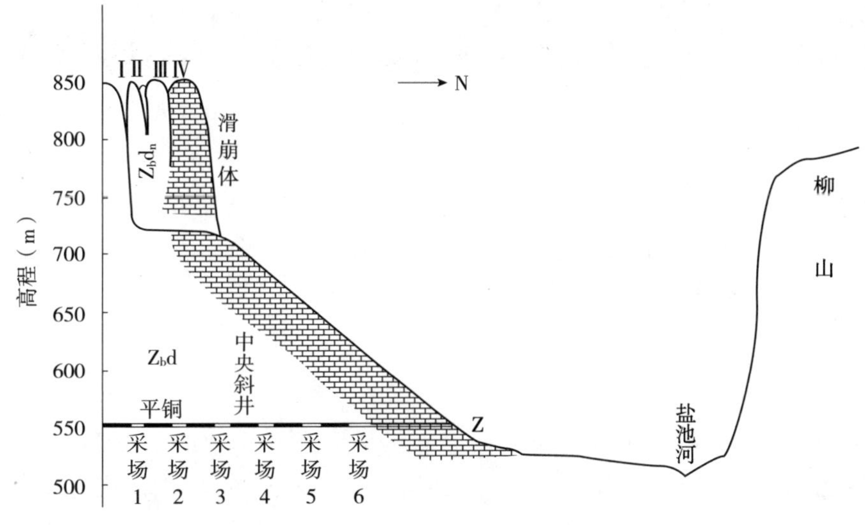

图2-4-12　盐池河崩塌山体地质剖面图

Ⅰ~Ⅳ-裂缝编号；$Z_b d_n$-震旦系上统灯影组；$Z_b d$-震旦系上统陡山沱组

2. 崩塌的监测预警

（1）及时制止致灾的动力破坏作用。必须重视山坡和岸坡稳定性的保护工作，人为不合理的工程活动，如在山体坡脚和江河、湖库上滥挖滥采、破坏植被等，是诱发崩塌发生的重要因素（图 2-4-13）。

（2）提高防灾减灾意识，重视崩塌灾害的预警预报。应尽早制订好撤离计划，或视险情状况将人员物资及时撤离危险区。当山体上部的张性或张剪性裂缝不断扩大加宽，其速度突增并有小型坠落现象时，表现崩塌已处于临界状态，特别是在雨季，崩塌就会一触即发。在这种情况下，现场人员应发出危险性警报，转移崩塌影响区域内的居民及财物，从而减轻崩塌的灾害。

（3）监测预警实例。

2012 年 7 月 1 日至 2 日，红河州绿春县分水岭一带（特别是戈奎乡、岩甲检查站），短期强降雨达 64.7mm，导致元阳至绿春二级公路和省道 S214 线绿春县境内段多处严重水毁，其中元绿二级公路 K72+750 ～ K72+815 段路基坍塌（图 2-4-14），一辆车坠崖，2 死 2 伤，公路中断。事故原因初步调查结果：元绿二级公路路基损毁系暴雨（诱发崩塌）所致。

图2-4-13　公路边坡塌方与抢通

图2-4-14　元绿二级公路K72+750~K72+815段路基坍塌

从 6 月 21 日发现元绿二级公路路基沉陷开始，持续 10 天对断面的观测数据显示，（路基变形）沉降由最初的 0.3cm 迅速扩大到 5.1cm，最终路基坍塌。与此相对应的是，这段时间内（本地）累计降雨量达到 132.1mm，这被视作加速路基沉降的主要原因。

（二）崩塌的应急防治对策

（1）崩塌发生时，不但整体性岩土体崩落可引起灾害，而且伴有的滚石也可造成灾害。所以，当遭遇山体崩塌时，应保持冷静，采取因时因地的堤坝防护和躲避措施。在逃离、躲避时，应向两侧逃跑，来不及逃跑时，应就地躺在附近的地沟或陡坎下（图 2-4-15）。

图2-4-15　崩塌与紧急避险

（2）发生崩塌将江河堵塞后，应尽快炸开崩塌构筑的“大坝”泄流，避免坝内集水过多后溃坝形成特大洪水，酿成下游的严重侵蚀和水灾等二次破坏。

（3）抢通与保通应急技术，详见本书第五章论述。

（三）崩塌地质灾害的工程防治方法

对于具备崩塌特征的危岩体或危险土体，并且对相关公路工程造成潜在威胁时，我们应采取相应的工程防治措施。

在公路工程勘察设计阶段，崩塌、岩堆路段的选线定线原则为：对山体极不稳定，岩层极为破碎的陡峻山坡，预计人工开挖将诱发大规模崩塌，且难于处理的地段应予以绕避；崩塌范围不大，性质不严重且易于采取有效工程措施处理者，可在崩塌范围内通过；对处于发展阶段或较大范围的松散的、稳定性差的岩堆，线路宜内移以隧道在堆积体外的基岩中过，或外移设桥通过，或跨河到对岸绕避；对于稳定的岩堆，线路宜以低堤或浅堑通过，避免高墩、深挖，以免破坏岩堆稳定。

崩塌防治的目的并不是一定要阻止崩塌落石的发生，而是要防止其带来的危害。崩塌防治具体方法的选择取决于崩塌历史、潜在崩塌特征及其风险水平、地形地貌及场地条件、防治工程投资和维护费用等。

崩塌防治措施可分为防止崩塌发生的主动防护和避免造成危害的被动防护两种类型。图 2-4-16 列出了崩塌防治的主要措施。图中，SNS 为安全网系统（Safety Netting System）的简称。

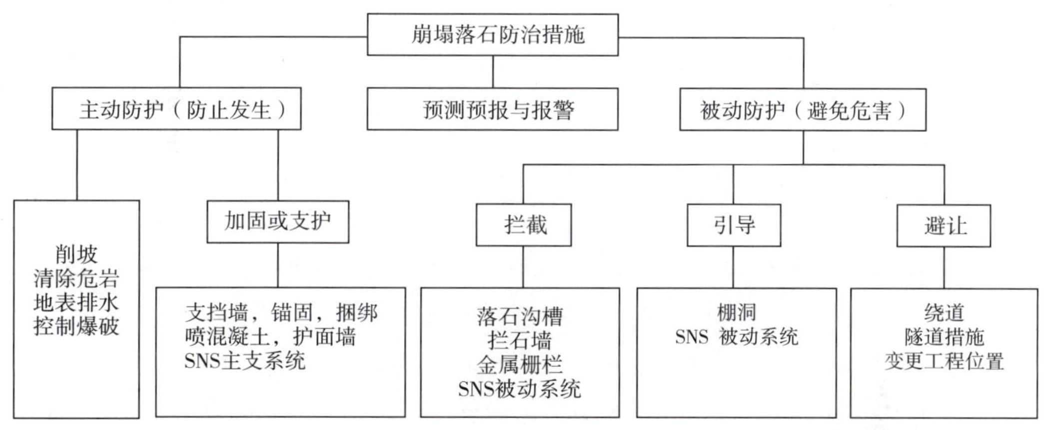

图2-4-16 崩塌防治的主要措施

1. 主动防治技术措施

崩塌主动防治技术的基本技术方法有：支撑、遮挡、拦截、围护、嵌补、锚固及注浆、挂网喷射混凝土、清除和排水等（图 2-4-17）。

（1）支撑技术：支撑是指对悬于上方、以拉断坠落的悬臂状或拱桥状等危岩采用墩、柱、墙或其组合形式支撑加固，以达到治理危岩的目的。支撑技术主要适用于：坠落式危岩、倾倒式危岩、具有岩腔的滑塌式危岩。危岩支撑分为：承载性墙撑、防护性墙撑。承载性墙撑又分为墙撑与柱撑。支撑底部应分台阶清除至中风化岩层，确保支撑体的自身稳定性。支撑体与危岩底部接触区域的一大厚度应采用膨胀混凝土。一般情况下，具有支撑条件时优先使用支撑技术。

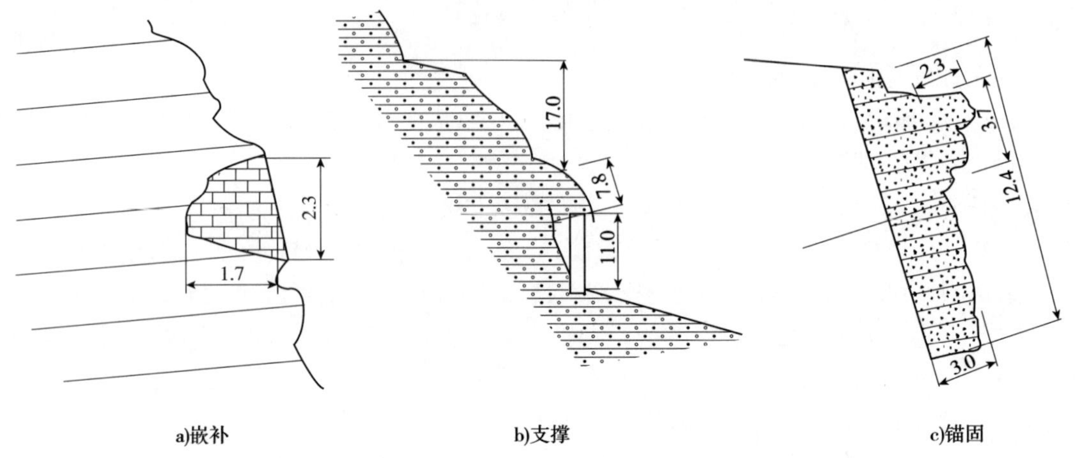

图2-4-17　崩塌主动防治技术的基本技术方法（尺寸单位：m）

①坠落式危岩支撑：当危岩下部具有一定范围向内凹的岩腔、岩墙底部为承载力较高且稳定性好的中风化基岩、危岩体重心位于岩腔中心线内侧时，宜采用支撑技术进行危岩治理（图 2-4-18）。

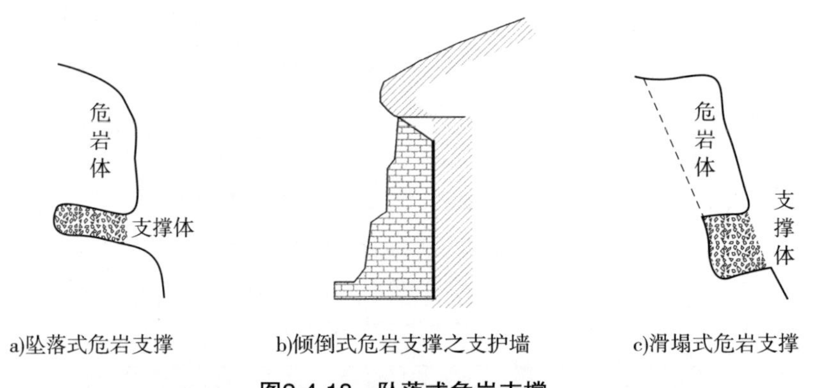

图2-4-18　坠落式危岩支撑

②滑塌式危岩支撑：将支撑体底部削成内侧倾斜坡或台阶。

③对于小型崩塌危岩（土）体还采用支护、嵌（镶）补、插别等方法来进行防治。此类方法通常采用支柱、支挡墙或钢质材料支撑在岩石突出悬空或陡崖、坡上的大孤石下面；用片石填充空洞，用水泥砂浆密合缝、隙等，以防裂隙、缝、洞的进一步扩展（图 2-4-19 和图 2-4-20）。

④在易风化剥落的边坡地段，修筑护墙护坡。

（2）锚固技术（锚索、锚杆）：锚固技术（锚索、锚杆）是防治大中型崩塌危岩（土）体的措施之一，板状、柱状和倒锥状危岩体极易发生崩塌错落，利用预应力锚杆或锚索可对其进行加固处理，防止崩塌的发生（图 2-4-19 ～图 2-4-21）。

锚杆技术是指采用普通（预应力）锚杆、锚索、锚钉进行危岩治理的技术类型，包括预应力锚杆、非预应力锚杆、自钻式预应力锚杆及预应力锚索。

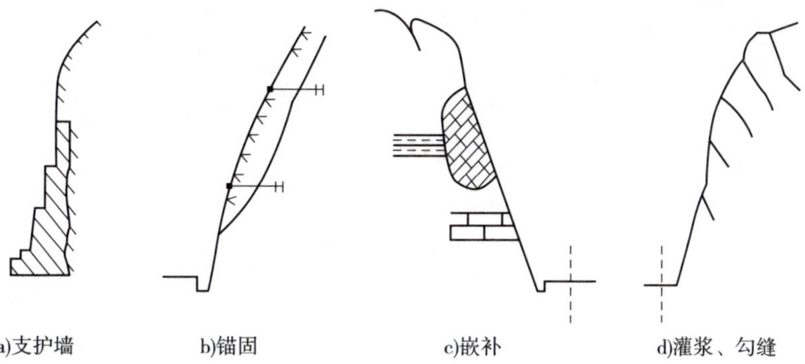

图2-4-19　崩塌防治的支护、锚固、前部和勾缝

图2-4-20　崩塌防治技术实景图

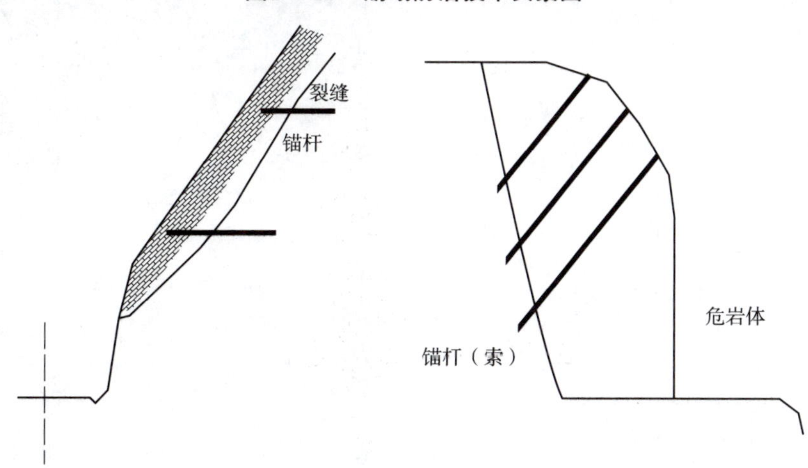

图2-4-21　危岩体锚固示意图

（3）灌浆技术：危岩体中破裂面较多、岩体比较破碎时，为了增强危岩体的整体性，宜进行有压灌浆处理。灌浆孔宜陡倾，倾角中不大于45°并在裂缝前后一定宽度（一般3.0～5.0m）内按照梅花桩形布设。灌浆孔应尽可能穿越较多的掩体裂隙面尤其是主控结构面；灌浆材料应该具有一定的流动性，锚固力要大（图2-4-22）。

固结灌浆可增强岩石完整性和岩体强度。经验表明，水泥灌浆加固可使岩体抗拉强度提高，相当于安全系数提高50%以上。

当危岩体顶部存在大量较显著的裂缝或危岩体底部出现比较明显的凹腔等缺陷时，宜采用封填技术进行防治（图2-4-23）。顶部裂缝的封填的目的在于减少地表水下渗进入危岩体的速度及数量。

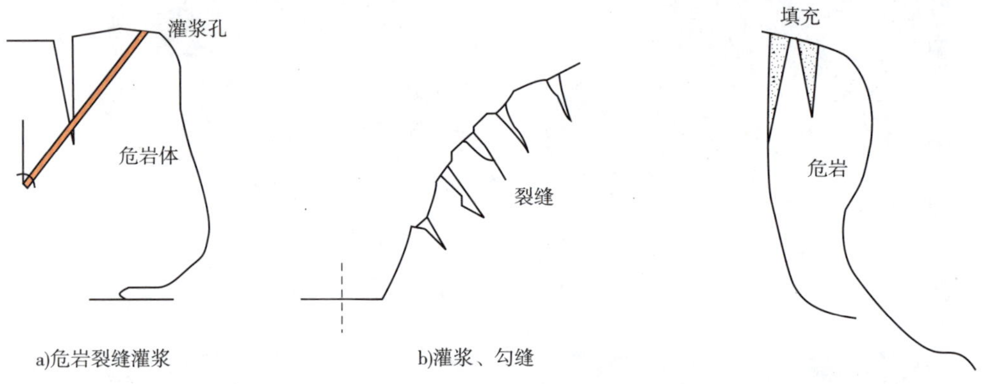

图2-4-22　灌溉技术示意图　　图2-4-23　危岩顶部裂缝灌浆封填技术示意图

（4）排水技术：排水技术包括危岩体周围的地表截水、排水和危岩体内部排水（图2-4-24），地表截水、排水沟应根据危岩体周围的地表汇流面积确定，通常采用地表明沟，其断面尺寸由地表汇流面积计算确定，由浆砌块石浆砌条石构成，底部地基填土时压实度不小于85%，也可在危岩体侧部稳定岩体内凿槽作排水沟。

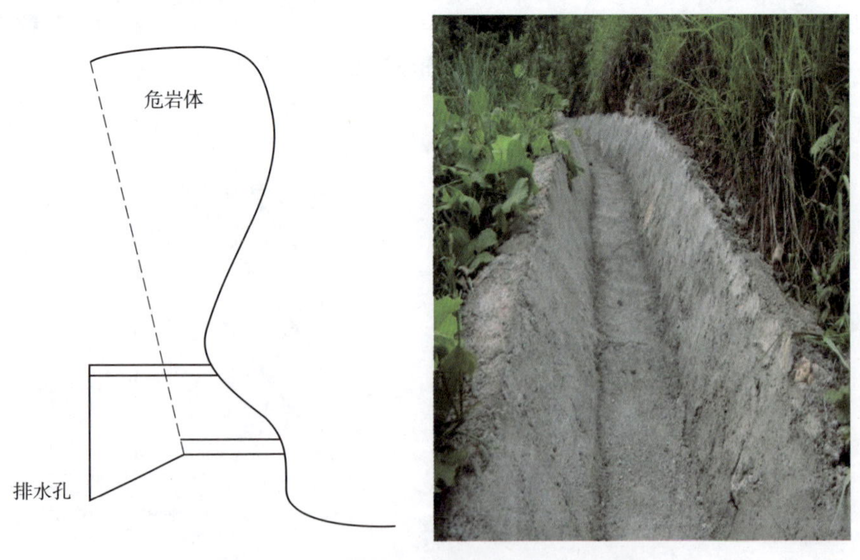

图2-4-24　危岩体排水示意图及实景图

（5）清除技术：在危岩体下方地表坡度比较平缓、具有 0.5 ～ 1.0 倍陡崖高度的地形平台上无重要建构筑物及居民居住，或危岩下方具有有效防御措施条件下，可采用清除危石、危岩体（图 2-4-25）。

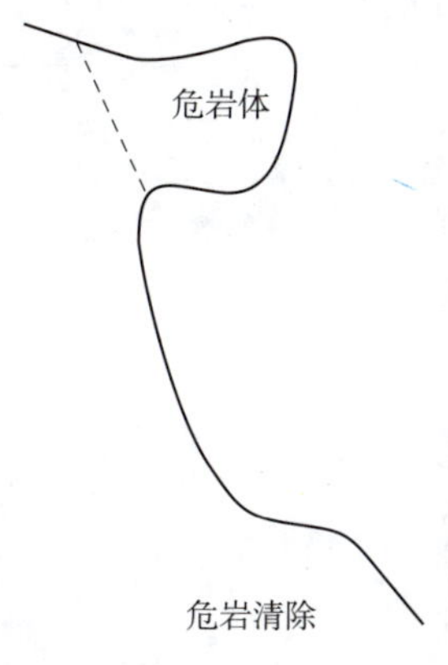

图2-4-25　危岩体清除技术之削方减载

清除技术又可分为以下两种：

①削坡与清除。削坡减载是指对危岩或滑坡体上部削坡，减轻上部荷载，增加危岩体和滑坡体的稳定性。对规模小、危险程度高的危岩体可采用爆破或手工方法进行清除，彻底消除崩塌隐患，防止造成危害。

②采用以治理滑坡的刷坡削坡和排水工程（详见滑坡），如天沟、封堵裂缝等。

2. 被动防治技术措施

被动防护技术包括拦石墙、拦石栅栏及森林防护等技术，主要用于小型崩塌。

（1）拦石墙、拦石桩、拦石网及拦石栅栏

陡崖或山坡上危岩数量多、存在勘察遗漏或治理难度较大时，以及对危害对象存在威胁的地段，当自然坡度角小于 35° 并存在一定宽度的地表平台时，宜设置拦石墙（图 2-4-26）。

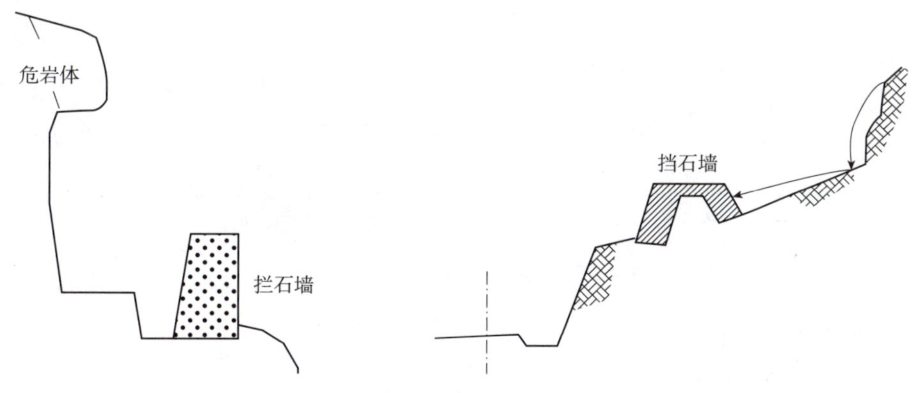

图2-4-26　拦石墙示意图

当陡崖或山坡下部坡度大于 35° 且缺乏一定宽度的平台而不具备建造拦石墙的条件时，可采用拦石桩、拦石网或拦石栅栏（图 2-4-27）。拦石网及拦石栅栏通常用钢质材料编制而成，用以防治那些雨季容易发生坠石、剥落和小型崩塌地区和地段。

图2-4-27　拦石桩、拦石网及拦石栅栏

（2）修筑拦挡建筑物

对于中、小型崩塌地段，通常在山体坡脚或半坡上，修筑遮挡建筑物或拦截建筑物，来防治斜坡上的落石（坠石）、剥落。

①拦截建筑物有落石平台、落石槽（或称落石沟）（图 2-4-28）、拦石堤或拦石墙（或称防撞墙）等。

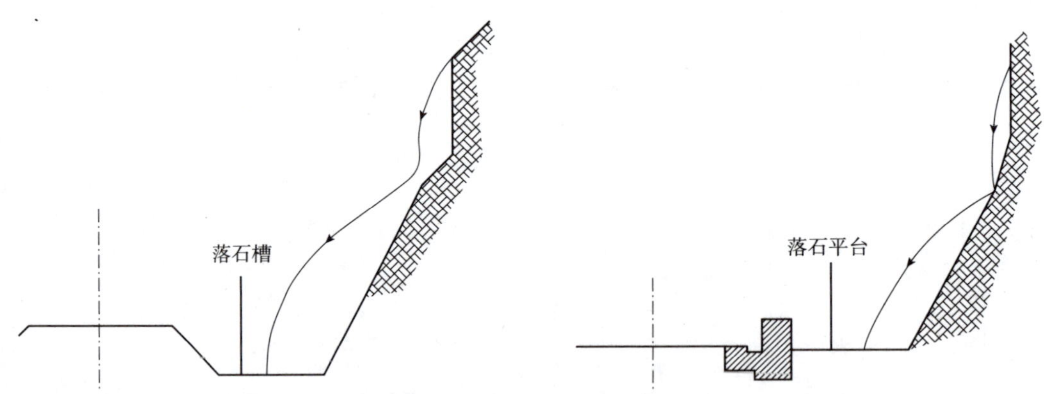

图2-4-28　落石槽与落石平台

②遮挡建筑物有明洞、棚洞（图 2-4-29）等。

（3）设置防护林进行森林防护

当陡崖或山坡坡脚不存在平台或危岩威胁不太严重时，可以通过植树造林防治危岩崩塌（图 2-4-30）。森林类型应为乔木，尽可能构建乔灌草相结合的生态系统。

（4）软基加固

保护和加固软基是崩塌防治工作中十分重要的一环。对于陡崖、悬崖和危岩下裸露的泥岩基座，在一定范围内喷浆护壁可防止进一步风化，同时增加软基的强度。若软基已形成风化槽，应根据其深浅采用嵌补或支撑方式进行加固。

图2-4-29　明洞及棚洞

3. 主动—被动联合防治技术

（1）锚固—拦挡联合技术

锚固—拦挡技术主要是针对整个危岩防治工程而言的，体现了危岩治理与拦挡相结合的防治理念。将危岩单体的锚固防治和危岩单体之间漏勘危岩防治共同考虑，弥补了目前危岩勘察精度不高而可能造成灾害的不足（图2-4-31）。

（2）锚固—支撑联合技术

锚固—支撑联合技术主要针对复合型危岩体（图2-4-32），锚固～支撑联合技术尤其适用于同时具有滑塌和倾倒性能的危岩体。防治设计过程中，应将锚固力和支撑力联合考虑使两者有机结合；当支撑体在危岩滑动力作用下存在滑移失稳的可能性时，应在支撑体上布设锚杆。

图2-4-30　崩塌防治之防护林技术

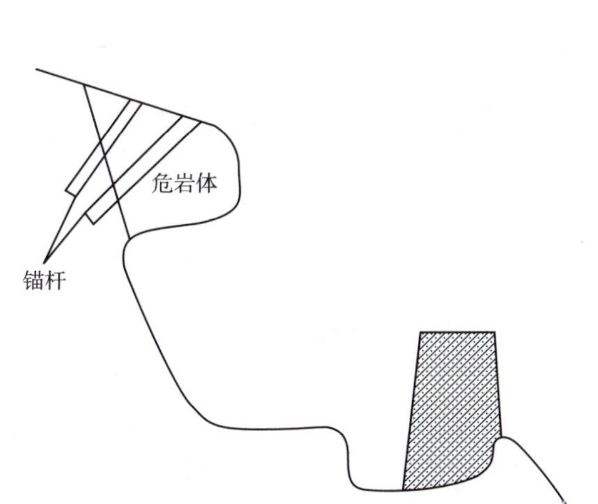

图2-4-31　崩塌防治之锚固—拦挡联合技术

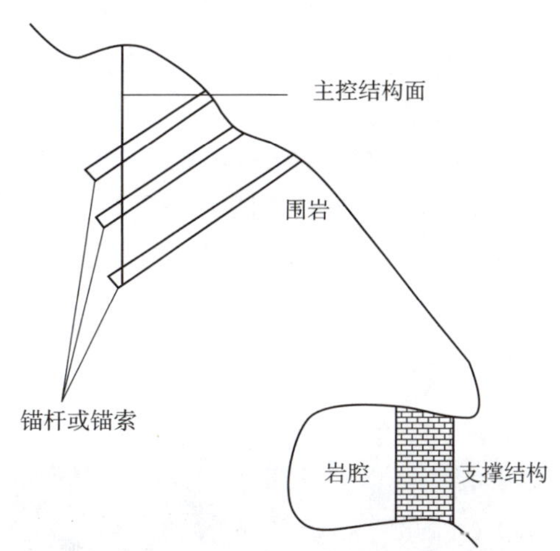

图2-4-32　崩塌防治之锚固—支撑联合技术

（3）加固山坡和路堑边坡

①常规方法：在邻近道路路基的上方，如有悬空的危岩或体积巨大的危石威胁行车

安全，则应采用修筑与地形相适应的支护、支顶等支撑建筑，或是用锚固方法予以加固；对深凹的坡面须进行嵌补，对危险裂缝应进行灌浆处理。

通过上述崩塌的治理措施完全消除崩塌落石的危险是很难做到的，因此，通常仅对即将崩塌的岩石进行清除，作为其他防治方法的配套措施。

被动防护措施并不试图阻止岩石崩落，但必须避免崩落的岩块危及被保护的对象。

② SNS 技术：近几年来，一种全新的 SNS 柔性拦石网防护技术在我国水电站、矿山、道路等各种工程现场的崩塌落石防护中得到了广泛的应用。SNS 系统是利用钢绳网作为主要构成部分来防护崩塌落石危害的柔性安全网防护系统。

SNS 系统包括主动系统与被动系统两大类型。

主动系统通过错杆和支撑绳固定方式，将钢绳网覆盖在有潜在崩塌落石危害的坡面上，通过阻止崩塌落石发生或限制崩落岩石的滚动范围来实现防止崩塌危害的目的。

被动系统为一种栅栏式拦石网，它采用钢绳网覆盖在潜在崩岩的边坡面上，使崩岩沿坡面滚下或滑下而不致剧烈弹跳到坡脚之外，它对崩塌落石发生频率高、地域集中的高陡边坡的防治既有效且经济。

整个 SNS 系统由钢绳网、减压环、支撑绳、钢柱和拉锚 5 个主要部分构成。

SNS 系统与传统刚性结构的防治方法的主要差别在于：该系统本身具有的柔性和高强度，更能适应于抗击集中荷载和（或）高冲击荷载，足以吸收和分散崩岩能量并使系统受到的损伤最小。

SNS 系统既可有效防止崩塌灾害，又可以最大限度地维持原始地貌和植被，保护自然生态环境。

第五节　公路软基沉降灾害及其防灾减灾对策

公路路基沉降（软基）是导致公路失能的常见灾害之一。2012 年 7 月 30 日 23 时至 31 日 6 时，云南省普洱市景谷县境内突降单点暴雨，引发泥石流洪涝灾害。灾害造成 4 人遇难，10 人失踪，轻伤 84 人。国道 323 线景谷—宁洱 K2578 ～ K2605 近 30km 段道出现路基沉陷、公路坍塌、悬空发生，见图 2-5-1。

一、软基沉降地质灾害的定义

1. 软基的定义

凡是不能满足建（构）筑物要求的天然地基，称为软弱地基，简称软基。所以，天然地基是否属于软弱地基是一个相对的概念。从这个定义出发，地基处理的对象是软弱地基和特殊土地基，它们包括以下几种情况。

图2-5-1　云南公路软土路基

（1）软土：是淤泥和淤泥质土的总称。

特性是天然含水率高、天然孔隙比大、抗剪强度低、压缩系数高、渗透系数小。在外荷载作用下地基承载力低、变形大，不均匀变形也大。

（2）人工填土：主要指杂填土和冲填土。其共同特点是强度低、压缩性高。

（3）部分砂土和粉土：饱和粉砂土、饱和细砂土和砂质粉土，在动载作用下均有可能产生液化。

（4）湿陷性黄土：凡天然黄土在上覆土的自重应力作用下，或在上覆土的自重应力和附加应力作用下受水浸湿后，土的结构迅速破坏而发生显著附加下沉的黄土，称为湿陷性黄土。

（5）有机质土和泥炭土：地基土中有机质含量大于5%时为有机质土，大于60%时为泥炭土。其有机质含量高，强度往往降低，压缩性大。

（6）膨胀土：膨胀土是指黏粒成分主要由亲水性黏土矿物组成的黏性土。其特点是吸水膨胀和失水收缩，具有较大的膨胀变形及往复变形的性能。

（7）冻土：冻土分季节性冻土和多年冻土（或永冻土）。前者是指该冻土在冬季冻结，而在夏季融化的土层，对地基的稳定性影响较大；后者是指冻结状态持续3年以上的土层，在长期荷载作用下具有强流动性。

（8）岩溶、土洞和山区地基：岩溶和土洞对建（构）筑物的影响很大，可能造成地面变形，地基陷落，发生水的渗漏和涌水现象。山区地基的地质条件比较复杂，主要表现在地基的不均匀性和场地的稳定性两方面。

2. 软基沉降地质灾害的定义

由于地基土的变化引起的工程地基变形或破坏的现象，称为软基沉降地质灾害，简称软基灾害。

地基变形指的是地基在上覆建筑物荷载作用下产生的压密变形和剪切变形。

地基破坏指的是地基变形超过地基强度时产生的失稳现象（如剪出等），地基变形超过建筑物允许值时产生的建筑物破坏（如变形过大等）。

二、云南软基沉降地质灾害与特殊土

在云南长期的工程实践中，引起地基变形或破坏的土往往具有区别于普通土的特殊工程性质，这类土统称为特殊土。在云南境内，与工程构造物关系最密切的特殊土主要是软土与膨胀土，它们往往导致软基灾害，对公路的工程安全危害很大。

1. 软土

（1）软土的定义：指滨海、湖沼、谷地、河滩沉积的天然含水率高、孔隙比大、压缩性高、抗剪强度低的细粒土。如：淤泥、淤泥质土、淤泥沉积物及少量腐殖质所组成的土、黏土或粉土微小颗粒含量极高的土、泥炭土、松砂、松软冲填土与杂填土。

（2）软土的特点：具有天然含水率高、天然孔隙比大、压缩性高、抗剪强度低（承载能力低）、固结系数小、固结时间长、灵敏度高、扰动性大、透水性差、土层层状分布复杂、各层之间物理力学性质相差较大等特点。

（3）软土的鉴别：建设部标准《软土地区工程地质勘查规范》（JGJ 83—2011）规定凡符合以下三项特征即为软土：外观以灰色为主的细粒土；天然含水率大于或等于液限；天然孔隙比大于或等于1.0。

2. 膨胀土

（1）膨胀土的定义：指土中黏粒成分主要由亲水性矿物组成，同时具有吸水膨胀、失水收缩两种变形性质的高液限黏土。膨胀土一般承载力较高，具有吸水膨胀、失水收缩和反复胀缩变形、浸水承载力衰减、干缩裂隙发育等特性，性质极不稳定。膨胀土一般呈棕、黄、褐色及灰白。

（2）膨胀土成因：风化的黏土矿物被流水带到东南部河流中下游沉积。当为蒙脱石、伊犁石时为膨胀土。

（3）膨胀土的鉴别：凡是同时具备下列两个条件的黏土即可判断为膨胀土：液限大于或等于 40%；自由膨胀率大于或等于 40%。

（4）膨胀土的特性：膨胀土的最主要特殊性质是在天然状态下结构致密，具有较大的重度和干重度，土体处于硬塑或坚硬～半坚硬状态，压缩量小，抗剪强度和无侧限强度及弹性模量一般都比较高，因此常被误认为是良好的天然地基；但遇水后发生明显的膨胀，其膨胀力一般（0.5 ～ 0.3）$\times 10^5$Pa，膨胀率 1%～ 15%，大者达到 50%～ 100%，同时凝聚力、内摩擦角、抗剪强度、承载力等严重下降。待失水干燥后，一方面变得坚硬，另一方面发生收缩，收缩率一般 10%～ 35%。

膨胀土胀缩程度的高低，主要取决于膨胀土的成分和含水率：亲水性强的黏土矿物含水率越高，收缩能力越强；天然含水率越小，膨胀力和膨胀率越大。天然含水率低于 15%的膨胀土，膨胀力特别大；天然含水率超过 35%的膨胀土，膨胀量甚微。

（5）膨胀土的分类：根据膨胀土的胀缩能力，把膨胀土分为三个等级。胀缩率大于 4%的称为强膨胀土或者严重膨胀土；胀缩率 2%～ 4%的称为中等膨胀土；胀缩率小于 2%的称为弱膨胀土。

（6）膨胀土地质灾害：膨胀土因胀缩变化而对工程设施造成的危害或损失称为膨胀土地质灾害。

膨胀土体积的胀缩变化，不但具有很高的比率，而且伴随环境变化常常反复交替进行。这种作用对工程设施具有很大的破坏性，它可使建筑地基发生位移，因此，导致房屋开裂，路基隆起或沉降，成为严重的工程地质灾害。

膨胀土常使建筑物产生不均匀的竖向或水平的胀缩变形，造成位移、开裂、倾斜甚至破坏，且往往成群出现，尤以低层平房严重，危害性很大，裂缝特征有外墙垂直裂缝，端部斜向裂缝和窗台下水平裂缝，内、外山墙对称或不对称的倒八字形裂缝等；地坪则出现纵向长条和网格状的裂缝。一般于建筑物完工后半年到五年出现。

膨胀土是影响道路及其他构造物建设的一种特殊土质，在实际工程中，其破坏力是巨大的。膨胀土路堤会出现沉陷、边坡溜塌、路肩坍塌和滑坡等破坏现象（图 2-5-2），路堑会出现剥落、冲蚀、溜塌、滑坡等破坏，路基会发生开裂（图 2-5-3）。

三、云南特殊土的特性及分布区域

云南省地貌以山地高原为主，连绵起伏的山岭间，有许多湖盆和坝子星罗棋布，全省 94%的面积为山地高原，其间 1km^2 以上的坝子有 1442 多个，面积占 6%。面积在 100km^2 以上的坝子有 49 个，最大的坝子在陆良县，面积为 771.99km^2。这些山间盆地，有的积水成湖。如以昆明为中心的高原面上，分布着滇池等许多大小湖泊，被称为“滇中

断陷湖区”。湖盆四周由于湖水外泄和四周山地沙泥淤积，大多数已发育有湖岸平原，这里土壤肥沃，土层深厚，是高原的主要农业区。

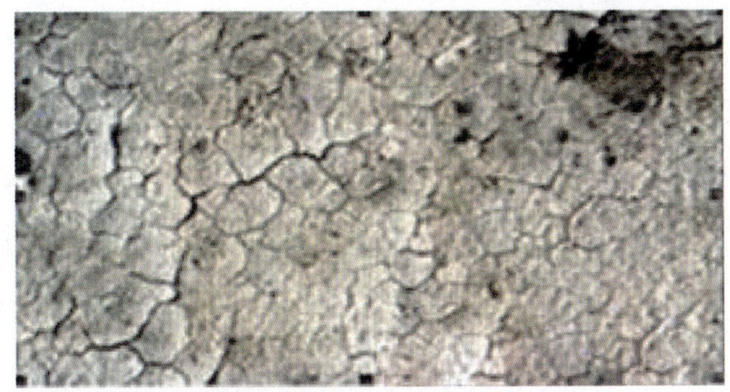

a)路堑坡面龟裂缝

b)路堑坍塌现状

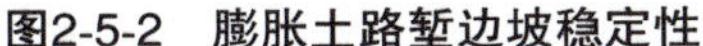

图2-5-2　膨胀土路堑边坡稳定性

图2-5-3　膨胀土路基变形

（一）“山地型软土”定义与特点

1. 云南“山地型软土”的定义

云南的软土主要分布于山间盆地、河谷低洼处以及湖沼洼地、缓慢流水下沉积区、河漫滩沉积区。云南的山间谷地 70 % 都分布着软土，这一类型的软土，在形成环境和性质上有别于一般东部平原和沿海地区的软土，一般称为“山地型软土”，其在中国南部、西南部山区或丘陵区分布最广。

云南“山地型软土”主要是由于当地软岩风化物和地表有机物质经过流水的搬运，沉积于地形低洼处（图 2-5-4），并经过长时间的饱水软化以及微生物的分解作用而形成。属于以坡洪积、湖积和冲积为主的软土，也有少量是由坡残积物堆积而形成。从分布上看，“山地型软土”总的特点是分布面积小，厚度变化大，多呈透镜状或鸡窝状。

图2-5-4　云南丽江永胜公路“山地型软土”

云南“山地型”软土路基受振动荷载后，易产生侧向滑动、沉陷、不均匀沉降及基底向两侧挤出等现象，不利于路基的稳定。

2.“山地型软土”的特点

（1）特殊性：根据资料，云南区域内，作为山地沉积类型的软土具有一定的代表性，它既有一般软土的含水率高、孔隙比大、压缩性高等特点，又具有其自身的一些特性。

（2）软土成分的复杂性：山地软土多以坡洪积、重力堆积物质为主，其沉积物质分选条件极差，土质不纯，既有经过长距离搬运的黏土、砂黏土及有机物质，还有滞留在原地的残积土，甚至还保持母岩结构的碎屑状基岩风化物。时常发生的崩塌、滑坡、暴雨、泥石流等山区地质灾害正是这些不同软土成分不断搬运和堆积的动力。这种由搬运到堆积甚至经过再搬运到再堆积的过程，导致山区软土组成成分的多样性和复杂性。

（3）软土分布的不均匀性：本段软土在分布上具不连续性和不均匀性。主要由于地形、地貌条件的不同决定了山区地表高差较大，加上基岩大都埋藏较浅，且基岩表面倾斜，使得软土随地势的变化呈现出不连续分布状态。在一些沟谷段，软土水平分布面积和总厚度都不大，有时相距仅几米，厚度竟相差数十米。对路基来说，由于软土层的厚薄不匀、软硬不一，软土地层本身的坡度又较大，使得同一场地软土的承载力和沉降变形也有很大差异，所以，极易造成道路变形和破坏。

（4）软土的隐蔽性：本段山区软土成因类型中，以坡洪积相分布最广。所以，沉积过程中常有腐殖质夹层及一些透镜体形成。由于不同成分软土其渗透性有差别，在这些深度不同的夹层处常易形成饱水带，使得土体长期浸水并进一步软化，大大削弱了路基的承载力，常导致路基沉陷。同时，软土在地表长期与周围大气环境相连，加上降雨形成的集中地表径流的影响，使得软土在自然界风化、淋蚀作用下形成一硬壳层，导致软土具有较强的隐蔽性。

（5）山区软土的物理力学性质的特殊性：对软土的主要特性，一般认为，含水率高达40%～50%，大于液限，孔隙比大于1.0，塑性指数20左右，压缩系数0.5～1.0MPa^{-1}，灵敏度系数4～8。山区软土也不例外，同样具有压缩沉降量大、排水固结慢、地基稳定性差的特点。但是，对于以软黏性土、淤泥性土为主，淤泥和泥炭土较少的山区软土来说，由于其成分和分布的不均匀性以及特殊的地域性，使得其与别的成因类型软土的物理力学性质有所差异。

（二）云南膨胀土的分布

膨胀土在云南东南部特别发育，是全国典型的膨胀土地区，路基沉陷也较为明显。膨胀土主要分布于Ⅱ级或Ⅱ级以上的河谷阶地、盆地边缘、山前缓坡和低丘，膨胀土路基一般易发生胀缩变形，使路面开裂和下陷翘包，使构筑物变形，使路基滑塌，严重影响公路的运营环境。

四、云南“山地型”软基灾害类型

云南山区软土成因及其工程性质有其特殊性，从而使山区软土路基在破坏形式上也有别于一般内陆平原和东部沿海地区的软基。在山区，大多路段与沟谷或河道并行，许多还经过冲、洪积扇的前缘，使软土路基很容易遭水的浸透和冲蚀，尤其是暴雨、滑坡和泥石流等灾害的频繁发生，更使软土路基遭到严重毁坏。

山区软土路基破坏的主要类型为：剪切拉裂破坏、浸水沉陷破坏、剥蚀坍塌破坏和推挤滑动破坏四种类型。

（1）剪切拉裂破坏类型。该类型破坏主要指软土路基在强烈行车荷载及自重作用下发生的破坏。具有高触变性的软土在振动荷载或自重力的作用下，强度下降，表现出很强的流变性，导致软土层侧向滑动挤出，路基发生不均匀沉降（图 2-5-5）。主要表现为临空面一侧或两侧的车道发生沉陷，道路出现隆起现象；在剪切和拉裂作用下，路面形成裂缝，裂缝不断发展，并不断贯通，最终导致公路毁坏。尤其在公路弯道处，路面受力极不均匀，更易发生此类破坏。该类型的破坏出现下伏软弱地基土侧向塑性挤出并伴随剪切拉裂作用所导致的局部坍滑现象，导致该路段沥青混凝土路面不均匀下沉，纵横向开裂、网裂等，严重影响公路交通安全，使该段路基和路面遭到严重毁坏。

（2）浸水沉陷破坏类型。在山区，雨水较集中，且在地表易于汇集，因此在排水不畅的路段，水很容易浸入路基，在土体自重、行车荷载及水温变化等诸多因素作用下，路基发生不均匀沉陷变形，引起路面破损开裂，水渗入裂缝后常导致路面“翻浆”，形成“橡皮路”。常表现为路面局部凹陷，行车振颤、颠簸及桥头错台跳车等现象。有些路段位于冲、洪积扇的前缘，往往是地下水溢出带，若路基处理不当，很容易被水浸入而导致公路毁坏（图 2-5-6）。位于云南渣巴山区的黄泥堡—八大河线 K8 ～ K10 段，该段为软土路基地段，夏秋季节雨天时常阻车，路面受车轮翻淘，路基沉陷、翻浆，并出现峰谷隆起、弹簧现象，原修筑宽 7.5m 的路基，通过逐年的行车碾压变形，自然增为 9 ～ 10m 不等，使陷车阻塞事故时常发生。

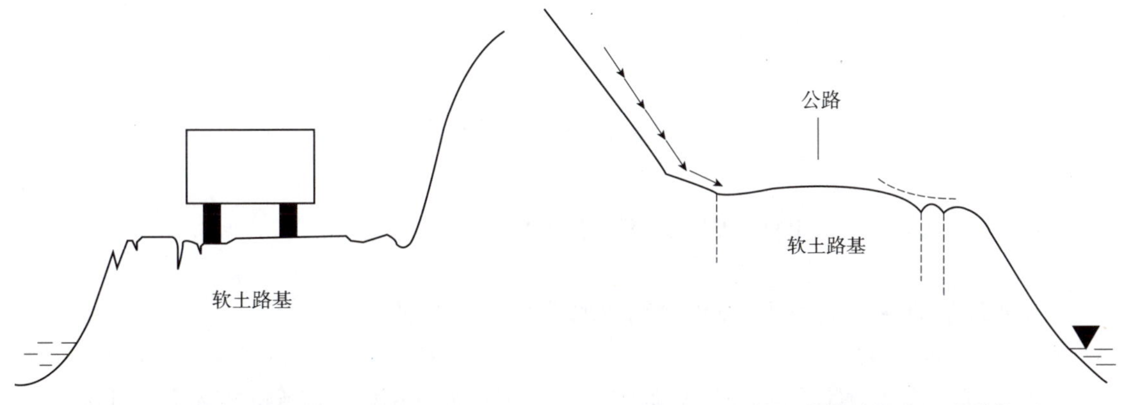

图2-5-5　软土路基的剪切拉裂破坏

图2-5-6　软土路基的浸水沉陷破坏

（3）剥蚀坍塌破坏类型。山区公路路基的坍塌破坏由剥蚀作用引起，如风蚀、流水冲蚀、泥石流剥蚀等，主要是以水的冲蚀作用为主。软土松散，抗蚀能力弱，在雨季期，洪水或泥石流不断冲刷沿河路基，严重的侧淘蚀作用常使路基边坡被淘空，导致路基边坡下滑和坍塌，毁坏临河路基。尤其是高填土路堤，在不全防护的情况下，裸露部位更易遭流水冲刷，造成路堤滑塌和路面损坏（图 2-5-7）。湘黔线 K121+145.68 处软土路基，投入运营仅 4 个月，就发生路基溜坍 3 次，其中最严重的仅一场暴雨就引起线路下沉 2.0m，路基外移 2.8m，坍体长度约 100m。

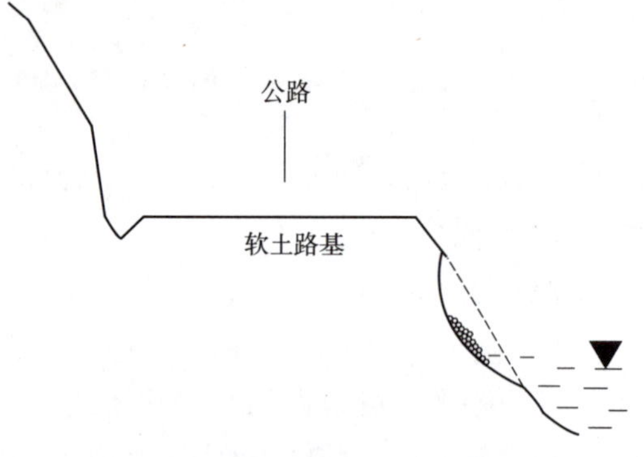

图2-5-7　软土路基的剥蚀坍塌破坏

（4）推挤滑动破坏类型。该类型破坏主要指滑坡推挤作用对路基、路面的破坏，其结果常导致路基路面下滑、断裂、错台和沉陷。随着滑坡体与路基位置关系的不同（图2-5-8），路基破坏程度也有所不同。如果路基处在滑坡体上，一旦滑动，整段路基和路面都将被毁掉，如国道214线西宁—景洪，在山岭重丘区K2479+500～K2546+400和K2429+300～K2433+100软基路段上分别有路基滑坡33处，中小型泥石流8处，对公路路基的毁坏相当严重。

综上所述，由于山区软土的特殊性以及地形地貌的因素，使得山区软土路基的破坏形式也有别于内地平原区和滨海区。因此，必须针对山区软土进行有关研究工作，在山区软土地基处理方面，也很有必要提出新的适宜于山区软土特性、施工条件的方法。

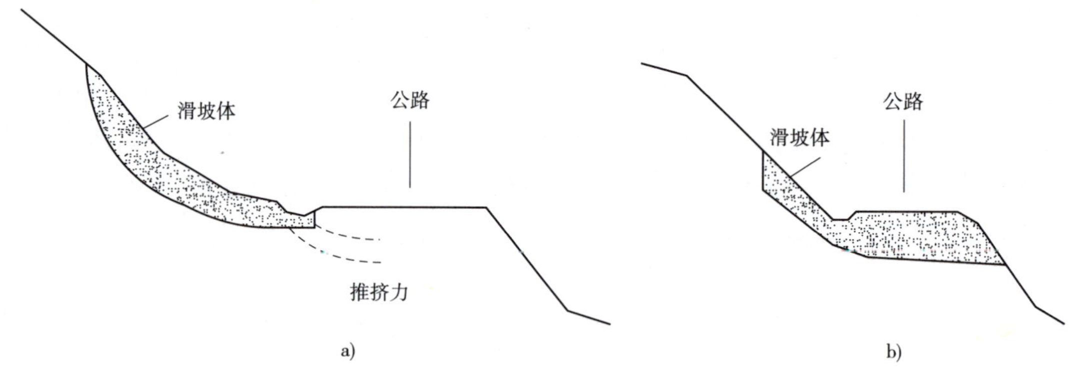

图2-5-8　软土路基的推挤滑动破坏

五、公路软基沉降地质灾害的防灾减灾对策

（一）公路勘察设计阶段软基沉降路段的选线定线原则

（1）软土和泥沼地段：影响范围大、工程处理难于确保安全，且绕避不显著增大工程时，宜绕避软土和泥沼地段；如影响范围较小，工程处理可确保安全，且经济有利时，应选在软土、泥沼最窄，泥炭、淤泥较浅、沼底横坡平缓、地势较高、取土条件较好的地段以路堤通过；为减少下沉、翻浆、冻胀等病害，路堤高度不小于1m，为使使软土基底不作加固处理，或为利用路堤自重压缩泥炭到稳定状态，路堤高度均不宜大于“极限高度”；线路宜远离河流、湖塘或人工渠道，以免水流浸润，影响路堤稳定；河谷软土地带或古盆地中央部分，因软土层厚，土颗粒细，含水率大，基底松软，线路宜选在边缘地带通过，但土质软硬差别较大的边缘地带也应绕避。

（2）膨胀土地段：线路宜填勿挖，尽量减少路堑；岗沟相间是膨胀土的特征地貌，线路应垂直于垄岗方向，选择较低垭口，较薄地段通过，以缩短路堑长度、降低挖方深度；

线路跨越沟谷处，宜建桥通过，并增加桥高；垄岗处如修建隧道，应避免浅埋。

（3）多年冻土地段：线路宜选在阳坡上，阳坡日照时间长，水分蒸发量大，地表及地下水含量相对减少，冻害程度减轻；但山坡陡峻，节理发育，风化严重的阳坡应绕避地质灾害地段，线路通过山丘地区时，宜在融冻坡积层缓坡上部通过，线路走向沿大河谷时，宜选在高台地上，以短距离通过多年冻土边缘地带，避免沿大河融区多年冻土边缘定线，线路宜在岩石、卵石土、砾石土，粗、中、细砂和含水率小的黏土、黏砂土、砂粒土等少冰冻土地带通过，避免在腐殖上、黏砂土、砂黏土、粉砂地段及饱冰、富冰冻土的含冰土层中通过，多用路堤，少用路堑，减少不填不挖及低路堤，避免破坏冻土，影响路基稳定；大、中桥宜选在大河融区地段或基底为少冰冻上的河段，力求避免将一座桥设在融区和冻土两种不同地基上；隧道应避免穿过地下水发育的地层中；车站宜选在非融沉地带，困难时也可选在融沉作用均匀的地带。

（二）软基灾害防治中常用材料种类及其质量要求

（1）砂砾料：用作垫层的砂砾料应具有良好的透水性，不含有机质、黏土块和其他有害物质。

（2）砂及砂袋：袋装砂井所用砂，应采用渗水率较高的中、粗砂。砂袋采用聚丙烯、聚乙烯、聚酯等编织布制作，应具有足够的抗拉强度，使能够承受袋内砂自重及弯曲所产生的拉力，具有较好的抗老化性能和耐环境水腐蚀性能，其抗渗系数应不小于所用砂的渗透系数。

（3）碎石：碎石由岩石和砾石轧制而成，应洁净、干燥，并具有足够的强度和耐磨耗性，其颗粒形状应具有棱角，不得掺有软质石和其他杂质。

（4）土工合成材料：土工合成材料的选用应符合《公路土工合成材料应用技术规范》（JTG/T D32—2012）的规定。土工合成材料试验项目和试验方法应符合《公路软土地基路堤设计与施工技术细则》（JTG/T D31-02—2013）和《公路工程土工合成材料试验规程》（JTG E50—2006）的规定。

（5）塑料排水板：塑料排水板是由芯体和包围芯体的合成纤维透水膜构成的复合体，应具有较好的耐腐蚀性和足够的柔度，其性能指标应符合《塑料排水板施工规程》（JTJ/T 256—96）的规定。

（6）片石：抛石挤淤应采用不易风化的片石。

（7）水泥：水泥各项性能指标应符合图纸要求。所用水泥指标还应符合水泥相应标准的规定。

（8）石灰：石灰应符合《公路路面基层施工技术规范》（JTJ 034—2000）所规定的III级以上的要求。按《公路工程无机结合稳定材料试验规程》（JTG E50—2006）规定的试验方法进行检验。

（9）粉煤灰：粉煤灰应符合《公路路面基层施工技术规范》（JTJ 034—2000）有关规定。

（三）软土地基处理方案的选择与处理方法分类

1. 软土地基处理方案的选择

各种软土地基的处理方法都有其适用范围、局限性及优缺点，没有一种方法是万能的。加上具体工程情况复杂，工程地质条件千变万化，对地基的要求也不尽相同，而且材料、机械等条件也会因业主要求、地区不同有较大的差异。因此，在选用处理方法时，要针对具体工程进行具体分析，从地基因素、处理要求、工程费用以及材料、机具等方面进行全面综合考虑，对地基处理方法进行技术、经济、工期等方面的比较、论证，以确定一种最佳的地基处理方法，或采用两种及两种以上的综合处理方案。

2. 软土地基的处理方法分类

软土地基处理方法分类如下：

（1）按处理效果，可分为临时处理和永久处理。

（2）按处理深度，可分为浅层处理和深层处理。

（3）按处理对象土性，可分为砂性土处理、黏性土处理、饱和土处理和非饱和土处理。

（4）按处理方式，可分为化学处理和物理处理等。

工程施工中一般按地基处理机理进行分类。

将桩基础包括在内，按通过地基处理后形成的人工地基来分，又可以分为下述三类：

（1）通过土质改良或置换，全面改善地基土的物理力学性质，提高地基土的抗剪强度，增大土体压缩模量，或减少土的渗透性。该类人工地基属于均质地基，或多层地基。

（2）通过在地基中设置增强体，增强体与原地基土形成复合地基，以提高地基承载力，减小地基沉降。

（3）通过在地基中设置桩柱，荷载由桩体承担，通过桩将荷载直接传递给地基中承载力大、模量高的土层。

（四）软基沉降灾害的工程防治方法

1. 置换法

利用物理力学性质较好的岩土材料，且换天然地基中部分（或全部）软弱土或不良土，形成双层地基或改良地基，以达到提高地基承载力减小沉降的目的。

置换法包括：换土垫层法、挤淤置换法、振冲置换法（振冲碎石桩法）、沉管碎石桩法、强夯置换法、砂桩法、石灰桩法以及超轻质料填土法等（图 2-5-9）。

2. 排水固结法

土体在一定载荷作用下排水固结，使孔隙比减少，强度提高，以达到提高地基承载力，减少工后沉降的目的。

图2-5-9　软土地基碎石桩施工现场

本法包括：加载预压法、超载预压法、砂井法（普通砂井、袋装砂井和塑料排水带法）、真空预压与堆载预压联合作用以及降低地下水位等。

3. 灌入固化物

向土体中灌入或拌入水泥、石灰或其他化学固化浆材，在地基中形成增强体，以达到地基处理的目的。

本法包括：深层搅拌法、高压喷射注浆法、渗入性灌浆法、劈裂灌浆法等。

4. 加筋法

在地基土中设置强度高、模量大的筋材（钢筋混凝土、土工格栅、土工织物等），以达到提高地基承载力，减少工后沉降的目的。本法包括：加筋土法、土钉墙法、锚固法、树根桩法等。

5. 冷、热处理法

冷热处理是指通过冻结土体，或焙烧、加热地基土以改变土体物理力学性质以达到地基处理的目的。它主要包括冻结法和烧结法两种。

6. 托换

托换是指对原有建筑物地基和基础所进行的处理和加固。它主要包括：基础加宽法、墩式托换法、桩式托换法、地基加固法以及综合加固法等。

7. 纠偏

纠偏是指对由于沉降不均匀造成倾斜的建筑物进行矫正的手段。它主要包括：加载纠偏法、掏土纠偏法、顶升纠偏法和综合纠偏法等。

（五）公路软基沉降地质灾害防治实例

1. “山地型”公路软基沉降灾害处理实例

某汽车二级专用线建成于20世纪90年代初，路线K43＋400～K43＋950路段穿越滇池湖相软土地段。该段内修筑有2m×2m箱涵、直径1m圆管涵、2m×2m人行通道各1座。K43＋470～K43＋950段两侧设有1.4～3.2m高挡土墙，其余段设有附脚墙。

至1997年初，该段内路面重修多次，由于沉降使路基宽度变窄，不得不在原路堤上修筑路缘石重新加宽路基，其状态正如前所述。该段内箱涵、圆管涵、通道呈“盆”状，形态清晰可见。箱涵中央（沉降最大处）与洞门（沉降最小处）沉降差达93cm，箱涵在其横断面方向上已被拉裂破坏。圆管涵中部已沉至地面以下，因堵塞而失去过水能力。通道中部顶板沉降后离地面高约1m，通道失去通行能力。挡土墙倾覆呈“八”字形。各段挡土墙由于倾覆程度不同而犬齿交错。修建在挡土墙外侧的矩形边沟多数沉入地面以下，且向内倾覆。

针对“山地型”软土面积小、厚度变化大、隐蔽性强等特点，软土地基上修筑路堤，引起路堤和人工构造物变形破坏的主要原因是工后沉降以及工后差异沉降，为减少工后沉降及工后差异沉降，防止构造物被破坏，可采取以下措施：

（1）对厚度较小（一般小于3m）的软土采取换填方法，利用山区大量存在的透水性较好的砂类或碎石类土作软土换填物，不仅施工方便、迅速，而且又能降低造价。

（2）当软土层较厚且难以清除时，在交通便利的山区采用粉喷桩法处理较适宜。该法加固效果好，施工速度快，但在交通条件比较差的山区，原料的运输费用会成倍增加，施工速度快的优势也会受到影响。所以，此种情况下建议采用孔内强夯挤密法，其法施工机械简单，一台车载钻机和一台夯实机即可；孔内填料可就地取材于碎石，能大大节约原料成本和运输费用。

（3）在邻近河道或处在冲、洪积扇前缘的软土路段，土的含水率一般较大，应尽量把软土清除，用透水性强的土质换填，提高路基的渗透能力；若在常年积水、表层无硬壳、软土液性指数又大、片石能沉至下卧硬层的情况下，可采用抛石挤淤法处理。特别是在冲、洪积扇前缘的地下水溢出带，不应截断地下水路，应采取相应措施使地下水顺利排泄，以免给公路的运营埋下安全隐患。

（4）堆载预压，使软土地基充分排水固结，然后再卸载或开挖修建人工构造物，以尽可能减少工后沉降。

（5）适当加宽路基，为工后沉降发生后路基宽度变窄留有足够的余地。

（6）适当加宽堆载预压体，以尽可能减少横向上工后差异沉降，特别是有通道、涵洞、桥台等构造物的地方。修建反压护道可以减小路基范围内的差异沉降。

（7）构造物采用适宜于差异沉降的结构形式，比如箱涵、盖板涵，间隔一定距离设计沉降缝，圆管涵采用多管相接等，使构造物不至于因差异沉降被破坏。

2. 膨胀土地基处理实例

在道路工程设计中，针对膨胀土的物理性质及力学性质，根据地质勘测的翔实报告及有关处理膨胀土的经验，设计中采用了综合处理的思想，提出如下处理措施：

（1）填高不足 1m 的路堤，必须换填非膨胀土，并按规定压实。

（2）使用膨胀土作填料时，为增加其稳定性，采用石灰处治，石灰剂量范围 10% ～ 12%，要求掺灰处理后的膨胀土，其胀缩总率接近零为佳。

（3）路堤两边边坡部分及路堤顶面要用非膨胀土作封层，必要时须铺一层土工布，从而形成包心填方。

（4）路堑边坡不要一次挖到设计线，沿边坡预留厚度 30 ～ 50cm 一层，待路堑挖完后，再削去预留部分，并以浆砌花格网护坡封闭。

（5）路堤与路堑分界处，即填挖交界处，两者土内的含水率不一定相同，原有的密实度也不禁相同，压实时应使其压实得均匀、紧密，避免发生不均匀沉陷。因此，填挖交界处 2m 范围内的挖方地基表面上的土应挖成台阶，翻松，并检查其含水率是否与填土含水率相近，同时采用适宜的压实机具，将其压实到规定的压实度。

（6）施工时应避开雨季作业，加强现场排水。路基开挖后各道工序要紧密衔接，连续施工，时间不宜间隔太久。路堤、路堑边坡按设计修整后，应立即浆砌护墙、护坡，防止雨水直接侵蚀。

（7）膨胀土地区路床的强度及压实标准应严格遵守国家有关规定、规范。

第六节　公路岩溶土洞塌陷地质灾害及其防灾减灾对策

一、岩溶土洞塌陷地质灾害的定义

（一）岩溶与土洞的定义

岩溶：又称喀斯特（Karst），指由于地表水或地下水对可溶性岩石进行溶（侵）蚀而产生的一系列地质现象（图 2-6-1 ～图 2-6-3），其结果如溶洞、溶沟、溶槽、暗河等。可溶岩包括碳酸盐类岩石以及石膏、岩盐、芒硝等其他可溶性岩石。

土洞：又称为岩溶塌陷，是在覆盖有土的岩溶发育区，在特定的水文地质条件下，岩面以上的土体遭到地表水或地下水的溶蚀和冲刷而产生空洞，空洞的扩展，导致地表变形、陷落破坏的地质现象（图 2-6-4）。土洞是岩溶的一种特殊形态，同属不良地质现象，由于发育速度快、分布密，对工程的影响有时甚至大于岩洞。

图2-6-1　可溶性岩石之石灰岩

图2-6-2 云南德泽附近的溶蚀地貌图

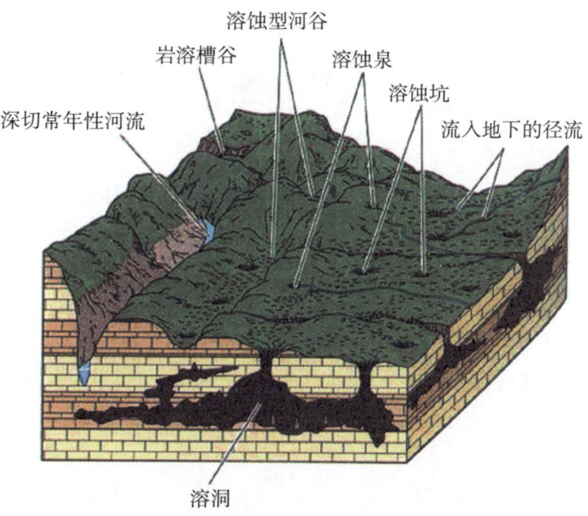

图2-6-3　岩溶地形的地面和地下特征示意图

图2-6-4　云南保山隆阳区岩溶地貌之漏斗状地形

土洞与潜蚀：地下水在流动的过程中，带走土体颗粒间细小颗粒，使土体被掏空成洞穴而形成土洞，这种地质作用的过程称为潜蚀。

岩溶与土洞塌陷地质灾害：指对人民生命财产造成损失或构成危害的灾害性岩溶与土洞；如不造成损失或不构成危害，则只是一种自然地质作用和现象。

（二）岩溶与土洞的主要形态

1. 岩溶的主要形态

岩溶形态可分为地表岩溶形态和地下岩溶形态两类（图 2-6-5）。地表岩溶形态有溶沟（槽）、石芽、漏斗、溶蚀洼地、坡立谷、溶蚀平原等，地下岩溶形态有落水洞（井）、溶洞、暗河、天生桥等。

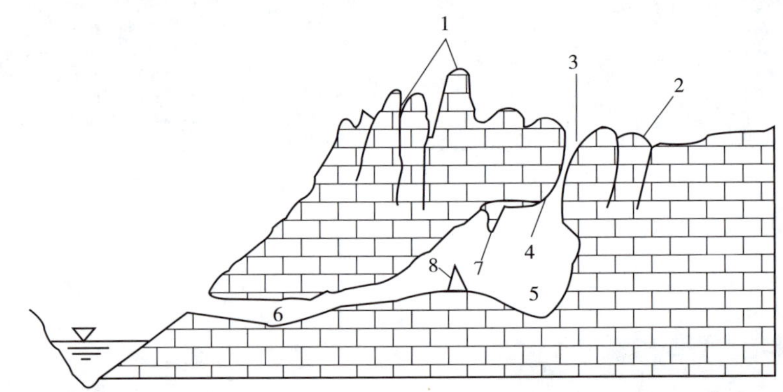

图2-6-5 岩溶形态示意图

1-石林；2-溶沟；3-漏斗；4-落水洞；5-溶洞；6-暗河；7-钟乳石；8-石笋

（1）溶沟溶槽：生成于地表岩石表面，由地表水溶蚀与冲刷形成，在地表上会残留一些石芽地貌。

（2）漏斗：由地表水的溶蚀和冲刷并伴随塌陷作用而在地表形成的漏斗状形态。

（3）溶蚀洼地：由许多的漏斗不断扩大汇合而成，周围常有溶蚀残丘、峰丛、峰林，底部有漏斗和落水洞。

（4）坡立谷和溶蚀平原：坡立谷是一种大型的封闭洼地，也称溶蚀盆地；坡立谷再发展就形成溶蚀平原。在坡立谷或溶蚀平原内经常有湖泊、沼泽和湿地等。底部经常有残积洪积层或河流冲积层覆盖。

（5）落水洞和竖井：由岩层裂隙受流水溶蚀、冲刷扩大或坍塌而成，是地表通向地下深处的通道，其下部多与溶洞或暗河连通。

（6）溶洞：由地下水长期溶蚀、冲刷和塌陷作用而形成的近于水平方向发育的岩溶形态，洞内常有支洞、钟乳石、石笋和石柱等岩溶产物。

（7）暗河：为地下岩溶水汇集和排泄的主要通道。

（8）天生桥：溶洞或暗河洞道塌陷直达地表、局部洞道顶板不发生塌陷而形成的一个横跨水流的石桥。

2. 土洞的主要形态

土洞分为地表水下渗发生机械潜蚀作用形成的土洞和岩溶水流潜蚀作用形成土洞。

由地表水下渗发生机械潜蚀作用形成的土洞（图 2-6-6），形成因素有三点：土层的性质、土层底部有排泄水流及土粒的良好通道、地表水流能直接渗入土层。

由岩溶水流潜蚀作用形成土洞，土洞发育的快慢取决于基岩面上覆土层性质、地下水的活动强度、基岩面附近岩溶和裂隙发育程度。

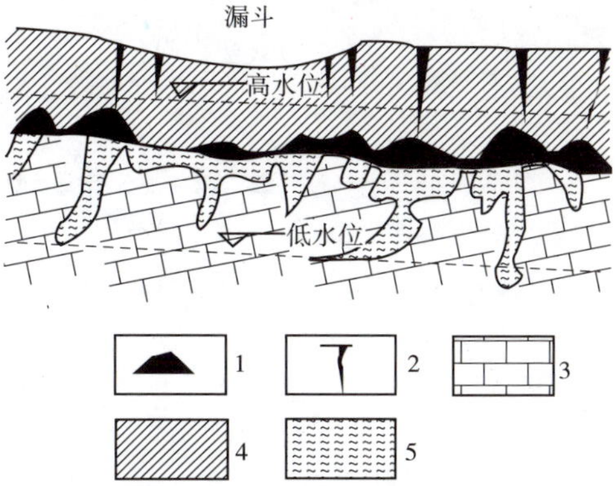

图2-6-6 土洞的分布和发育示意图

1-土洞；2-裂隙；3-石灰岩；4-黏性土；5-软土或稀泥

（三）岩溶土洞塌陷的形成条件

1. 岩溶塌陷的形成条件

土洞或地表塌陷的形成和发展，受到区域地质构造、水文地质、岩溶发育、地表排水以及人为改变地下水动力条件等诸因素的影响。其中土、岩溶水的活动是必不可少的条件。由于各地区内外因条件的差异，决定了岩溶塌陷发展的不均性。

岩溶塌陷的形成的基本条件为以下二方面：

（1）基岩的岩溶发育程度

具有可溶性的岩层：碳酸盐类岩石（石灰岩、白云岩和泥灰岩）、硫酸盐类岩石（石膏和硬石膏）、卤素岩（岩盐）等的岩溶发育程度。

岩溶塌陷处下伏基岩的岩溶发育程度是强烈的，而岩溶发育程度弱的地段则塌陷少见。岩溶塌陷主要是与浅部岩溶发育程度密切相关。

岩石本身的透水性（孔隙）发育程度，如：岩体内有裂隙，特别是构造裂隙和层理裂隙发育程度。浅部岩溶是指基岩表面的溶芽和溶沟槽部分和低基岩面以下约 10m 范围内的洞穴或溶隙发育段，可用钻探、物探等方法测量。基岩面的起伏程度，可用单位面积的溶沟槽数量、基岩面埋深的均方差来表征。

（2）土层的性质

土层是土洞形成和塌陷发生的物质基础。土层的成因类型、矿物成分、岩性、颗粒成分、结构构造、物理力学性质、水理性质、状态、厚度等，影响着土洞的形成和发展的快慢，土层的厚度，还控制或影响塌陷的形态与规模。

（3）地下水的活动特征

地下水的活动是土洞的形成、发展，以致破坏的最活跃的因素，是形成岩溶塌陷（土洞）的外因和动力（图 2-6-7）。特别是水位在基岩上下波动的幅度和频度，对崩解和搬运土粒和流土的速度有重要作用。地下水的活动还改变土的含水率、塑性状态或因湿胀干缩而出现裂隙等。地下水的流动性使得对其围岩有溶蚀能力，造成水流对其围岩的冲刷。

2. 土洞的形成机理

土洞主要由潜蚀作用形成。如果土体内不含有可溶成分，则地下水流仅将细小颗粒从大颗粒间的孔隙中带走，这种现象称之为机械潜蚀。如果地下水流先将土中可溶成分溶解，而后将细小颗粒从大颗粒间的孔隙中带走，这种具有溶滤作用的潜蚀，称为溶滤潜蚀。

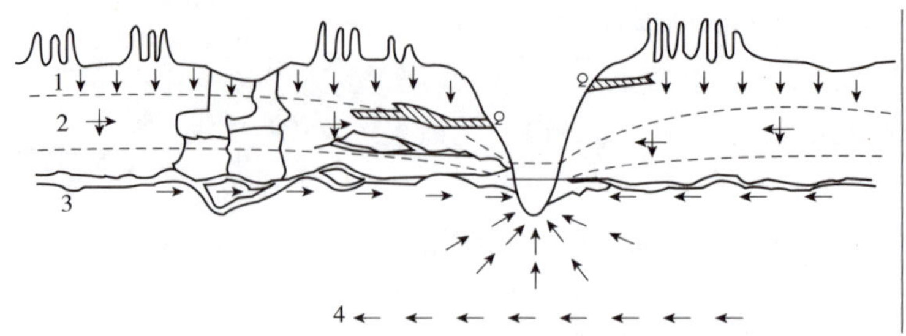

图2-6-7 岩溶水的垂直分带

1-垂直循环带；2-过渡循环带；3-水平循环带；4-深部循环带

二、岩溶土洞塌陷地质灾害的致灾类型

岩溶与土洞作用的结果，可产生一系列对工程不利的地质问题，如岩石结构的破坏、地表突然塌陷（图 2-6-8）、地下水循环改变等。这些现象严重地影响建筑场地的使用和安全。

图2-6-8 工程建设场地岩溶塌陷

此外，岩溶地貌发育的地区极易发生山洪、滑坡、泥石流，加上地下岩溶发育，导致水旱灾害频繁发生，几乎连年旱涝相伴；同时，石漠化山地岩石裸露率高，土壤少，储水能力低，岩层漏水性强，极易引起缺水干旱，而大雨又会导致严重水土流失。由于水土流失严重，中国西南大部分地区缺土，一些地方还存在着工程性缺水现象。

就岩溶与土洞对工程危害而言，由于石膏、岩盐等易溶岩的溶解以及土洞的扩展速度大，因此，岩土工程评价中不但要评价其现状，更要着眼于工程有效使用期限内溶蚀作用继续对工程的影响。由于碳酸盐类岩石（主要是石灰岩）在我国各类可溶岩中，分布范围占有绝对优势，因此应主要掌握碳酸盐类岩石中的岩溶问题。

岩溶土洞塌陷地质灾害的致灾类型分为三种：

（1）地面下沉。在岩溶洞隙上由覆盖层厚度较大但松软的土层组成时，土洞的扩展将引起地面的局部下沉，最终将形成缓发性塌陷。位于建筑物下方的土洞，在其扩展过程中将引起建筑物的不均匀沉降，地面亦将出现局部下沉。

（2）地面开裂。在土洞扩展到一定程度而尚未塌陷前，往往首先在地面出现裂缝，这些裂缝大都是弧形断续展布，具拉张特征，有时有多条裂缝是平行交错分布。裂缝进一步

发展形成环状裂缝，且宽度加大，有时内侧下错形成小的错台。这些环状裂缝往往是塌陷坑口位置的表征。此外，在塌陷坑外侧周边还可出现弧形的裂缝。在塌陷坑形成后引起坑壁的坍塌。

（3）塌陷地震。大规模的塌陷可引起地震效应，由于其产生地震的能量有限，震源深度很浅，因此强度低，震级小，但烈度偏高。

三、基于塌陷面积的岩溶灾害等级划分

按照塌陷面积，岩溶灾害划分为特大型（>$20km^2$）、大型（10 ～ $20km^2$）、中型（1.0 ～ $10km^2$）和小型（<$1.0km^2$）4 个等级。

四、云南岩溶土洞塌陷地质灾害重点防范区域分布

我国岩溶塌陷分布广泛，从南到北，从东到西都有发育。目前已见于除北京、天津、上海、河南、甘肃、宁夏和新疆以外的 24 个省份（图 2-6-9），但主要分布于辽宁、河北、江西、湖北、湖南、四川、贵州、云南和广东。有关资料显示，全国岩溶塌陷总数为 2841 处，塌陷坑有 33192 个，塌陷面积为 $332.28km^2$ 。

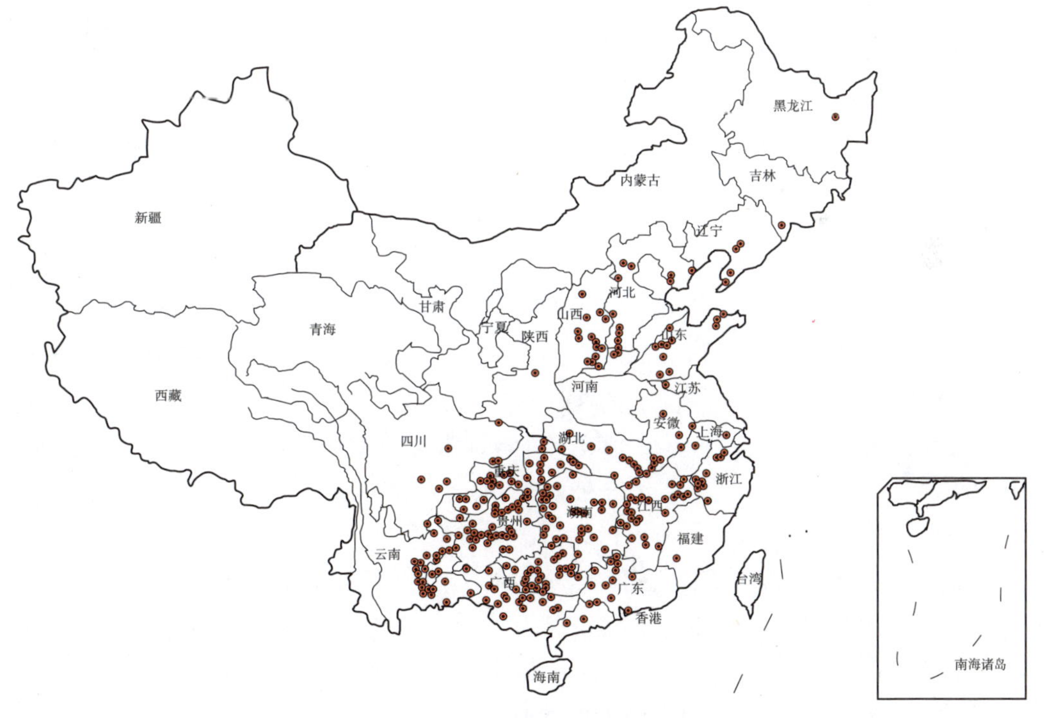

图2-6-9　全国岩溶塌陷分布图

以云贵高原东部为中心的中国南方岩溶区，是世界上面积最大、最集中连片的喀斯特生态脆弱区，面积超过 $5.5\times10^5km^2$。高原内部分布众多的断陷盆地、中生界盆地和湖泊，河流切割强烈，东部碳酸盐岩分布区岩溶发育，形态多样，是最容易形成岩溶塌陷的地区。

岩溶塌陷是云南省除崩塌、滑坡、泥石流之外的又一主要地质灾害。

云南省以元江谷地和云岭山脉南段的宽谷为界，将全省自然地理分为东部区和西部区。东部区由滇东、滇中高原组成，地形波状起伏，平均海拔2000m左右，各类岩溶地形发育显著；西部区的主体是横断山脉纵谷区，高山深谷相间，相对高差较大。

云南是我国岩溶分布最为广泛的省（区）之一，全省16个地州市普遍发育有岩溶地貌。在129个县（市、区）中，118个有岩溶分布，占92.2%。全省岩溶面积达11.1km^2，占全省总面积的29%，在全国各省区中位居第2，仅次于贵州省的12.96km^2。在岩溶面积达到30%以上的64个集中分布的岩溶县，其岩溶面积达94463.4km^2，占全省岩溶面积的85.20%。

云南省岩溶发育比较典型的有：昆明、文山、砚山、广南、会泽、宣威，鲁甸、巧家、建水、泸西、易门、玉龙、隆阳、西畴、丘北、富宁、马关、永德、耿马、维西、富源、江川、易门、弥勒、开远、蒙自、个旧、镇雄、陆良等。

岩溶发育地区，溶洞、漏斗、地下暗河纵横，地表河突然流入地下，潜流常见，水资源的一大特点是降雨径流大部分或全部下渗至地下，难于发挥对地表植被的涵养作用，是造成近年来云南地表干旱缺水的原因之一。

云南岩溶地貌发育的结果之一是引起路基沉陷，破坏路面平整，影响路基的稳定。岩溶对公路地质环境的影响主要是：在路基主要受力层范围内，如有溶洞、暗河等，在附加荷载和振动作用下，溶洞顶板塌陷，使路基突然下沉；溶洞、溶槽、石芽、漏斗等岩溶形态造成基岩面起伏较大，或者有软土分布，使路基不均匀沉陷；基础埋置在基岩上，若其附近有溶沟、竖向岩溶裂隙、落水洞等，会使基础下岩层沿倾向上述临空面的软弱结构面产生滑动，产生新的地质灾害。

岩溶地区石漠化土地面积最大的是文山州。文山州水土流失，极度干旱，生态系统遭到破坏，山坡溜光、石丛遍布，石漠化现状让人触目惊心。文山州是我国典型的岩溶地区，岩溶广泛分布全州8县（市），岩溶面积16792.5km^2，占全州国土面积的53.4%；石漠化面积10143km^2，占全州国土面积的31.9%。

巧家县是云南省岩溶地形的典型县域；岩溶地区的石漠化发育相当典型。巧家县位于昭通市西南，云南省的东北部。南北长98km，东西宽57km，总面积3245km^2，地形以山地为主，山地面积占全县总面积的98.9%。

昆明市是云南省省会所在地，也是全国受岩溶塌陷危害较重的7个城市之一。云南省除昆明市以外，尚有曲靖、昭通、个旧和保山等近30个城市也处于碳酸盐岩分布区，其中曲靖和个旧两市已经受到岩溶塌陷危害。据不完全统计，近50年来，云南已发生岩溶塌陷事件1000余起，累计经济损失已超过5000万元。

昆明地铁首期工程圆通街站全长171.6m，地下全部覆盖着一层“锯齿状”的灰岩地质，地下有大小不一的溶洞数量众多（图2-6-10）。截至2011年8月，已经完工的东侧地下就发现了157个大大小小的溶洞，绝大部分是直径小于50cm的小型溶洞，其中最大溶洞深度是230号钻井勘测到的26.6m，使得地质勘测时一台钻机的管子直接坠落到溶洞中。

图2-6-10　昆明市北市区北京路岩溶塌陷

五、公路岩溶土洞塌陷地质灾害的防灾减灾对策

（一）岩溶土洞潜在塌陷区的识别

对于工程技术人员，一般从以下几方面识别潜在岩溶塌陷区：

（1）岩溶强烈发育的纯可溶岩分布地带，或沿其与非可溶岩的接触地带。这些地带中隐伏岩溶形态（漏斗、溶槽等）较发育，且其中，多有软土分布，发生塌陷可能性大（图2-6-11）。

图2-6-11　岩溶强烈发育区的工程场地塌陷

（2）沿可溶岩中的断裂带或主要裂隙交汇破碎带，岩层剧烈转折、破碎的地带，这些地带往往容易产生塌陷。

（3）松散盖层较薄，以砂土为主，其底部黏性土层缺失或甚薄（一般不足1～2m）的“天窗”地段，最易于发生塌陷（图2-6-12）。

图2-6-12　较薄松散盖层地区的塌陷

（4）岩溶地下水的主要流经地带或岩溶管道上，容易有塌陷。

（5）具有潜水和岩溶水含水层分布地带，容易造成塌陷。

（6）岩溶地下水的排泄区，如低洼的泉水流出的地方。

（7）岩溶地下水位在基岩面上下频繁波动的地带，或受排水影响强烈的降落漏斗中心及近侧地段，如开采强度大、地下水位大幅度变化且剧烈的地方。

（8）邻近河、湖、塘地表水体的近岸地带。

（9）岩溶地下水位埋藏较浅的低洼地带。

一般来说，上述9种情况是有利于岩溶塌陷发育的潜在塌陷区，在公路建设、房屋选址中应该避开。

一般情况下，稳定性较好、已不再活动的塌陷坑具有如下特征：

（1）塌陷坑已受到后期改造；坑口坑壁经后期坍塌后边坡已经稳定而是漏斗状；坑底经后期充填后地面较平滑，参差凹凸的现象已不复见（图2-6-13）；坑周围的环形裂缝已多自行填塞不显。

图2-6-13　稳定性较好的塌陷坑

（2）坑底堆积物中未见新的下沉、错移等复活迹象，坑底未见新的裂缝或坑穴。

（3）植物生长茂密，已遮盖大部分剖面。

（4）无地表水流汇集注入现象，雨后坑中积水消散较慢。

（5）附近不存在人为因素的强烈影响，如矿坑排水、抽水量大的水井等，且据访问了解，在较长时期以来没有发生过活动。

在一般生活中，要重视以下迹象，从而识别潜在塌陷区：

（1）塌陷坑形态保存较好（图2-6-14），特别是坑中堆积物有沉陷、错移迹象，并见有裂缝。

（2）塌陷坑周边环形裂缝发育较齐全（图2-6-15），其宽度、长度都有进一步发展的趋势。

（3）植物稀疏不发育或发育不均衡：有地表水流汇集注入迹象，水流入渗迅速，储存不住水（图2-6-16）。

（4）受人为因素的影响，地表裂缝呈同心环状或陷坑有活动加剧的迹象。

（二）岩溶土洞导致地面发生塌陷的前兆

（1）井、泉的异常变化：如井、泉的突然干涸或浑浊翻沙，水位骤然降落等。

（2）地面形变：地面产生地鼓，小型垮塌，地面出现环形开裂，地面出现沉降。

（3）建筑物作响、倾斜、开裂。

（4）地面积水引起地面冒气泡、水泡、旋流等。

（5）植物变态、动物惊恐，微微可闻地下土层的垮落声。

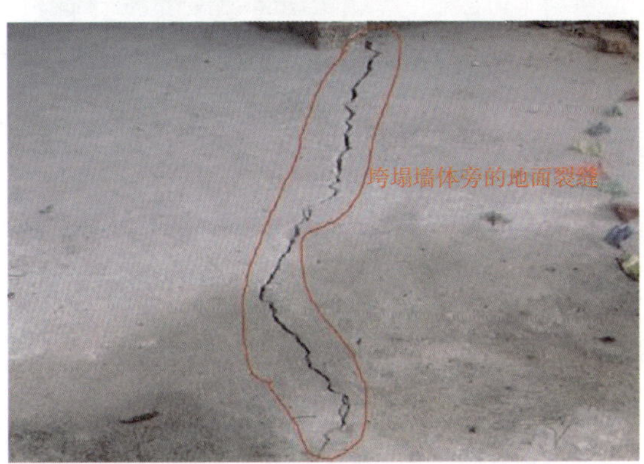

图2-6-14　塌陷区迹象观察

图2-6-15　塌陷坑周边环形裂缝发育较齐全

（三）岩溶土洞地基塌陷灾害预防

岩溶土洞地基塌陷地质灾害的防治原则：“以防为主、及时治理”。岩溶土洞地基塌陷地质灾害的预防措施主要如下：

（1）应先将岩溶或土洞的分布位置查明，调查工作应在查明区域地质、水文地质背景的基础上，运用钻探和物探手段确定浅表洞穴的分布情况，并从危险性的角度进行分区。对松散堆积物厚度不大，且直接覆盖在溶洞和隙宽较大溶隙开口处的那些地段，要予以高度重视，其上不应布设任何建筑物。

图2-6-16　植物稀疏不发育或发育不均衡

（2）对已出现地面变形，但尚未塌陷的地点，要圈围出警戒区，及时撤离人员，然后针对实际情况采取相应的防治措施。

（3）拟建的以岩溶水为开采对象的供水源地布设地点，场地选择时，应事先进行致塌危险性的充分论证，并尽可能远离村镇和人口密集区。

（4）对分散开采的农村井机，应强调小流量小降深逐渐过渡到预定开采量的操作方法，以避免洞穴负压的形成。

（5）在可能出现塌陷的地段，要防止地表水的进入，对严重漏水的河溪、库塘进行铺底防漏或人工改道。

（6）加强对岩溶水位，尤其是地面变形的监测，要注意宣传，加强群测群报的工作。

（四）地面塌陷发生时采取的应急措施

（1）视险情发展将人、物及时撤离险区。在发现前兆时即应制订撤离计划。

（2）塌陷发生后对邻近建筑物的塌陷坑应及时填堵，以免影响建筑物的稳定。其方法是投入片石，上铺砂卵石，再上铺砂，表面用黏土夯实，经一段时间的下沉压密后用黏土夯实补平。

（3）及时设立警示标志（图2-6-17），告知村民和行人，禁止进入塌陷区。

（4）对建筑物附近的地面裂缝应及时填塞，地面的塌陷坑应拦截地表水防止其注入。

（5）对严重开裂的建筑物应暂时封闭不许使用，待进行危房鉴定后再确定应采取的措施。

（6）应立项开展调查工作，查清灾害隐患分布范围，以便采取主动防预措施。

图2-6-17　塌陷警示标志

（五）岩溶土洞塌陷地质灾害的工程防治方法

公路勘察设计阶段，岩溶地段的选线定线原则如下：对于大型的、处于强烈发育阶段的岩溶，线路应予绕避；对于中、小型的、已停止发育的岩溶，可择其窄处、易于处理的部位通过；根据岩性及地质构造，宜将线路选在难溶岩层通过，宜避开地质构造破碎带，使线路方向与主要构造线正交或较大夹角斜交，以减少其影响；可溶岩层与非可溶岩层和不透水层的接触带常诱发落水洞、漏斗、塌陷及暗河等，故应予绕避；岩溶地段，宜以明线（路基、桥涵等）通过，不宜做地下工程（隧道）特别是长隧道。

岩溶土洞塌陷地质灾害的工程防治方法，主要有结构措施、地基基础措施与水的整治三个方面。

1. 结构措施

用于较深大的塌陷坑或土洞，或者洞顶板不稳定，而两侧有可靠岩体时，可采用跨越结构。根据荷载及跨度，可选用调整柱距，有足够支承的梁、板、拱及悬挑等结构措施。

在结构措施中，应选用有利于与上部结构共同工作，并可适应小范围塌落变位、整体性好的基础形式，如配筋的十字交叉条基筏基、箱基等，同时采取必要的结构加强措施，如砖石结构加强圈梁设置、单层厂房基础梁与柱连成整体，并加强柱间支撑系统等。一般来说，塌陷区内不宜把土层作为基础持力层，一般多采用柱（墩）基。如广东某工程采用钢桁架代替排架，金属挂板代替围护墙，尽量减轻结构自重，并能承受 20m 范围的塌陷变形。

对建筑物地基而言，可采用梁式基础、拱形结构，或以刚性大的平板基础跨越、遮盖溶洞（图 2-6-18 和图 2-6-19），避免塌陷危害。

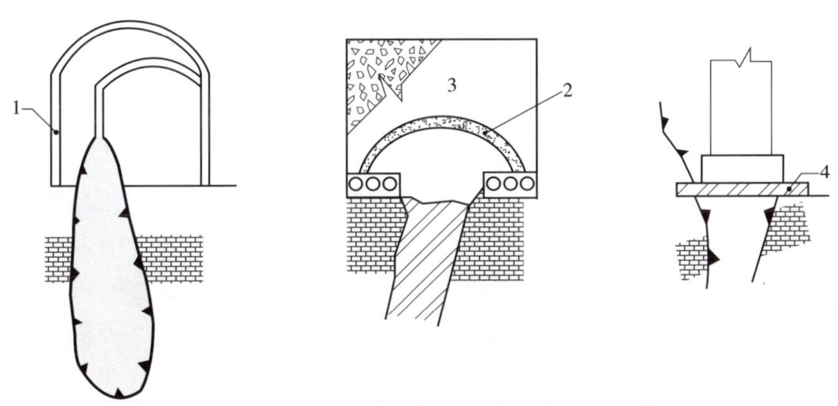

图2-6-18　岩溶土洞塌陷防治方法之结构措施

1-加宽隧道断面；2-拱跨；3-浆砌片石墙；4-钢盘混凝土板

图2-6-19　铁道部门用扣轨梁跨越岩溶塌陷

对道路路基而言，可选择塌陷坑直径较小的部位，采用整体网格垫层的措施进行整治。

2. 地基基础措施

（1）当条件允许时，尽量采用浅基，充分利用上覆性能较好的土层为持力层或使基底与洞体间保留相当厚度的完好岩体。

（2）深基础（桩基）法：对于一些埋深较大的土洞、塌陷，跨越结构（跨越法）无能为力时，通常采用桩基工程（图 2-6-20），如：采用混凝土桩、木桩、砂桩或爆破桩等。当以岩石作持力层时，局部加深基础，通过钻孔灌注桩或墩穿过单个洞体，使基础荷载传递到下部完好的岩体上。深基础法目的是将荷载传递到基岩上，除有提高支承能力外，还有靠桩来挤压挤紧土层和改变地下水渗流条件的功效。

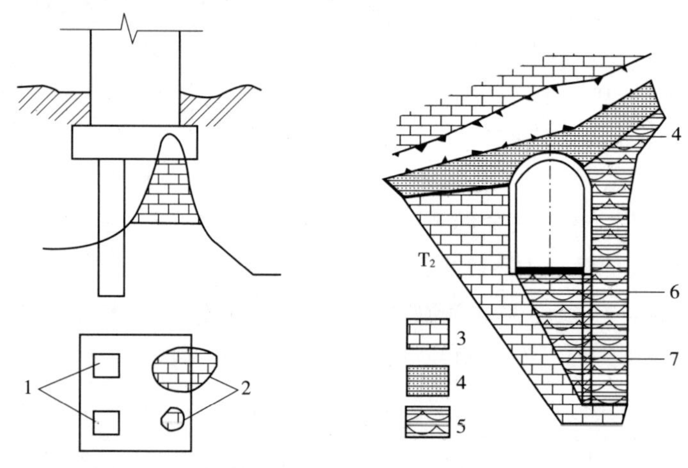

图2-6-20　岩溶土洞塌陷防治方法之深基础（桩基）法

1-挖孔桩（1.5m × 1.5m）；2-石芽；3-石灰岩；4-石灰华；5-淤泥质黏土；6-钢筋混凝土支承桩；7-边墙梁

（3）清除填堵法：对已外露的浅埋土洞，或相对较浅的塌坑，可采用挖除溶洞或土洞中的软弱充填物，回填以碎石、块石或混凝土等（图 2-6-21），并分层夯实，以达到改良地基的效果。当洞体深度较大，而两侧岩体完好，可挖填至一定深度，回填体断面呈倒梯形；对有地下水活动的洞体，应设置反滤层并留有水流排泄之通道，防止潜蚀发生。

（4）当顶板薄、跨度大时，可在洞底设置附加支撑以减少洞跨，也可加固洞顶，用浆砌块石嵌补洞顶岩体及洞隙边坡。

（5）灌注填充法：当溶洞埋藏较深时，或者是洞体开口较小，开挖清理困难时，可采用灌注填充法（图 2-6-22）。即通过对岩溶裂隙或钻孔，灌注水泥（水泥黏土）、水泥砂浆，填充岩溶孔洞或缝隙、隔断地下水流通道，达到加固建筑物地基的目的。对于土洞，可在洞体范围内的顶板打孔灌砂或砂砾。灌注材料主要是水泥、碎料（砂、矿渣等）和速凝剂（水玻璃、氧化钙）等。

（6）强夯法：在土体厚度较小、地形平坦的情况下，采用强夯砸实覆盖层的方法消除土洞，提高土层的强度。

（7）旋喷加固法：在浅部用旋喷桩形成一“硬壳层”，在其上再设置筏板基础（图 2-6-23）。“硬壳层”厚度根据具体地质条件和建筑物的设计而定，一般 10 ～ 20m 即可。

图2-6-21 广西桂林榕城回填堵塞法治理岩溶地面塌陷

图2-6-22 山东泰安车站用灌浆堵塞岩溶裂隙防治地面塌陷

3. 水的整治

洞中水的活动可使洞壁和洞顶溶蚀、冲刷或潜蚀，造成裂隙和洞体扩大，或洞顶坍塌。

水的整治采用截排水法，对水的处理应贯彻宜疏勿堵的原则，对地表水做好有组织的排水，对地下水以疏导为主，即使堵也应留有出路，设置反滤层以减少淘蚀，见图2-6-24。因而对自然降雨和生产用水应防止下渗，采用截排水措施，将水引导至他处排泄。

图2-6-23 铁道部门用旋喷桩加固软土地基防治岩溶塌陷

图2-6-24 湖南白洋湾水库用卧管和烟筒通气法防治岩溶塌陷

第七节 公路水毁地质灾害及其防灾减灾对策

夏季暴雨多发，往往伴随公路水毁，因此，公路水毁是夏季养护工作中一个普遍的问题。轻者路基路面损坏，影响道路通行能力，重者桥梁冲垮，道路中断，交通瘫痪。因此，了解公路水毁的成因，是预防、治理、抢修公路水毁灾害，保证公路畅通的一个必备前提。

2012 年 7 月 25 下午至 26 日早上 10 个小时内，西双版纳州勐腊县关累镇遭遇暴雨袭击，降雨量达 247.3mm，暴雨引发山洪暴发，导致全镇遭受断电、断路、断水、通信中断的严重灾害。受灾人口达 4700 人，造成直接经济损失 5000 多万元。其中关累公路（县道）8.6 万余立方米上边坡坍塌，三处路基 4.3 万 m^3 路基坍塌（图 2-7-1），塌方土石需要清除，垮塌的路基需要回填，半个月后才得以修复。

2012 年 8 月 27 日，受台风“韦森特”天气影响，红河州河口县多次出现过强降雨、大暴雨等天气，造成全县农村交通设施受损严重：农村公路水毁总的经济损失累计 485 余万元。其中：路面塌方 47199 余立方米；沥青路面裂缝 $6900m^2$；水泥路面裂缝 $110m^2$；冲毁砂石路面 38445 余平方米；冲毁涵洞 49m；边沟损坏 $147m^3$；破坏挡土墙 $772m^3$；路基下沉 15 处 25 万 m^3 等。

图2-7-1　西双版纳州勐腊县关累镇水毁现场

红河州泸西县县强降雨过程频繁发生，部分乡镇的单点暴雨超过历史同期水平，持续的强降雨造成全县农村公路水毁严重。经县地方公路管理段技术人员和各乡镇农村养护管理所对县、乡、村公路水毁情况进行实地调查统计，全县共冲毁路基 9.63km、$22000m^3$；路面落石淤泥 151 处（段）、40.02km；毁坏挡墙边沟 $3707.9m^3$，护坡坍塌 16.23km、$56294m^3$；边沟堵塞 116 处（段）、46.55km；水毁局部涵洞 3 道；栽示警桩 161 棵；直接经济损失达 521.4 万元。

一、公路水毁的定义与类型

（一）公路水毁的定义

公路水毁是指公路、桥梁、隧道、涵洞等交通基础设施受到水的作用而遭到损坏的现象与过程，属于水圈灾害和地圈灾害的范畴，是一种常见的自然灾害。

公路建筑物遭遇的水力学问题可以分为两类：一类是水毁，系因洪水造成的各种程度的破坏；另一类是水害，是因洪水而带来的经济损失。

公路水害主要有：公路因洪水淹没而中断交通；小桥涵、路基边沟被泥沙堵塞而需要疏通；道路被泥沙淤积而需要清除等。

水毁具有普遍性，一个地区发生水毁时往往并不是只有一个点发生水毁，而是许多点甚至线或面同时发生水毁，这为水毁后养护部门的抢修工作带来更大的挑战。

（二）公路水毁的破坏形式与类型

1. 常见路基水毁的破坏形式及原因

（1）山区公路中许多路段与河道并行，沿河路基常因河弯凹岸冲刷、顶冲与斜冲而发生坍塌或遭到破坏。

（2）小桥涵被冲毁后，造成两端路基水毁。

（3）路面设计高程不够，洪水漫溢路面，冲刷路面造成路面和路基水毁。

（4）公路紧靠山边，暴雨时水从山坡汇流而下，轻则冲刷路面，重则冲毁路基。

（5）滑坡、崩塌体堵塞路基边沟，使边沟排水漫溢到路面上，冲毁路面和路基。

（6）因小桥涵的位置设置不当，孔径偏小，或被泥沙堵塞，不能顺畅地排水与输沙，造成洪水漫溢路面，冲毁路面和路基。

2. 公路水毁的类型

公路水毁的类型主要有桥涵破坏、路基沉陷、路基坍塌、防护与加固工程损坏四种水毁类型。

根据历年来云南省公路水毁实际情况，云南省公路水毁的具体表现形式有崩塌、滑坡、泥石流、路基坍塌、水毁路面、桥涵损坏、路面沉陷、水穿洞、防护构造物损坏、道路翻浆、涵洞与边沟淤塞等。

二、公路水毁的原因

引发公路水毁的因素是多方面的，即：气象、地理地质、公路构造物本身与人为原因等，是诸多因素共同作用的结果。尽管影响因素十分复杂。但根据各种影响因素的属性可归纳为两大类：一类是由地形、地质要素构成的静态影响因素；另一类是以降雨、地震和人为工程活动为主的动态影响因素。

（一）公路水毁中河流的侵蚀作用与搬运作用

河流是指在河谷（道）中流动的常年性水流。

1. 河流的侵蚀作用

河流在从高处向低处流动过程中，具有一定的动能，并以携带的泥沙和砾石作工具，不断地破坏河床的过程，称为河流的侵蚀作用（图 2-7-2）。

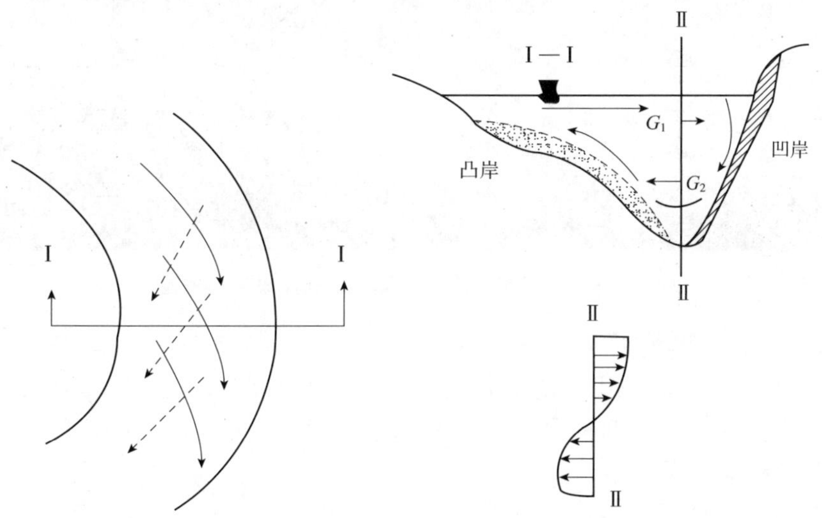

图2-7-2　河流弯道的水流侵蚀作用示意图

按侵蚀作用的方向分为下蚀作用和侧蚀作用两种类型。

（1）河流的下蚀作用：河水对河床底部岩石破坏，使河谷加深、增长的过程。

河流下蚀作用的结果：河谷加深，横剖面为 V 字形，河谷增长。

（2）河流的侧蚀作用：河水对河床两岸的岩石进行侵蚀，使河谷拓宽的过程。

河流侧蚀作用的结果：河谷加宽，河床弯道处曲率增大。河流的侧蚀作用使得河流弯道环流导致凹岸冲刷、凸岸淤积（图 2-7-3 ～图 2-7-5），位于河弯凹岸的沿河公路容易因冲刷导致路基损毁。

图2-7-3　桥梁基础水毁现场

图2-7-4　水流掏空冲刷路堤墙基底

图2-7-5　长江第一湾凹岸侵蚀、凸岸堆积实景图

（3）下蚀作用与侧蚀作用的关系：

时间上，河流发育的早期以下蚀作用为主，随着坡度减小，逐渐转为以侧蚀作用为主。

空间上，河流的上游地形起伏大，河床坡度陡，以下蚀作用为主，河流的下游地形相对平缓，以侧蚀作用为主。

2. 河流的搬运作用

洪流，又称“山洪”，是雨季或暴雨时才出现的一种水量大、流速快并夹带大量泥沙于沟槽中运动的暂时性水流。洪流以巨大的流量和流速，冲击并破坏着被它流经的沟底和沟壁的过程，称为流水的冲刷作用。

洪流以巨大的流量和流速，冲击并破坏着被它流经的沟底和沟壁的过程，称为冲刷作用。

河流能否发生侵蚀取决于它能否将碎屑物带走，河流的侵蚀能力公式为：$v_a=K\cdot\sqrt{a}$。因此，河流搬用碎屑物质的大小与其流速的平方成正比，例如：流速为 2m/s 的河流能搬动 4cm 粒径砾石的话，那么当其流速增加到 3m/s 时，它就可以移动 9cm 粒径的砾石了。山区河流流量不大，但流速高，因此，也可移动很大的碎屑。

（二）公路水毁的客观与主观原因

关于公路水毁的客观原因，一般的看法是：一是多数公路修建时，由于资金和材料不足，标准普遍低、质量差，平原区公路设计纵断面高差较小，山区公路缺少完善的排水系统，沿河公路缺少必要的防护建筑物，地质不良地段缺少必要的边坡防护支挡工程或其他的防护措施，造成公路的“先天不足”，抗洪能力差；二是某些地区开荒种地，乱伐树木，过分与河争地，改造河田以及开山废方堵塞河流等原因，使生态平衡遭到破坏，一遇暴雨，大量水土流失，以致大中桥泄洪能力减弱，小桥涵淤泥堵塞，不良地质路段的塌方、滑坡严重，沿河路段的洪水顶冲与淘刷加剧，淹没次数增加，造成公路水毁逐年增多。

从主观方面认识，则可以看出，近几年出现的一些特大洪水，尽管有些确实是灾难性的，但在同样的条件下，也并不是所有的公路和桥涵都遭到水毁，很多路段和大部分桥涵可以经受住洪水的考验。水毁有如下特点：大桥毁的少，小桥毁的多；主体工程毁的少，附属工程毁的多；山区公路的塌方、滑坡最为严重，沿河公路的防护挡墙冲毁较多，路面水毁面广。这些情况是与我们的科学研究和一些设计、施工和养护工作中存在的问题相关联的。在科研方面，对公路的水文、水力研究工作，过去重点主要集中于解决大中桥梁墩台的冲刷埋深问题，这是由于当时大中桥的水毁比较突出，而且对桥位调治构造物的研究兼顾不够；对公路路基的冲刷防护和塌方、滑坡的处治则很少研究，设计工作也有类似情况，一般重视大中桥，而且多偏重于主体工作的结构设计，对防护工程设计往往重视不够。有的施工单位也擅自修改，取消防护工程设计或施工质量等情况。有些养护部门在养路费安排上，对公路水毁防治也未体现“预防为主，防治结合”的方针，特别是对不良地质路段的塌方、滑坡等地质病害，由于经费所限，除了依靠消耗性的消除办法外，难以采取根治措施。

上述公路水毁的主客观原因中，认识客观原因固属重要，但为了积极搞好公路水毁的防治工作，分析研究主观原因，却更为重要，更有意义。

（三）水毁破坏的原因

水毁破坏主要分桥涵破坏、路基沉陷、路基坍塌、防护与加固工程损坏四种类型，不同类型的定义及主要破坏原因如下。

1. 桥涵破坏

桥涵破坏主要是指在山洪暴发情况下，洪水冲刷淘空桥涵基础，使桥梁失稳破坏或涵洞被水冲毁。桥涵水毁一旦发生，轻者洪水涌上路面，破坏路基路面，重者桥涵被冲断，从而中断交通。因此，桥涵水毁应该是公路水毁防治中的重中之重，应引起高度重视。其主要原因有：

（1）涵洞位置不当，孔径偏小，无法满足泄洪要求；

（2）涵洞进口处理不当，泄洪时发生洪水流向偏差；

（3）桥位选择不当，河床的地质条件差，极易发生冲刷，进而影响桥梁基础及墩台结构；

（4）桥涵日常养护差，长期得不到清理，发生堵塞，水流不畅；

（5）河床变化较快，水流偏差较大。

2. 路基沉陷

路基沉陷是指路基在垂直方向上产生较大的沉降，路基的不均匀下陷，将造成局部路段的基层破坏，进而路面破损，降低路面行驶质量，影响行车安全，甚至中段交通。其主要原因有：

（1）填方路段填料选择不当，施工过程中超厚度碾压，压实度不足；

（2）路基结构组合不合理，弯沉过大，路面防水差，雨、雪水渗入路基；

（3）路基排水措施不畅，路面、边沟形成积水；

（4）缺少必要的排水和防护措施。

3. 路基坍塌

路基坍塌主要指路基土体或沿线山体遇水软化，在较陡边坡无支撑的情况下，自身重量所产生的剪切力，超过了黏结力和摩擦力所构成的抗剪力，因而土体沿松动面下坠散开。路基坍塌破坏了路基的整体性，损害了路面的通车功能，易造成通车中断，是比较严重的水毁病害。其主要原因有：

（1）缺乏合理的排水措施，路基极易冲刷；

（2）路基边坡土质松软、坡度过陡，缺乏必要的挡土墙等防护措施；

（3）构成路基的土质极差，岩石风化严重，遇水软化。

4. 防护与加固工程损坏

防护与加固工程损坏主要是指挡土墙、护坡等防护工程在不断受到水流冲刷下，墙身产生滑移、倾倒破坏或者挡墙全部冲垮的现象。防护构造物水毁的主要原因有：

（1）防护加固工程所处的地基软弱或基础埋置深度较浅；

（2）防护工程位置选择不合理，挤压河道，引起局部冲刷；

（3）挡土墙自身排水不畅。

三、云南公路水毁灾害的时空分布

云南地处亚热带，6～10月为雨季，降雨主要集中在7～8月，气候炎热，多暴雨、大暴雨和特大暴雨。该区地质环境脆弱，强降雨诱发的地质灾害具有点多面广，灾害类型复杂多样的特点。公路作为带状建筑展布于复杂、脆弱的地质环境背景中，公路水毁时空分布规律是复杂的。受控于特殊的地理位置、地形地貌、地质环境和社会环境，一直以来云南都是全国公路水毁最为严重的省份之一。

据统计，全省每年用于公路水毁抢修费用平均约为941万元，占全省养护费总支出的5%～7%，居全国第3位，见图2-7-6。云南气候湿润多雨，临沧、怒江、东川、思茅等地，是云南省公路水毁比较严重的地区。年平均降雨量大的地区，都是公路水毁严重的地区；降雨量多的年份，都是公路水毁严重的年份。水毁对云南省公路的危害，虽然涵洞大于桥梁，附属工程大于主体工程，但是它可引起挡墙冲塌、路基冲毁，甚至引起崩塌、滑坡，使云南省公路的地质环境和运营环境受到严重影响。

从图2-7-6可以看出，云南省公路水毁造成的灾害损失率，总的趋势是上升的。据统计，1980～1990年间，云南省公路经济损失是19.26亿～23.49亿元人民币，占同一时期国民生产总值的1‰。

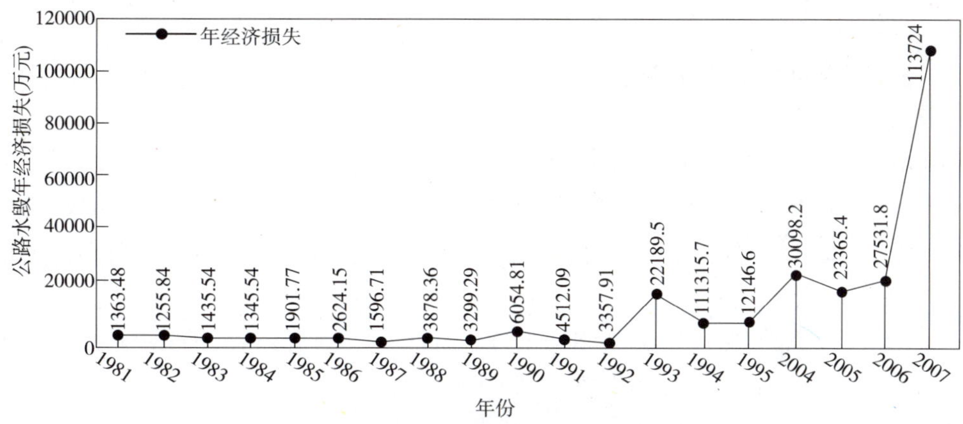

图2-7-6　云南省历年公路水毁年经济损失

（一）公路水毁的时间分布规律

1. 公路水毁与降雨强度和历时关系

据云南省历年公路水毁资料和文献记载，1980 ～ 2009 年间全省有降雨强度和历时记录的 38 起公路水毁事件。通过对 38 起公路水毁事件的降雨强度、降雨历时和水毁程度统计对比分析，可以得出：

（1）突降暴雨、大暴雨、特大暴雨或短短几个小时的降雨量就高达数百毫米的天气环境，容易即时诱发公路水毁；公路水毁点少即水毁具有单点性，但公路水毁有单点破坏程度较高的特征；公路水毁链明显，降雨诱发滑坡泥石流，进一步引起水毁路基、水毁路面和水毁桥涵，在公路岩质边坡易诱发崩塌、水毁路基、水毁桥涵等事件。

（2）连续普降暴雨、大暴雨或特大暴雨，公路水毁即时发生；公路水毁展布具有带状性，且单点水毁强度高，总体破坏也较强；公路水毁链更为明显，崩塌、滑坡、泥石流、水毁路基、水毁路面和水毁桥涵齐全，公路土质边坡和低等级公路会产生路基沉陷和道路翻浆等水毁，对国民经济和社会正常生活的影响是巨大的。

（3）连续降雨，但降雨强度不高的天气环境，公路水毁发生略有滞后性；公路水毁具有单点性，单点毁坏程度不高，造成的各种损失不如前两者严重；水毁种类齐全，但公路水毁链不明。

2. 公路水毁与月际的关系

结合降雨强度记录，研究了 1968 ～ 2009 年间共 71 起云南省重大公路水毁事件，得到月际分布图，如图 2-7-7 所示。

由图可见，无论从全部重大公路水毁事件月际分布还是从某一年公路水毁事件月际分布来看，都说明云南省公路水毁主要发生在 5 ～ 10 月，其中 6 ～ 8 月出概率较大，7 月是云南省公路水毁的高发期。

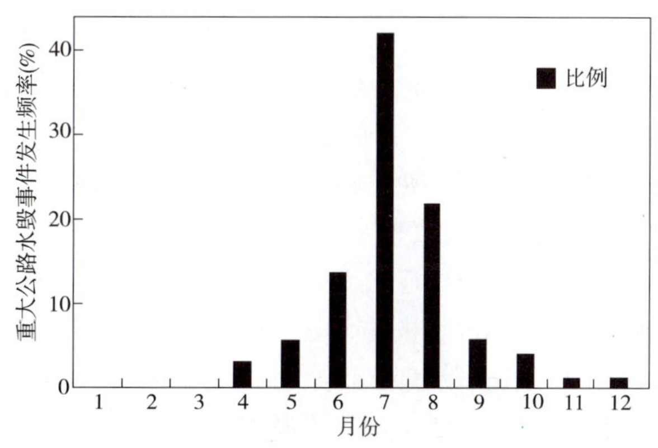

图2-7-7　云南省重大公路水毁事件月际分布图

（二）公路水毁的空间分布规律

1. 水毁的地区差异规律

从 1990 年版《云南省国土资源地图集》的滑坡崩塌泥石流分区图可以得出：滇西地区病害公路主要有中甸—乡城，其中一段（60km），贡山—六库（253km），六库—瓦窑（90km），兔峨—老窝（60km），梁河县—盈江县姐冒乡一带 6km（71km），甸南镇—脉地镇（110km），漾濞—大邑（20km），巍山—拥翠（68km），墨江—江城（156km）；滇中地区病害公路主要有永胜—金江桥（81km），元江—墨江（85km），石屏—红河（82km），东川—嵩明（123km）；滇东地区病害公路：主要有绥江—大关（192km），五龙—双龙营镇（90km），文山—马关（71km），莲花塘—八步（65km），杨万—董干镇（42km），木杨—花甲（117km）。

统计以上云南省病害公路规模，滇西病害公路共有 893km，滇中病害公路共有 371km，滇东病害公路共有 577km。

统计了截至 1995 云南省公路水毁分布情况，有 37 段公路属于水毁公路。其中滇西地区统计的公路总长 2201km，受灾 386km，受到威胁的有 928km，统计公路水毁密度为 0.597；滇中地区统计公路总长 1038km，受灾 94km，受到威胁的有 348km，统计公路水毁密度为 0.426；滇东地区统计公路总长 1207km，受灾 138km，受到威胁的有 326km，统计公路水毁密度为 0.384。

结合云南省历年公路水毁上报材料（图 2-7-8），采用实地调查的方法研究发现：云南省公路水毁主要分布在维西—德钦—盐井、丽江—香格里拉—乡城、丽江—永胜—宾川、战河—宁蒗、六德—大兴、瓦窑—贡山、永平—云龙—兰坪—通甸—剑川、沙溪镇—漾濞—大邑、甸南镇—大理、大理—太邑—保山、梁河—陇川—瑞丽、小黑江大桥—勐省镇、小黑江大桥—竹塘、思茅—普洱、勐先一带、把边乡一带、临沧—云县—凤庆、羊头岩—幸福、云县—南涧—弥渡、南涧—巍山、永仁—大姚—南华、楚雄—双柏—墨江—江城、墨江—元江、马场、绿春—元阳、元阳—金平、石屏—扬武镇、嵩明—东川—巧家—会泽、屏边—马关—富宁—花甲、丘北—高良—五龙—罗平、昭通—大关—盐津—水富、大关—绥江、西沙—永善。

综上所述，云南省公路水毁主要分布在滇西地区，滇西分布密度大于滇东，滇北大于滇南，滇西北大于滇东南，滇中地区公路水毁主要分布在滇中边缘地带，公路水毁强度也呈自西向东、自北向南递减变化。

2. 公路水毁路线差异规律

图 2-7-9 为云南省 2004 年、2005 年和 2007 年全省公路水毁情况。从该图可以明显看出，云南省高速公路，省管公路到县乡公路的水毁路基、水毁路面绝大多数呈增加趋势，只有 2005 年的省管公路到县乡公路的水毁路面出现递减现象，即从 486.893km 递减到 289.72km；水毁桥梁、水毁涵洞随云南省高速公路，省管公路到县乡公路递增变化，2007 年的水毁桥梁这种变化规律更为明显，从 1133.52m 增加到 31776000m；从防护、崩塌方来看，云南省高速公路，省管公路到县乡公路变化规律除 2004 年的崩塌方先增后减

外，其余都呈增加趋势。2004 年云南省高速公路，省管公路到县乡公路崩塌方变化现象为先增后减，即从 $45470\times10^4\ m^3$ 增加到 $6118831.612\times10^4\ m^3$，然后减小到 $896\times10^4\ m^3$。

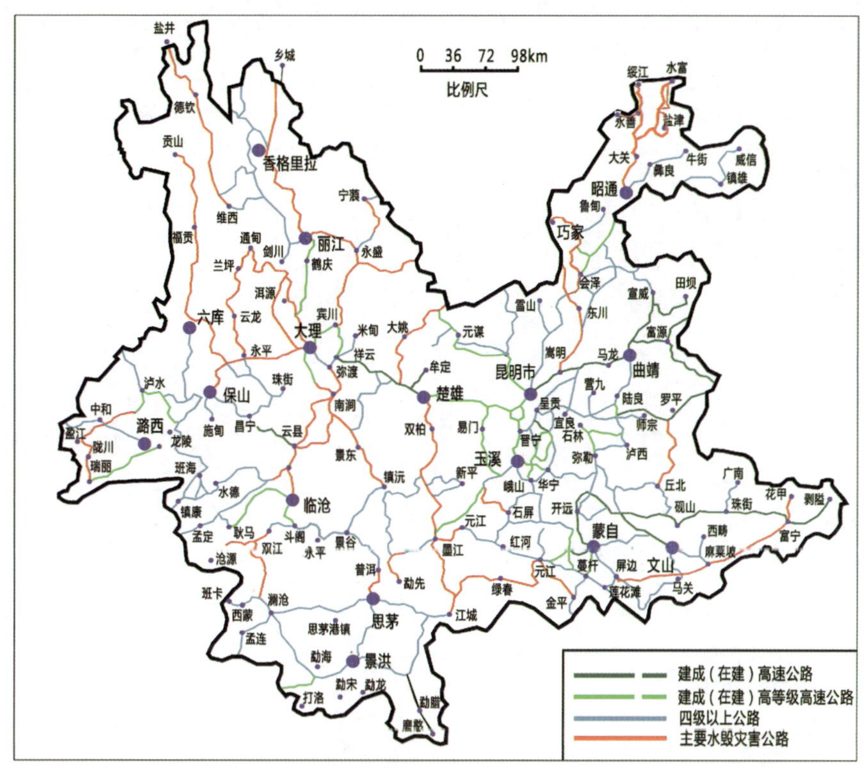

图2-7-8　云南省公路主要水毁路段分布图

从云南省公路水毁经济损失来看，云南省高速公路，省管公路到县乡公路公路水毁经济损失主要呈增加趋势。2007 年是云南省公路水毁较为严重的一年，从省管公路到县乡公路，水毁路基、水毁路面经济损失增加现象明显，水毁路基经济损失从 3281.2448 万元增加到 5195.32 万元，水毁路面经济损失从 10419.5488 万元增加到 31866.2865 万元。省管公路到县乡公路水毁路面经济损失减少的现象由 2005 年水毁路面经济损失从 5391.8779 万元减少到 636.85 万元、2005 年水毁路基经济损失从 1108.8048 万元减少到 912.46 万元、2005 年防护工程经济损失从 1218.1963 万元减少到 1155.9275 万元、2004 年水毁路基经济损失从 2202.4611 万元减少到 1727.4 万元、2004 年水毁路面经济损失从 5184.1249 万元减少到 5074.275 万元。

由此可见，无论是从水毁规模，还是从公路水毁经济损失来看，云南公路水毁损失随着公路等级的减小，公路水毁损失越严重，造成的影响越大。

3. 公路水毁的路段差异规律

通过实地调查发现：在滇西地区，公路沿线滑坡、泥石流均有分布且滇西地区高山峡谷地貌发育，高陡的岩石边坡极易发生崩塌、滑坡等，为泥石流的暴发提供很好的物源条件。在降雨多的地区，泥石流较为发育，公路水毁链最为显著。

在滇中地区，公路沿线滑坡发育，特别是区域地质环境过渡明显的滇中边缘带，滑坡与地形雨耦合诱发泥石流灾害。在小江断裂带附近的巧家、会泽和东川一带的公路，泥石流灾害最为严重，公路水毁链也很明显。

在滇东地区，公路沿线水毁灾害主要以崩塌、滑坡、路基沉陷为主。滇东南地区，喀斯特地貌发育，路基沉陷也较为明显，总体上看，滇东公路水毁链效应不明显。

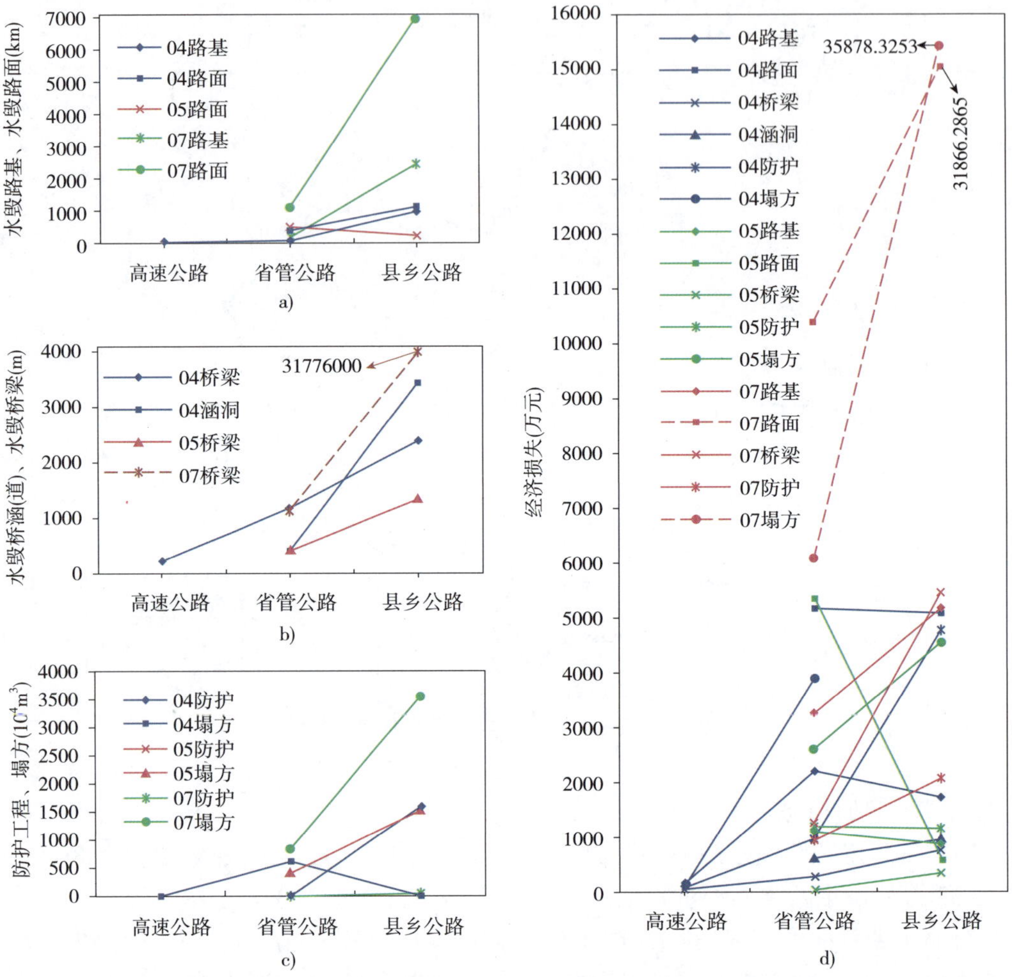

图2-7-9 云南省不同等级公路水毁工程情况

（三）公路水毁的发展态势

从公路水毁规模来看，“六五”期间云南省水毁路基从9.4km增加到68.89km，水毁路面从18.5×10^4 m^3增加到196.1×10^4 m^3，水毁桥梁由6座增加到69座，水毁涵洞从184道增加到290道，崩塌方量从500.5×10^4 m^3增加到863.97×10^4 m^3（1984年）；“七五”期间（1987～1990年），水毁路基从30km增加到275.28km，水毁沙石路面从134.8km增加到928.3km，水毁沥青路面从87.14km增加到364km，水毁桥梁从326.34m增加到666.01m，水毁涵洞从832道增加到1838道，防护从9.7388×10^4 m^3减小到8.7427×10^4 m^3，崩塌方量从403.52×10^4 m^3增加到746.23×10^4 m^3；从2004年到2007年已有资料来看，水毁路基从1126.874km增加到2671.65km、水毁路面从4141.928km增加到8093.10km，水毁桥梁从3808.48m增加到31776000m，防护从51.2745684×10^4 m^3增加到90.8398122×10^4 m^3，崩

塌方量从 2215.5597612×10^4 m^3 增加到 4445.701801×10^4 m^3。以上历年公路水毁规模显示云南省公路水毁目前呈上升趋势。

从云南省公路水毁经济损失来看，"六五"期间，水毁经济损失从1363.48万元增加到1901.77万元，总共7302.03万元；"七五"期间，水毁经济损失从2624.15万元增加到6054.81万元，总共17453.72万元；"八五"期间，水毁经济损失从4512.09万元增加到12146.61万元，总共53521.72万元；2004年到2007年间，水毁经济损失从30098.2403万元增加到113724.4539万元，总共194719.9317万元。云南省公路水毁经济损失呈增长趋势。

综上所述，随着云南省公路建设和经济不断发展，公路水毁规模和公路水毁经济损失显示云南省公路水毁目前仍处于发展的态势。自20世纪60年代以来，随着地球自转速度的周期性变化，北半球已经进入一个新的百年尺度的自然灾害相对活跃期。云南地区出现的水毁周期关系与地球自转减慢的周期性规律也具有一致性。因此，在2050年以前，极端天气仍活跃，云南省暴发型公路水毁可能继续出现。但随着国家经济发展，对公路水毁的研究和治理给予了足够的重视，各级公路自身防灾、抗灾能力的增强，水毁灾害的规模会相对减小。

四、公路水毁灾害的防灾减灾对策

针对前述多种类型的水毁，全面、及时、有效的养护管理是防治水毁的重要保证。为此，用科学的方法进行预防和养护，减少水毁损失，是公路部门的当务之急。

造成公路水毁的原因是多方面的，但最重要的是要做好全面养护，重点养护，保持公路路面平整坚实，路拱适度，排水良好，行车顺适并结合养护路段的建设，重视预防水毁，坚持"预防为主，防治结合"的治理方针，对易发生水毁的桥涵、路基和其他附属工程，要做到勤检查，发现隐患及时采取措施进行维修。做到设计、施工、养护于一体，认识统一、高度重视、及时预防、积极治理。只有这样，公路水毁才能得到根治，公路水毁造成的损失才能大大降低。

（一）设计阶段中对公路水毁预防

1. 路基冲刷预防

路基冲刷水毁主要发生在山区，许多路段与河道并行，路基常常是半填半挖或全部为填方筑成。

对于挖方边坡，在降雨条件下，其天然岩土边坡随含水率的变化、坡面冲刷作用以及人为因素的影响而丧失稳定，引起滑坡、坍塌；对于填方边坡，因坡脚受水流冲刷和浸泡，使邻河一侧的路基坍塌。

河道水流对沿河路基的冲刷包括两个方面：一是水流流过路基边坡坡面，冲刷坡面泥沙颗粒和岩屑、碎石，将其带走引起坡面冲刷；二是对边坡坡脚的冲刷，因弯道、对岸挑流、绕流等因素引起螺旋流、旋涡等，冲走边坡坡脚的泥沙，造成坡高、坡度增大，使边坡失稳坍塌。

由于填方路基多由开山废渣填筑，若路基边坡未进行冲刷防护加固措施，则在一般洪水条件下，因水位较低、流速不大、坡脚块石较大，尚能够抵御洪水冲刷而保持路基边坡的稳定。

当遇到较大的洪水时，水位高、流速大，而边坡上部的块石较小，坡度也较陡，则边坡中的岩屑、小块石较容易被冲走，从而造成路基坍塌，出现路基缺口或半个以上路基被毁。在路基水毁中，这类水毁居多。

对坡面的冲刷防护可采用适当的抗冲材料进行铺面，石料丰富的地区常采用浆砌（干砌）片石（块石）护坡；流速大、河道狭窄、边坡较陡的路段，常采用重力式挡土墙，除平衡土压力和减少侵占河道过水面积外，还可抵抗水流的冲击与冲刷。

水流对坡脚的冲刷导致边坡坍塌，坍塌物质被水流冲走后使坡脚的冲刷继续发生，坍塌则不断发展。若采取措施，使坍塌物质不被水流带走，或加固坡脚，提高坡脚的抗冲能力，使坡脚冲刷无法持续进行，则有利于边坡的稳定。显然，加强沿河路基坡脚的防护对防治公路水毁是十分重要的。

可见，对于沿河公路上部的挖方边坡，必须设置完善的截排水系统，拦截地表径流的进入，同时排除坡体的表面水和地下水，使其沿排水系统安全进入天然河道。

对于沿河公路的填方边坡，应从提高坡面和坡脚的抗冲能力以及改善水流条件入手，采取综合措施，使边坡能够抵御冲刷或免受冲刷。

2. 路基冲刷防护建筑物的重复水毁

每年汛期，全国各地公路水毁大量发生，养护管理部门需要投入大量的人力、物力用于公路水毁的抢修和修复。

但由于各种原因（包括管理模式、资金、时间、技术力量等），在设计、修建水毁防护工程时，往往根据经验判断，或者是工程施工质量、时间及完善程度难以保证，或采用简单的工程恢复方法。导致有些防护工程遭到重复水毁，造成了冲了修、修了再冲的被动的局面。

可见，在设计、修建水毁防护工程时，应根据造成水毁的具体原因，有针对性地进行科学合理的设计和施工，才能有效减少重复水毁的发生，使沿河公路路基的冲刷防护工程不断完善，提高公路抵御洪水灾害的能力。

3. 各种排水建筑物的设计与布设

山区公路排水系统应该是完整、协调的，各个部分不仅稳定可靠，而且是相互衔接合理。既要满足排水要求，还要输送泥沙。

目前，因为各种原因，一些山区公路的排水系统缺乏系统设计，排水设施的衔接不够合理，排水沟渠的防冲、消能措施及自身抵御灾害的能力较差。往往造成输沙不畅，堵塞边沟、小桥涵，水漫路面，冲毁路面和路基。有时上游渠道汇集的地表水，没有合适的出口，造成边坡的集中冲刷，致使边坡失稳。

有时因排水沟渠自身稳定性差，出现局部损坏而未及时修补，降雨时水流从损坏处流出，集中冲刷路基、边坡，造成水毁。

因此，山区公路的排水系统设计，必须根据流域的特征，结合具体的地质条件，系统的布设排水设施，并注意上、下游的合理衔接（截水沟、急流槽、排水沟、边沟、小桥涵等），以保证顺畅地排水与输沙。

（二）水毁抢修的原则

水毁修复决策是一个完整的过程，首先根据水毁原因和防护措施的适用条件确定治理措施，然后进行防护设计并进行修复施工。水毁的防治应该是全面的、综合性的，即应全面规划、综合治理、建养并重、防治结合，并充分注意环境导向性，而不是单纯采取工程措施。应按照“顺应水势，因势利导”的原则来治理洪水，从而真正消除洪水对公路设施的危害。

（三）水毁的预防、抢修与治理

1. 水毁的预防

这里所说的水毁预防是在雨季和洪水来临之前，为防止或减轻暴雨和洪水对公路的危害而进行的工作。

2. 公路桥涵养护与水毁预防

首先，要加强全面养护以预防水毁发生。对公路路基、路面、桥涵及其排水、防护等设施进行经常性的保养、维修与加固使其各部位处于完好的状态，这样才能预防水毁的发生，做到路面平整坚实、路拱适度，路基边沟要保持水流畅通，对桥涵构造物进行经常性保养维修，保证桥涵排水畅通，对易发生水毁的路段要进行有效的处治，根据不同的季节、气候等特点选用准确的材料进行维修、保养，做到“堵小洞、防大害”，即防患于未然。

其次，汛前要加强对公路排水设施及防护工程的安全检查，即检查路面排水是否良好，路基排水设施有无破坏，路基边沟排水沟和截水沟是否淤塞，桥涵排水是否畅通，石砌防护工程有无裂缝等。如有裂缝就及时补修以防洪水渗入造成水毁。同时，要进行雨前、雨中、雨后的“三巡”工作，发生水毁及时抢修。

一旦发现不安全的因素及时采取相应的措施把水毁消灭在萌芽状态。桥涵排水能力不足是导致公路水毁的主要因素之一，因此汛前要根据河道上游汇水面积大小及气象部门的汛情预报，并结合当地的水位观测记录，做好降雨量及河道最大洪峰流量的预计估算，检验桥涵的排洪能力。如桥涵不能满足最大洪峰流量的排泄需求，则必须采取分流、导流、截流等工程措施，加以治理，确保桥涵安全渡汛。

再次，在养护管理过程中应根据实际使用状况因地制宜，及时增修、改建和完善排水沟、截水沟、边坡坡面防护、路堤冲刷防护等排水防护措施以弥补设计与施工的不足，达到综合治理，提高公路抗水毁能力。如路基边坡上方的山坡陡而长时增设多道截水沟；水流落差较大时增设跌水和急流槽；根据河流流向及时调整或增设改善水流流态的丁坝或顺坝等导流结构物；根据已有防护工程使用效果增加坡面防护、植物防护等。

3. 雨季来临前的水毁预防工作

（1）防止漂浮物大量急剧地下冲；

（2）清疏各种排水系统；

（3）修理、加固和改善各类构造物；

（4）检修防洪设备，备足抢护的材料、工具以及救生、照明和通信等设备。

4. 水毁的紧急抢护

对于水毁，要采取应急措施，不使水害扩大，并且要尽快抢修，维持安全通车。尤其对于云南山区公路，要采取的紧急抢护措施如下：

（1）在挖方路基上边坡顶外开挖截水沟，将大量雨水引到路基外排出；

（2）加宽加深边沟，不使边沟漫溢冲刷路基，并采取石砌边沟、路肩保护路基；

（3）在重要路段修筑石砌护坡或护墙，防止洪水冲刷路基。

（四）公路水毁的工程防治方法

公路水毁应以预防为主，尽量避免发生水毁后才进行抢修和修复，而造成更大的经济损失。

认真研究公路建筑物的水毁情况不难发现，公路建筑物遭到水毁，主要是由于设计使用的科学依据不符合实际，或是公路建筑物遭到设计时未考虑到的水力条件，因此，只要我们在勘测设计工作中和养护工作中，把水力问题处治好，公路建筑物的大部分水毁问题就可以得到解决。

1. 桥涵破坏的防治

桥涵排洪能力不足是导致水毁的重要因素之一，因此，汛前要根据河道上游汇水面积大小及气象部门的汛情预报，结合当地的水文记录，做好最大洪峰流量的预测估算，检查桥涵的排洪能力。若桥涵不能满足最大洪峰流量的排泄需要，则必须采取分流、导流、截流及清淤等措施加以治理，确保桥涵安全。

（1）对于山区沿溪线公路，一般应每隔 300m 设置一道涵洞，通常要设置在凹曲线底部和纵坡的陡缓变坡处，穿越村庄路段为排除村庄地面排水也应设置涵洞。对于山区公路，涵洞不仅排水，而且疏沙，如果孔径太小，流沙及杂物堵塞涵洞后，人工难以进入清除，使涵洞排水功能减弱，一旦山洪暴发，涵洞极易被冲毁。

（2）涵洞进出水口应以浆砌片石铺砌，当涵前排水沟纵坡较大时，应建急流槽或跌水，设置消力槛等构造以减缓流速。

（3）所建桥梁除保证桥梁安全外，还应根据水流情况修建导流坝等调治构造物，以保证桥梁在设计洪水位时不被冲毁。

（4）对于桥基已被淘空的桥梁，应立即用混凝土填筑桥基淘空部分，然后采取现浇钢筋混凝土加固桥基，在桥梁上修建合适的导流坝、丁坝等调治构造物，使水流均匀流畅地通过桥孔。

（5）加强桥涵的日常养护，保持桥涵排水最好状态。

2. 路基沉陷的防治

（1）在软弱地基上修建公路时，应特别注意对路基进行加固，可采用换土法、掺石灰法、石灰桩法等多种加固方法，使路基达到足够的强度，满足设计要求。

（2）在进行路基设计时，切不可用透水性不同的土无序填筑，要采用级配良好的砂性土等填筑路基，当确需用透水性不同的土填筑路基时，应将透水性强的土填筑在路基下层，透水性不强的土填筑路基上层。

（3）沿河路堤、河滩路和桥头引道等长期浸水路基要设置堤岸、护坡等防护措施。

（4）路基边沟纵坡尽量不小于 0.5%，单向排水长度不宜超过 500m，应分段设排水沟、涵洞将水引出路基，以免水积聚在边沟而下渗，影响路基稳定。

（5）在地下水位浅的路段，应铺设砂砾垫层以阻断毛细水上升，以免影响路基路面稳定，路面基层宜采用水泥稳定土类、二灰稳定碎石类以提高路基路面水浸稳定性，并具有足够的强度，面层宜采用密实型路面结构，以防止雨水下渗。

3. 路基坍塌的防治

（1）路基坍塌多见于山区公路，因此在公路选线时应避免经过地质水文不良地段，尽量采用台口式路基以减少路基外侧填方。

（2）路堑必须设置边沟，对于较长的路堑必须设置合理的纵坡，当纵坡较大，且有冲刷可能时，应加固加深或改用跌水与急流槽设施。路堑挖方上侧距离挖方坡口 5m 外应设置一道或多道截水沟，以使地表水汇入截水沟引到排水沟或涵洞排出。

（3）对于开挖段或半填半挖段，两侧山体坡度必须开挖到位，必要时设置合理碎落台，对于地质不良路段，应采用喷铺防护工程或生物固化来加固，防止山体滑坡或泥石流。

4. 防护工程与加固工程损坏的防治

（1）防护与加固工程在地段为软弱地基时，要采用换土或砂砾、碎石、灰土等进行填筑。

（2）防护与加固工程基础埋深，对于无冲刷地基，应在天然地基以下至少 1m；对于有冲刷地基，应在冲刷线以下至少 1m。

（3）挡土墙应设置排水设施，用以排除墙后填料中的水分，防治墙后积水致使墙身受到额外的静水压力，减少季节性冰冻地区填料的冻胀压力，清除黏土填料浸水的膨胀压力。

（4）路堑挡土墙后地面应做好排水处理，设置排水沟，必要时夯实地表土以减少雨水和地面水下渗，而墙趾前的边沟则应予以铺砌加固，以防边沟水渗入基础。

（5）浆砌块（片）石墙身，泄水孔尺寸可为 5cm×10cm、10cm×10cm、15cm×20cm 的矩形孔或直径为 5 ～ 10cm 圆孔，视泄水量大小而定。泄水孔的间距一般为 2 ～ 3m，上下泄水孔宜错开布置，下排泄水孔的出口应高于地面。若为路堑墙，出水口应高出边沟水位 0.3m；若为浸水挡土墙应设在常水位以上 0.3m。

（6）沿河路堤设置挡墙时，应结合河流情况布置，注意设墙后仍要保持水流顺畅，不要挤压河道（图 2-7-10），引起局部冲刷。

图2-7-10　挡土墙坡脚的开山弃方

5. 边坡滑塌、水穿洞的防治

每逢雨季到来，随着降雨量的增加，高速公路经常发生路基边坡滑塌、路面沉陷、水穿洞等病害，使得道路通行能力急剧下降，给过往车辆的安全通行带来了许多隐患。

在此情况下，采用 PE 管急流槽代替浆砌片石急流槽，可以有效防止因圬工砌体损害引起的水毁，进而改善排水设施。PE 管具有质地轻、强度高、韧性好的特点，同时还具有易铺设、阻力小、成本低、耐腐蚀性强等特点，且对流水起到了“早接远送”的作用。实践证明，采用 PE 管排水，可有效防止和避免排水设施的频繁损坏。PE 管急流槽实施后，能及时将路面水排至山谷底，并且很少发生断裂和冻裂，有效地控制了公路水毁的发生，与浆砌急流槽相比，它有以下优点：造价低；材料质地轻，便于运输、安装；内壁光滑，阻力小，泄水能力强；不宜损坏，后期维修费用低；施工难度小，管线走向可灵活多变；减少植被破坏和耕地占用。

PE 管急流槽施工工艺流程大致为：

（1）选线。为了使 PE 管急流槽最大限度地发挥排水作用，管线的选定尤为重要。

（2）开槽。根据 PE 管管径大小确定槽的开挖宽度和深度，开挖顺序为从上至下依次开挖，沟槽开挖时，应保证沟槽两侧土体稳定，以保证“管—土”共同作用条件，不得超挖或扰动基面。当基底有扰动时应人工夯实。

（3）管座。PE 管长度一般为 6m 一节，因此管与管之间的连接处成为一个薄弱环节，为防止 PE 管侧移和下滑，每三节间隔 18m 设置一道管座，使 PE 管从管座中穿过。跌水井。为减小水流冲力，防止杂物堵塞，便于检查和维修，在地面坡度变化和管线走向变化处，设置跌水井。

（4）安装管线。管线的安装与跌水井和管座的砌筑同步进行，安装管线的顺序为从下至上依次安装。安装的主要控制工序为管线的连接，管线连接采用弹性密封圈承插连接。

（5）沟槽回填。沟槽回填时应对称进行，采用人工回填，边回填边踩实，回填高度应大于原地面 20cm 为宜。

采用 PE 管急流槽只是解决了“排送”的问题，“接”的问题还没有得到解决，达不到综合预防的效果。为此，对局部路段要采用以下预防措施：

其一，树形截水沟。为很好地防止路基上边坡滑塌和水穿洞，在上边坡顶设置树形截水沟，使路基坡面的流水通过截水沟汇集到一处，再通过吊沟排至路基边沟，最后由 PE 管急流槽彻底排出，能有效防止边坡水乱流而形成的各种水毁。

其二，路基边坡植物防护。针对路基边坡高，且路基坡率大于 1∶1.5 的路段，边坡防护建议采用种植根系发达的植物防护，种草固面，可降低路基坡面冲刷，减少水土流失，有效防止边坡滑塌和水穿洞的发生，降低水毁发生频率，减小水毁损失，是一种经济又环保的防护措施。

其三，砂砾石灰土挡墙。针对砂石材料运输、运距与造价的问题，可以采用砂砾石灰土挡墙加固坡面。砂砾石灰土挡墙主要是采用石灰、砂砾和黄土按照一定的配合比拌和而成，主要的控制工序为拌和和压实，其操作工序容易掌握，施工方法简单，可有效降低工程成本，节省后期养护经费。

其四，沥青碎石拦水带。针对路面水经常冲刷高边坡造成边坡滑塌这一问题，可以在高边坡路段路肩上设置沥青碎石拦水带，将水流拦截至边沟或适当地点排离路基，既经济又美观，有效防止了路面水对边坡的冲刷。

第三章 云南公路交通气象灾害及其防灾减灾对策

第一节 云南公路交通气象灾害基本知识

由于地处低纬高原季风气候区，加之境内特殊的地理环境和地质地貌，云南气象灾害存在明显的地域特征。“半年雨来半年旱”、“旱灾一大片、洪涝一条线、霜冻春天现、雹打一条线”是云南气象灾害频繁发生的真实写照。云南气候类型之复杂、地域差异之大，全国乃至世界罕见。从而孕育了云南复杂多变的气象灾害。

近年来，云南省气象灾害呈现出频发、多发的趋势。2012 年 1 ～ 8 月，云南省发生了干旱、暴雨、雷电、冰雹、低温、霜冻、连阴雨、大风、大雾等气象灾害及其衍生灾害。据不完全统计，灾害共造成 1300 多万人次受灾，81 人死亡，15 人失踪，500 多万人饮水困难，转移安置 18249 人，房屋受损 23159 间，倒塌 7218 间，直接经济损失 94.2 亿元。

据《2010 年全国交通事故统计和解析》：2010 年，全国雨雪雾天气条件及湿滑路面事故共发生 9 起，同比增加 4 起。其中 6 起发生在 2 ～ 4 月，占雨雪雾天气以及湿滑路面事故的 66.7%。

发达国家统计资料表明，高速公路的交通事故和死亡率只有一般公路的 30% 和 50%。但是，目前我国高速公路的交通事故和死亡率却比一般公路高，而其中因不良天气影响造成的交通事故占了总数的近 1/4。据统计：2009 年，我国恶劣天气导致的事故死亡人数同比增加，特别是下半年全国雨、雪、雾等恶劣天气条件下发生道路交通事故导致的死亡人数同比上升 13.3%。在高速公路行车，雨、雪、雾天气对交通安全的影响远远大于一般公路，特别是大雾、暴雨等天气，不仅事故多发，往往会引发“二次事故”。

公路交通对气象条件高度敏感，现代公路运输体系所追求的快速、高效和安全，在很大程度上受气象条件的影响和制约。随着我国高速公路通车里程的快速增长，恶劣气象条件下的高速公路交通事故时有发生，往往造成数十辆，甚至上百辆汽车追尾相撞，给国家和人民的生命财产造成巨大损失，也对高速公路设施造成了巨大的破坏。根据有关统计，气象原因造成的高速公路交通事故，占到全部交通事故的 40% 左右。一些气象灾害多发的省份，因气象原因造成的高速公路交通事故，已占到全部交通事故的 60%。由此可以看出如何防范恶劣气象条件下高速公路交通事故，已成为气象部门和高速公路管理部门面临的一项重要课题。

一、交通气象灾害的定义

1. 气象灾害的定义

气象灾害是指大气活动对人类的生命财产、国民经济建设、国防建设等造成的各种直接或间接损害，是气候灾害与天气灾害的统称。

气候灾害是指大范围、长时间、持续性的气候异常所造成的灾害，如干旱、洪涝、台风、霜冻、雪灾、冷害等。

天气灾害则指局地范围内不利天气现象带来的灾害，如暴雨、冰雹、大风、龙卷风、雷击等。

气象灾害是自然灾害中的主要原生灾害之一。因气象灾害或气象因素诱导出的其他次生灾害称为气象衍生灾害，主要有滑坡、泥石流、森林火灾、森林病虫鼠害、农业生物灾害、大气环境灾害、水环境灾害、流行疾病等。

从云南气象灾害的成因分类，共有七类十九种灾害。表 3-1-1 是云南气象灾害及其衍生灾害的概况。

表 3-1-1　云南气象灾害种类及特征

天气现象	气象灾害			
	总称	种类	灾害特征	引发的衍生灾害
久晴 少雨 高温	旱灾	春旱	小春作物、草山旱灾，工业、城市、农业、农村缺水	森林、城市、农村火灾
		夏旱	大春旱地作物旱灾，工业、城市、农业、农村缺水	农作物、森林病虫害
		秋冬旱	晚秋和小春作物旱灾	森林、城市、农村火灾
		焚风	河谷作物旱灾、高温	河谷森林火灾
		干热风	小春作物旱灾、高温	森林草原火灾
大雨 暴雨 连阴雨	洪灾	暴雨洪水	山洪暴发、河水泛滥，河堤、水库垮塌，城市积水	崩塌、滑坡、泥石流、疾病流行
		雨涝	内涝、积水、寡照、湿灾	崩塌、滑坡、泥石流、农作物病虫害
连阴雨 冷空气 寒潮 霜冻 雾凇 结冰 大雪	冷灾	8 月低温	对夏季作物生长发育不利，水稻空秕	农作物病虫害
		烂黄土	粮食霉烂，对蚕豆、小麦生长发育不利	崩塌、滑坡、泥石流
		倒春寒	农经作物、牲畜、果树受冻，水稻烂种烂秧	疾病流行
		寒害	热带作物（橡胶等）受灾	疾病流行
		霜冻	农经作物、牲畜冻害，水管、油管冻坏	疾病流行
		冻结	电线、树枝、路面结冰	电力、交通事故
		雪灾	暴雪、积雪、白灾覆盖庄稼，压塌大棚，压断电线、树枝	电力、交通事故
冰雹 大风 龙卷风 雷暴	雹灾	冰雹	毁坏庄稼、破坏房屋、伤害人畜	农作物病虫害
	风灾	大风	倒树，倒庄稼，倒电杆，翻船	电力、交通事故
		龙卷风	局部毁灭性灾害	电力、交通事故
	雷灾	雷电	人畜伤亡，雷击建筑物，击毁电子仪表设备	火灾、断电、击坏建筑物和设备
雾	雾灾	浓雾	能见度极低，湿度大	交通、航空、电力事故

2. 公路交通气象灾害的定义

与公路交通运营密切相关的气象灾害称为公路交通气象灾害。

一般来说，影响公路安全运营的气象因素主要有：大雾、暴雨（雪）、积冰（雪）、高温、低温、大风、沙尘暴等，这些气象因素有时单个出现，有时则是同时出现共同对公路安全运营构成威胁。

有关研究表明，公路安全运营是由“人、车、路”组成的系统问题，哪一个环节出现问题，都能造成公路交通事故。而恶劣气象条件对公路安全运营的影响，是对“人、车、路”三个方面的综合影响，因此，由恶劣气象条件引发的公路交通事故，往往比其他原因引发的公路交通事故要严重得多。

二、云南交通气象灾害的类型

根据公路交通气象灾害的成因特点，将其分为高温与低温灾害、雾灾、暴雨（雪）灾害、风灾、雷电灾害、旱灾等六类，如表 3-1-2 所示。

表 3-1-2　公路交通气象灾害的主要类型

序号	类　别	灾害性天气	灾　害
1	高温与低温灾害	高温、低温	高温时沥青路面软化，黏度降低，驾驶员易疲劳；低温时破坏路面，车辆发动困难等
2	雾灾	大雾，浓雾，雾墙	能见度降低，车速降低，雾闪停电等
3	暴雨（雪）灾害	大雨、暴雨、连阴雨，暴雪、大雪	减小路面摩擦力，增长制动距离；积雪阻塞道路，减小路面摩擦力，降低车速，车辆控制困难，能见度低等
4	风灾	飓风、龙卷风、台风	卷走、吹倒路标和其他高速公路交通设施，阻塞交通，行车不稳
5	雷电灾害	雷击	—
6	旱灾	干旱	—

（一）温度变化对路面与行车安全的影响

高温、寒冷天气具有周期性、范围广和不可抗拒的特点，其危害程度与气温的高、低以及冷热空气引起的台风、冰冻等自然灾害密切相关。它对高速公路行车的危害主要体现在以下两个方面。

1. 高温对行车安全的影响

夏季高温天气，易造成驾驶员疲劳犯困，是交通事故的多发季节。根据医疗部门的有关统计，高温闷热天气车祸急救量大概是平时的 2 倍。这主要是因为天气闷热容易让人产生疲劳，情绪会急躁，注意力下降，反应比平时慢半拍，往往是等反应过来制动时，已经撞上车或者追尾；此外，天热车内开空调，时间久了，车内氧气减少，容易导致驾驶员缺氧，注意力下降，严重的甚至会导致脑水肿死亡。同时高温天气条件下，路面温度也不断升高，是引发车辆爆胎事故的主要原因。据有关研究表明，当车辆轮胎表面过度磨损，甚至轮胎花纹已被磨平时，轮胎负荷能力及抗压强度已经远远低于正常的轮胎，很难维持汽车的正常行驶，加上天气高温、超速以及路面颠簸等因素很容易发生爆胎。

此外，高温时，沥青软化，导致沥青混凝土路面变软，其承载能力相应降低，在行车荷载作用下致使路面出现车辙、拥包等变形类病害，影响路面的使用寿命和行车的舒适性；高温季节易发生爆胎事故，同时高温易引起驾驶员疲劳，造成交通事故。另外，高温还会对路面摩擦力影响，沥青路面经阳光照射的热作用，路面结构层容易发生软化，使车轮与路面之间的摩擦系数降低。根据测试，即使是设计和施工都比较正常的沥青路面，车速 60km/h 的路面摩擦系数也会随路面温度升高而降低，且基本上成直线变化，当路面温度升到 30℃时，摩擦系数降低 1/3。

同时高温天气会对车辆产生较大影响，容易引起发动机、制动器、轮胎这些部件发生故障，从而留下安全隐患。在高温环境下，发动机冷却系散热性减弱，汽车行驶中容易出现发动机过热；发动机零件也会因高热使机油变稀导致润滑不良而加速磨损，甚至导致机件卡死或破坏；制动器在高温环境散热性会出现衰退。长时间使用制动器后，制动蹄摩擦片会逐渐积聚热量形成高温，在高温作用下，制动蹄摩擦片与制动鼓之间的摩擦系数会降低而导致制动不良；高温环境下轮胎胎内压会有较大程度的升高，轮胎本身长时间与地面摩擦积聚的热量不容易散发，轮胎自身温度也会逐渐升高，一旦轮胎内压超过其额定气压，加上道路颠簸或超载等因素，行驶中的汽车就容易爆胎。

不可忽视的是，在高温极端气象条件下，公路工程施工的各个方面也会受到极大的影响，如：云南元江大桥建设过程中，由于所处的独特地理气候，在夏季施工过程中，必须综合考虑施工人员的高温防护，施工作息时间的合理安排，高温条件下的混凝土养生，施工机械、材料的高温防护等。

2. 低温对行车安全的影响

低温时，沥青混凝土抗变形能力降低，当路面收缩时，收缩应力大于路面的抗拉应力，使路面产生各类裂缝类病害，影响路面的使用寿命，并易引发唧浆等其他病害；寒冷低温季节，路基中的水分形成冰等固态形式，在气候回暖时节，冻土融化，导致路基翻浆，路基承受力下降。气温骤降时，由于路面收缩变形时间较短更易造成路面裂缝；当早晚温差较大时，路面在冷暖温度交替中，易出现温度疲劳裂缝。高温、寒冷还会直接影响公路边坡、中分带的花、草、树木的存活，使绿色植物出现枯、黄、萎等病害，进而导致边坡的水土流失等后果。低温也会使汽车燃油发黏，难以点燃，当气温低于零下 35℃时，润滑剂也不易渗透到各个部位，使汽车机械性能变差，故障增多，影响车辆的正常行驶。

冰雪不仅使驾驶员的视线受阻碍，而且造成路面极滑。一旦车速控制不当，车间间距保持不够，极易导致车辆跑偏打滑酿成事故。

（二）雾天气对行车安全的影响

雾天对高速公路行车是最具恶劣影响的自然气候现象之一，被称为“高速杀手”。据统计，雾天高速公路事故发生率是正常情况下的 10 倍。尤其是漂浮不定、突发性强的团雾在高速公路上“杀害性”更大。

大雾天气使能见度下降，造成驾驶员视线障碍，使高速公路安全行车的路况等级下降，直接影响驾驶员的观察和判断，极易引发交通事故，往往造成汽车追尾事故和其他交通事故，特别是在高速公路和快速道路上尤其严重。

在大雾气候条件下，视力正常的人对大雾严重程度的感知不但与大雾的密度有关，而且还与大雾密度和时间的变化率有关。通常而言，由于大雾降临过程需要一定时间，即有一个过渡过程，驾驶员很难精确地感知或估计大雾的严重程度，就像人们突然从明亮的地

方进入黑暗的地方的感受一样。另外，有些公路所经过的区域气候条件复杂多变，不同的区段可视距离相差较大，驾驶员很难及时调整速度及间距，因而容易发生追尾事故。

（三）暴雨（雪）天气对行车安全的影响

暴雨（雪）天气使路面湿滑，路面积水（冰），造成路面摩擦系数降低，轮胎与路面的附着系数明显下降，特别是暴雨天气，轮胎与路面的附着系数极小，车辆会出现滑行，制动距离加长，可视距离缩短。这就是暴雨天气的“水膜滑溜现象”，是雨天容易造成事故的原因所在。暴雪天气，驾驶员视线受飞舞雪花的影响，可视距离缩短；雪后天晴时，阳光在积雪的强反射下，使驾驶员的视力下降；路面的摩擦系数更低，更容易引发交通事故。同时暴雨（雪）天气伴随路面积水、积雪、积冰出现，几个气象要素共同对高速公路安全运营构成威胁。据国外一些国家的统计，雨天时的公路事故比无雨天增加约 30%，冰雪天的公路事故率增加 25%，伤亡率增加近一倍。

暴雨（雪）天气是对交通安全有较大影响的因素之一。在雨雪天气行车，驾驶员的视线障碍较大。特别是高速行车中，由于雨水附着在风窗玻璃外面，雨刮器扫过的面积有限，造成可视范围变窄，驾驶员常常只能看到雨刷扫过的部分，同时风窗玻璃内侧可能会产生湿气而阻挡了驾驶员的视野，这些情况都将导致驾驶员的视线降低，对安全行车造成不利影响；另外，雨雪会使路面变得湿滑，使轮胎与路面之间的摩擦系数减小，当汽车紧急制动时会增加汽车的制动行驶距离，增加了发生危险的可能性；由于路面湿滑还可能会使汽车发生侧滑或滑溜的危险，特别是当汽车行驶在弯道上时这种现象更加明显，对行车安全造成不利影响。受雨雪天气影响时，道路表面可能产生水、雪、冰等覆盖物，形成潮湿、积水、积雪、结冰等不同的路面状态。路面与车辆轮胎之间摩擦系数有显著的降低。

而且雨天还会出现的一种现象就是“水滑”，水滑就是高速行车时轮胎与路面之间的积水不能得到及时排除，雨水像一个楔子卡进轮胎与路面之间，而产生抬力使车轮上浮，失去轮胎与路面的附着力（图 3-1-1），此时，汽车的转向制动都将失效，汽车无法控制而容易发生交通事故。

图3-1-1　水滑现象

（四）大风天气对车辆稳定性的影响

大风天气主要影响车辆的稳定性，在较高的路面或局部暴露的区段、桥涵行驶的车辆，尤其是从隧道驶出的大型货车，其稳定性受风的威胁更大。如同时伴有沙尘暴或积雪、积冰等天气出现，则引发交通事故几率更高。大风同时伴有沙尘暴或积雪、积冰等天气出现时，容易造成驾驶员可视距离缩短、路面湿滑、制动距离增加，发生追尾、侧翻、碰撞高速公路护栏等事故。

在道路线形平直、路况良好的情况下，车辆通常都以较快的速度行进。此时，如果遇上大风，车辆会产生摆动。原因是风对车辆的作用力不均匀，作用方向也不规律，再加上车辆本身结构中存在的各种缝隙空间，快速流动的空气在不规则的车体中形成了大小不等的摩擦阻力，车速达到一定程度，车辆就会产生摆动。如果风力较强，会使车辆偏离行车路线，而且这种偏移是随车速的提高而加剧的。经测算，普通轿车以 100km /h 的车速行驶时，遇有风速 10m /s 的横向风，车辆在 100m 的行程内将偏离中心线 4 ～ 5m，客车的偏移量将更大。天气晴朗、能见度高的时候，大风很容易引起驾驶人员的疏忽。如果驾驶员此时操控不当，就容易造成事故。除了对车辆本身安全的影响，可能卷走、吹倒路标和其他高速公路交通设施，大风还会引发掉落物，如刮起的树枝、电线杆等，它们都会影响车辆行驶安全。

三、云南公路交通气象灾害的特点

云南气象灾害的特点是种类多，范围广，频率高，持续时间长，群发性突出，周期性明显，连锁反应显著，强度轻，成灾面积小，累积损失大。

恶劣气象条件引发的高速公路交通事故，往往比其他原因引发的高速公路交通事故要严重得多。防治恶劣天气对高速公路安全运营的影响，涉及高速公路管理部门、交警和气象部门，所以应当按照“部门之间协调配合，互为补充”的原则，积极探索高速公路安全运营应对恶劣气象条件的防治措施和途径。

第二节　云南公路冰雪灾害防灾减灾对策

一、公路冰雪灾害的定义与影响

1. 公路冰雪灾害的定义

公路冰雪灾害指由公路界限内结冰、降雪与积雪引起的对“人、车、路”交通运输体系造成危害或损失的大气低温冰雪环境，称为公路冰雪灾害，是比较严重的自然灾害之一。云南公路冰雪灾害多发生在高寒山区。

2013 年 12 月 15 日，云南滇中、滇西、滇南降雪后，十余条高速和高等级公路封闭了 10h 左右。之后数天，夜间气温持续在 -2 ～ -3℃之间，路面出现结冰现象，到白天 10 点左右太阳出来后这些高速公路才能重新开放，呈现云南公路“看天吃饭”的极端现象。

2. 公路冰雪灾害对“人、车、路”三个方面的影响

冰雪天气使路面湿滑，路面积冰、积水，造成路面摩擦系数降低，车辆“滑溜现象”严重、制动距离加长，可视距离缩短。降雪天气，驾驶员视线受飞舞雪花的影响，可视距离缩短；雪后天晴时，阳光在积雪的强反射下，使驾驶员的视力下降；路面的摩擦系数更低，更容易引发交通事故。积冰、积雪、积水几个气象要素共同作用，对公路安全运营构

成威胁。

另一方面，大气低温冰雪环境下，气温往往可以降到0℃以下，汽车风窗玻璃往往会结霜且不易擦掉，影响驾驶员的视线，而低温也会使汽车燃油发黏，不易雾化，在汽缸内难以点燃，润滑剂也不易渗透到各个部位，汽车机械性能变差，制动失灵，故障增多，引发交通事故。

再次，寒冷低温条件下，公路沥青混凝土抗变形能力降低，收缩应力大于路面的抗拉应力，使路面产生各类裂缝类病害，影响路面的使用寿命，并易引发唧浆等其他病害；路基中的水分形成冰等固态形式，在气候回暖时节，冻土融化，导致路基翻浆，路基承受力下降。当早晚温差较大时，路面在冷暖温度交替中，易出现温度疲劳裂缝。高温、寒冷还会直接影响公路边坡、中分带的花、草、树木的存活，使绿色植物出现枯、黄、萎等病害，进而导致边坡的水土流失等后果。

3. 云南公路冰雪灾害案例

从2010年12月下旬开始镇雄县一直处于冰雪冷冻天气，气温长时间在 -2℃以下，新建成的镇威二级公路在建成后就遭受冰凌灾害，公路路面、标线、绿化工程不同程度受灾（图3-2-1），具体表现为：

（1）连续冰雪气候及冷冻低温，给新栽种完成的绿化翠竹、景观草造成损害，竹树被冰雪压倒折断，景观草被冰雪覆盖冻透；刚实施完成的绿化工程受损严重，80%需重新补种，经济损失达2000多万元。

图3-2-1　镇威二级新建成公路冰雪灾害受损

（2）道路标线及路面受损严重。冰凌覆盖，道路湿滑，沿线车辆翻车、事故、抛锚现象突出。过往车辆大量使用防滑链条，任意打千斤顶，抛锚车辆生火烤车，修车油污，新铺油路面被防滑链条啃坏，据不完全统计，道路标线及路面受损经济损失达2500多万元。

（3）冰雪灾害发生后，镇威公路指挥部高度关注道路运行及灾害损失情况，采取果断措施抗冰救灾，一是及时在沿线陡、危、急路段堆放防滑砂料；二是要求各家施工单位强化冬季安全生产管理，清理路面各种垃圾及障碍物，保证道路畅通。准备应急保通装载机值班备勤；三是及时派出技术干部下到公路沿线统计灾情，采取自救措施减小冰雪灾害损失程度；四是专门发文到各施工单位，要求严格做好冬季安全生产及春节值班工作，落实可行性措施确保道路通行，在保障生产安全的同时，还要做好预防职、民工冬季生火取暖注意防火防电防煤气中毒工作。

二、云南公路冰雪灾害的时空分布

（一）云南公路冰雪灾害易发地段

云南公路冰雪灾害易发地段主要表现在平面区域分布与垂直立体气候分布两个方面。

1. 云南公路冰雪灾害的区域分布

从区域气候特征来说，云南地处南亚热带季风、东亚季风及青藏高寒气候的结合部位，但大部分地区属亚热带高原型季风气候，“四季如春，一雨成冬（或秋）”。最热月均温 19 ～ 22℃，最冷月 5 ～ 7℃以上，年温差仅 10 ～ 14℃，日较差较大，冬半年可达 12 ～ 20℃。

由于纬度和海拔增高相一致，致使云南全省 8 个纬距内呈现寒、温、热三带，具有相当于中国南部的海南岛到东北长春的气候差异，且气候带交错分布，北部的气候带沿山脊南伸，南部的气候带逆河谷北上；高纬度高海拔地区长冬无夏，低热河谷长夏无冬。

云南低温冷害的区域性分布十分明显，主要原因是西伯利亚的冷空气进入我国，路经四川盆地或从西藏高原沿横断山脉大峡谷南下，一路从川南经昭通和贵州西部南下影响东川、曲靖和文山等地，这一类冷空气造成的灾害最多。另一路沿四川西部雅砻江河谷南下影响楚雄和滇中地区，故这两路冷空气途径地区公路冰雪灾害秋冬季节较为普遍。

2. 云南公路冰雪灾害的立体分布

从垂直立体气候分布来看，云南省属云贵高原，平均海拔较高，域内大部分地区山川相间，垂直高差大，一般为 1000 ～ 1500m。以金沙江虎跳峡为例，峡谷底部海拔为 1800m，峡谷两侧的玉龙雪山和哈巴雪山与之高差竟达 3000m 以上。从山麓到山顶均可划出几个不同的气候类型，表现出独特的立体气候现象，通常以“山高一丈，大不一样”、“一山有四季，十里不同天”来形容。

空气温度与海拔高度的关系研究表明，在无热源、无遮护的情况下，空气温度随海拔高度的增高而降低。一般研究所采集的温度与海拔高度的关系见表 3-2-1。

表 3-2-1　温度与海拔高度关系

海拔高度（m）	1000	1500	2000	2500	3000	3500	4000
最高气温（℃）	40	37.5	35	32.5	30	27.5	25
平均气温（℃）	20	17.5	15	12.5	10	7.5	5

从表中可以看出：空气温度在一般情况下，海拔高度每升高 1000m，最高温度会降低 5 ℃，平均温度也会降低 5 ℃。

迪庆藏族自治州德钦县全县平均海拔 3559m，是云南省地势最高的县，年平均气温是 4.7℃；云南省红河州河口口岸最低海拔 76.4m，年平均气温 27.6℃。所以，云南省为数众多的高海拔高寒山区，昼夜温差较大，公路结冰也较为普遍。

（二）云南冰雪灾害时空分布

云南冰雪灾害主要指冬季的强寒潮、重霜冻、春季的倒春寒及夏季 8 月低温等与冷空气活动有关的寒冷天气造成的灾害（图 3-2-2~ 图 3-2-4）。云南尽管四季温和，但对冷空气的防御能力十分脆弱。每年为数不多的几次降温天气过程都会造成冰雪灾害，尤其是 3 月的倒春寒和 8 月的低温危害极大。

图3-2-2　云南省冷灾分布图

Ⅰ-无冷害区；Ⅱ-轻冷害区；Ⅲ-中等冷害区；Ⅳ-重冷害区

云南冰雪灾害具有明显的时空特征。统计表明，平均每年约有 18 县次范围与程度不同的冰雪灾害，11 月至次年 4 月出现机会最多。6 ～ 8 月主要出现在滇东北、滇东和滇中的高海拔山区。云南受冰雪灾害威胁最大的区域主要集中在滇东北、滇西北、滇东和滇中地区，滇南和滇西南地区冰雪灾害最轻，个别低海拔地区甚至无冰雪灾害发生。滇西北春季雪灾和滇东北冬季凌冻灾害尤为突出。近 50 年来冬季共出现 144 余次寒潮过程，其中强寒潮 19 次。1983 年 12 月下旬、1986 年 3 月上旬、1999 年 1 月中旬、2000 年 1 月下旬的 4 次全省性大雪影响极大。1973 年 /1974 年、1974 年、1975 年 /1976 年、1983 年、1986 年、1989 年、1999 年 7 次重霜冻造成全省农作物大面积受灾减产，其中 1999 年 12 月下旬的重霜冻使全省 16 个地（州、市）不同程度遭受寒害、冻害和冰害，直接经济损失达 55 亿元，创云南近 50 年来单一灾种，单一过程的受灾损失之最。1965 年、1971 年、

图3-2-3　云南省霜冻灾害分布图

Ⅰ-无霜冻区；Ⅱ-轻霜冻区；Ⅲ-中等霜冻区；Ⅳ-重霜冻区

图3-2-4　云南省雪灾分布图

Ⅰ-无雪灾区；Ⅱ-轻雪灾区；Ⅲ-中等雪灾区；Ⅳ-重雪灾区；Ⅴ-严重雪灾区

1974 年、1986 年、2002 年云南 5 次遭受了严重的夏季 8 月冰雪灾害，损失惨重。

三、公路冰雪灾害的防灾减灾对策

防治恶劣天气对公路安全运营的影响，涉及公路管理部门、交警和气象部门，所以应当按照“部门之间协调配合，互为补充”的原则，积极探索公路安全运营应对恶劣气象条件的防治措施和途径。

（一）公路冰雪灾害的预防与应对措施

1. 公路勘测设计阶段的冰雪灾害预防

云南气候具有“水平差异复杂，垂直差异明显”的特点，在云南高纬度高海拔地区的阳坡公路与阴坡公路，结冰积雪有着极大差异。尤其在冬、春季节，沿山脉阴坡一侧展线的公路，往往结冰积雪严重，车辆事故发生率较高，养护管理成本较高，而沿山脉阳坡一侧展线的公路则相反（图 3-2-5）。

图3-2-5　曲靖富源—贵州兴义阴坡展线段

因此，对公路工程冰雪防灾减灾而言，首当是设计阶段，要尽可能在山脉阳坡一侧选线，不留后患。

2. 公路安全运营管理体系的预防

（1）要加强驾驶员教育和管理，提高驾驶员的素质，针对高速公路的行驶特点，对驾驶员进行安全教育，让驾驶员懂得高速公路行驶中的注意事项。对违章的驾驶员进行教育处理，使之从中吸取教训。

（2）保持良好的车况，采取一些保温防冻措施，严禁超速行驶，注意保持车距，严禁超载。

（3）高速公路管理部门要加强对恶劣气象条件下行车安全的管理。

①当能见度小于 500m 且大于 200m 时，必须开启防眩目近光灯、示廓灯和后位灯；时速不得超过 80km；与同一车道行驶的前车必须保持 150m 以上的行车间距。

②当能见度小于 200m 且大于 100m 时，必须开启雾灯和防眩目近光灯、示廓灯、前后位灯；时速不得超过 60km；与同一车道行驶的前车必须保持 100m 以上的行车间距。

③当能见度小于 100m 且大于 50m 时，必须开启雾灯和防眩目近光灯、示廓灯、前后位灯；时速不得超过 40km；与同一车道行驶的前车必须保持 50m 以上的行车间距。

④当能见度小于 50m 时，依照规定将采取局部或全路封闭高速公路的交通管制措施。实施高速公路交通管制后，除执行任务的警车和高速公路救援专用车辆外，其他机动车禁止驶入高速公路。

⑤其他恶劣气象条件下，应当根据实际情况，采取限速、封闭等措施，以确保高速公路安全运营。

（4）加强高速公路气象条件监测系统建设。高速公路气象条件检测系统，是针对高速公路安全运营设计的自动气象要素监测系统，一般具有温度、湿度、风向、风速、能见度、降水量等气象要素的探测装备和数据采集系统。有时根据高速公路安全运营的需要，还可选配路面状态监测设施，主要包括路面温度、路面干、湿、雨、雪、冰等项目的实施监测。系统根据高速公路特殊地理位置和路段的需要设计，监测数据可以通过有线或无线通信方式传输到监控中心。监控中心可以通过对数据的分析对比，作出高速公路安全运营的决策，其形成的数据，可以为开展高速公路气象条件的预测、预警提供更为直接的基础资料。

（5）加强高速公路气象预报工作。2005 年 7 月 27 日，中国气象局和交通部签署共同开展公路交通气象预报备忘录，逐步建立公路交通气象信息预测、发布机制，对高速公路和国道提前预报灾害性天气，避免公路交通延误，减少恶劣天气诱发交通事故。12 月 29 日，中国气象局和原交通部在北京首次联合发布“全国主要干线公路交通气象预报”，标志着我国公路交通气象信息服务工作正式开始。此后各地区都与当地交通部门合作开展了高速公路交通气象预报，各地充分利用广播电视、报纸等新闻媒体和手机短信方式，滚动播发高速公路交通气象预报，为有关部门和驾驶人员及时了解和掌握高速公路气象条件，避免和减少交通事故，提供了及时准确的服务，受到社会各部门和驾驶人员的好评。

3. 公路管理部门应对措施

（1）控制放行车辆。能见度在 50 ～ 100m 之间时，收费站入口限时控制间断放车。一般 10 ～ 20 辆车放行一次，也可 5 ～ 10min 放行一次，让驶入的车辆结队而行。当能见度在 50m 以内时，机动车最高时速不得超过每小时 30km，并保持车距。

（2）设立提示警告标志。在收费站入口和实施区域封闭的前端 200m 处，设醒目“前方道路积冰　减速慢行”的提示牌，让驾驶员在行驶过程中提高警惕；在积雪地段设置可变信息板，使驾驶员知道车辆即将进入危险地段，以便提前减速。

（3）主线控制。高速公路因事故或区域性雪天，而实施的区域或分段分向封闭，应加强道路封闭区域末端的控制，以防止车辆强闯、误入封闭区域。

（4）特殊路段的雪（冰）面清除。当道路基本具备通行条件时，养护部门应对特殊路段实施重点清除。如大中型桥梁，没有地温支持较难融化，因山坡遮挡冰面不宜融化的地方，路面出现弯坡，造成路基两面高低不一，隧道出入口，首先清除路基面部分的积雪，以防止高面积融雪化流到行驶车道，造成夜间温度降低继续形成冰面等情况。

（5）应急要点：非机动车驾驶员应给轮胎少量放气，增加轮胎与路面的摩擦力；冰雪天气行车应减速慢行，转弯时避免急转以防侧滑，踩制动踏板不要过急过死；在冰雪路面上行车，应安装防滑链，佩戴有色眼镜或变色眼镜；路过桥下、屋檐等处时，要迅速通过或绕道通过，以免上结冰凌因融化突然脱落伤人。

（二）公路冰雪灾害的工程防治方法

1. 公路冰雪灾害的工程防护

（1）河谷涎流冰防护

①桥梁上游如有大片地形低洼的荒地，可用土坝截流。

②河床纵坡不大的河流，可于入冬初，在桥下游筑土坝，使桥梁上下游各约 50m 范围形成水池。

③在桥位上下游各 30 ～ 50m 的水道中部顺流开挖冰沟。

（2）山坡涎流冰防治措施

①聚冰沟与聚冰坑。

②挡冰墙挡冰墙适用于涌水量不大的山坡涎流冰和挖方边坡涎流冰，用以阻挡和积聚涎流冰，防止其上路。

③挡冰堤：挡冰堤适用于地势平坦、涌水量不大的山坡涎流冰和径流量不大的小型沟谷涎流冰。

④设置地下排水设施：适用于一般寒冷和严寒地区，常用的有集水渗井、渗池、排水暗管和盲沟等。

⑤涎流冰清除：对流至路面的涎流冰要及时清除。

（3）公路小桥涵冰害的防治

河水冻结可对桥梁浅桩产生冻拔、使小桥涵形成冰塞引起构造物冻裂，解冻时大量流冰对桥梁墩台产生巨大冲击，以至形成冰坝威胁桥梁安全；在地下水或地面水漫溢到地面或冰面时，逐层冻结而形成涎流冰。涎流冰覆盖道路，会造成行车道凸凹不平或形成冰块、冰槽等，严重影响行车的安全；若堵塞桥孔则会挤压上部结构导致损坏。

为防治桥基冻拔，可适当加大桩深、换填、保温、扩大式基础、振动下压、截桩修补。

对于冻塞现象，除经常清除涵内冰冻外，必要时可适当加大孔径和涵底纵坡或在上游采用聚冰池或冰坝等构造物为避免气温突变解冻的流冰对桥梁墩台、桩的冲击，可在桥位上游设置破冰体．并在临时解冻前，在桥位下游对封冻冰面用人工或爆破方法开挖冰池及时疏导。冰池长度为河宽 1 ～ 2 倍，宽为河宽的 1/4 ～ 1/3，并不小于最大桥跨。

2. 道路冰雪灾害抗冰保通技术

抗冰保通的目的，最终是为了使过往车辆安全通行，而不是铲除冰雪。除冰雪只是抗冰保通的一种手段，而不是最终目的。

目前国内外常用的融雪化冰方法按照不同的作业机理，冰雪清除方法可分以下几类。

（1）化学融雪剂法

融雪剂是最为常见的除冰雪手段，融冰雪效果也比较好。原理是化学药剂能降低冰雪融点，使冰雪融化。使用化学物如氯化钠、氯化钙、氯化镁等是经常采用的一种方法，也是一种经济有效的方法，但融雪剂在被大量应用的同时，其副作用也逐渐被关注。化学融雪剂易腐蚀破坏道路结构和机动车辆，还会对土壤、水体和大气等造成污染，导致植物失水，被盐分浸渍而死亡，破坏生态环境。在没有其他好的办法或条件达不到的情况下，若采取播撒氯盐类融雪剂除雪，必须事先制订腐蚀控制指标和检验方法，限量使用氯盐类融雪剂，不得多撒、乱撒，并应强化管理。在播撒后及时采取疏导收集含盐水和清水边道等措施，见图 3-2-6。近年来，人们不断开发环保型融雪剂，具有无毒性和无腐

图3-2-6　人工撒盐抗高速公路凝冻

蚀性的特点，如生物降解型融雪剂等，可以起到较好的效果，建议城市道路使用。

在 2013 年 12 月云南极端低温气象时期，仅 12 月 15 日晚到 16 日凌晨 4 点，昆明西管理处在楚（雄）—大（理）高速公路撒融雪剂 3t，永仁—武定公路撒融雪剂 2t；会泽公路管理所撒融雪剂 15t；大理管理处在楚（雄）—大（理）高速公路大风坝隧道至九顶山隧道段撒融雪剂 8t。

（2）机械清除法

此方法通常由机械车辆通过铲、推的方式来完成。除雪机械主要包括除雪机和除冰机，除雪机中又包括旋转式除雪机和犁式除雪机等。机械铲冰雪适合于雪量较大、大面积结冰清除作业。机械除雪（吹雪）适用于未经碾压过的厚度较薄的路面积雪，通常只适用于较小范围的除雪。总的来说，采用机械式方法来除雪和冰需要大量的人力、物力和装备，且属于被动式滞后操作，需要一定的时间才能使交通恢复正常。

除冰机的原理是在转轮上安装破冰爪，由机械带动破冰爪深入冰层，对坚硬的冰层进行破坏，再收集碎冰。除冰机对大于 8cm 厚的冰层效果较好。对于云南而言，以昭通境内的道路为例，冬季夜间自然结冰的厚度为 5 ～ 8cm，较少出现 8cm 以上的冰层厚度，因此在实际应用中，除冰机把厚的冰层清除后，剩下的薄冰依然要用融雪剂来融化。因此，目前除冰机的使用实践反映出其具有成本高、运用效率偏低等特点。在 2013 年 12 月云南极端低温气象条件下，公路管理部门更多的选择了融雪剂、工业盐的抗冰保通技术。

（3）人工清除法

这种方法原始、简单、方便，对冰雪清除较彻底，但效率低，费用高，作业时影响车辆通行及行车安全，不能长时间作业，适用于雪量较小时或重点难点路段的冰雪清除。

（4）播撒砂石材料

在冰雪路面上播撒一定粒径的砂石材料，如砂、石屑、炉灰、煤渣和砂盐混合料等，能提高冰雪路面的摩擦系数。由于碎石的存在，一方面使冰雪层的冻结强度不均匀，另一方面，砂石在冰雪层的运动使得冰雪不易压实，达到了抗滑的目的。由于砂石材料既经济又环保，该方法在欧洲应用非常广泛。 但大量播撒砂石，对路面会造成损害，对沿线环境也会造成污染，而且笨重，不建议使用。

（5）热力融冰雪方法

此种方法利用热水、地热、燃气、电等产生的热量使路面的冰雪融化，如喷洒热水法、发热电缆法等。在实际使用中，常用的一种是电加热，即在普通混凝土中添加一定导电组分材料，使之成为导电体，可通电加热；另一种是加热车加热，即加热车以液化石油气为燃料，利用加热板以热辐射方式对路面上的冰雪加热。物理融化的方法对于小降雪量和薄冰效果较好；当降雪量较大时，由于其融化速度慢，效率低，能耗大，且融化出的大量的水又可能会由于清除不及时而再次结冰，影响了清除冰雪的效果。

云南省大（理）—丽（江）高速公路即采用了“导电沥青混凝土用于路面、桥面融冰化雪”的技术。

（6）车轮安装防滑链法

防滑链一般都是金属制成物，对高速公路路面损伤比较大，且成本过高、笨重，不易携带。

不同类型融化雪方法及各自特点见表 3-2-2。

表 3-2-2　同类型融冰化雪方法及各自特点

融冰化雪方法类型			优　点	缺　点
清除法	人工清除法		除雪较彻底	效率低、影响交通、浪费人力
	机械清除法	机械设备铲雪	除雪面积大、速度较快	清除不彻底、影响交通、设备昂贵且闲置期长，经济效益差
		吹雪机除雪	除雪安全环保	适用范围小、费用高
融化法	化学融化法	氯化物融化法	材料来源广泛、价格便宜	降低路面耐久性、污染环境，影响路面的抗滑性能
		环保融雪剂法	环保、融雪较氯盐快	价格昂贵难以推广
	热融化法	地热管法	利用清洁能源，绿色环保	融雪效率低，初期投资大，且耐久性较差
		红外线管加热	自动融雪、易于控制	升温过于迟缓且受外部风向的影响大，现已基本不用
		电热丝法	不需变压器等服务设施、加热效果好	电热丝易被行车荷载破坏，不易维修，限制了其应用
		流体加热法	利用自然热水源或太阳能加热、绿色环保	系统本身与安装价格昂贵、换热管道易渗漏而影响加热效果
		导电混凝土法	融雪及时、无需中断交通、绿色环保	要消耗电能、适宜于在机场、桥面等重要路段应用

第三节　云南公路大雾灾害防灾减灾对策

雾天对高速公路行车是最具恶劣影响的自然气候现象之一，被称为“高速杀手”。据统计，雾天高速公路事故发生率是正常情况下的 10 倍。尤其是漂浮不定、突发性强的团雾在高速公路上“杀害性”更大。

大雾天气使能见度下降（图 3-3-1），造成驾驶员视线障碍，使高速公路安全行车的路况等级下降，直接影响驾驶员的观察和判断，极易引发交通事故，往往造成汽车追尾事故和其他交通事故，特别是在高速公路和快速道路上尤其严重。

在大雾气候条件下，视力正常的人对大雾严重程度的感知不但与大雾的密度有关，而且还与大雾密度和时间的变化率有关。通常而言，由于大雾降临过程需要一定时间，即有一个过渡过程，驾驶员很难精确地感知或估计大雾的严重程度，就像人们突然从明亮的地方进入黑暗的地方的感受一样。另外，有些公路所经过的区域气候条件复杂多变，不同的区段可视距离相差较大，驾驶员很难及时调整速度及间距，因而容易发生追尾事故。

图3-3-1　云南昭通至彝良公路多雾、冰凌路段

一、公路大雾灾害的定义及其原因

1. 雾与公路大雾灾害的定义

雾的定义：一般认为，在水汽充足、微风及大气层稳定的情况下，如果接近地面的空气冷却至某程度时，空气中的水汽便会凝结成细微的水滴悬浮于空中，使地面水平的能见度下降，这种天气现象称为雾（图 3-3-2）。气象学中，凡是大气中因悬浮的水汽凝结，能见度低于 1km 时，称这种天气现象为雾。

图3-3-2　云南丽江地区永胜—宁蒗公路特浓雾

公路大雾灾害：指由于大雾引起的对“人、车、路”交通运输体系造成危害或损失的气象环境称为公路大雾灾害，是比较严重的公路自然灾害之一。根据交通运输部的有关统计，我国每年地方上报的公路阻断事件中，大约有 1/4~1/3 是由大雾天气所致。

2. 雾的形成原因

一般来说，秋冬早晨雾特别多，这是因为当空气容纳的水汽达到最大限度时，就达到了饱和。而气温愈高，空气中所能容纳的水汽也愈多。1m^3 的空气，气温在 4℃时，最多能容纳的水汽量是 6.36g。而气温是 20℃时，1 m^3 的空气中最多可以含水汽量是 17.30g。如果空气中所含的水汽多于一定温度条件下的饱和水汽量，多余的水汽就会凝结出来，当足够多的水分子与空气中微小的灰尘颗粒结合在一起，同时水分子本身也会相互黏结，就变成小水滴或冰晶。空气中的水汽超过饱和量，凝结成水滴，这主要是气温降低造成的。如果地面热量散失，温度下降，空气又相当潮湿，那么当它冷却到一定的程度时，空气中一部分的水汽就会凝结出来，变成很多小水滴，悬浮在近地面的空气层里，这就是雾。它和云都是由于温度下降而造成的，雾实际上也可以说是靠近地面的云。

因此，雾形成的条件通常有两个，一是冷却，二是加湿，即增加水汽含量。

二、雾的分类

（一）按雾的形成原因分类

雾按形成原因，可以分为以下几类。

（1）辐射雾：多出现在晴朗、微风、近地面水汽比较充沛且比较稳定或有逆温存在的夜间和清晨（或由于昼夜温差较大，夜间近地面辐射冷却，使大气中的水汽达到饱和析出所形成的雾）。一般来说，内陆地区发生的雾以辐射雾为主。

（2）平流雾：暖而湿的空气作水平运动，经过寒冷的地面或水面，逐渐冷却而形成的雾，气象上叫平流雾。

（3）混合雾：有时兼以上有两种原因形成的雾叫混合雾。

（4）蒸发雾：即冷空气流经温暖水面，如果气温与水温相差很大，则因水面蒸发大量水汽，在水面附近的冷空气便发生水汽凝结成雾。这时雾层上往往有逆温层存在，否则对流会使雾消散。所以蒸发雾范围小，强度弱，一般发生在下半年的水塘周围。

（5）烟雾：城市中的烟雾是另一种原因所造成的，那就是人类的活动。早晨和晚上正是供暖锅炉的高峰期，大量排放的烟尘悬浮物和汽车尾气等污染物在低气压、风小的条件下，不易扩散，与低层空气中的水汽相结合，比较容易形成烟雾，而这种烟雾持续时间往往较长。

（二）按雾的视距远近分类

1. 分类

一般情况下，人们按视距把雾分为三类，即薄雾、浓雾、特浓雾。

（1）薄雾：视距为 300~150m；

（2）浓雾：视距为 150~50m；

（3）特浓雾：视距为 50m 以下。

2. 分级

根据能见度（视距）分为五级：无雾、轻雾、大雾、浓雾、强浓雾。各级别能见度（视距）划分见表 3-3-1。

表 3-3-1　雾按能见度（视距）分级

级　别	能见度 V（km）	级　别	能见度 V（km）
1 级	$V \geq 10$（无雾）	4 级	$0.2 \leq V < 0.5$（浓雾）
2 级	$1 \leq V < 10$（轻雾）	5 级	$V < 0.2$（强浓雾）
3 级	$0.5 \leq V < 1$（大雾）		

三、雾影响公路交通安全的主要表现与灾害特性分析

雾不像暴雨、冰雹、寒潮等灾害性天气那样可直接导致人员伤亡，但却是重大交通事故、空运停止和呼吸疾病暴发的重要诱因。

1. 雾影响高速公路交通安全的主要表现

根据有关研究表明，当雾中能见度低于 50m 时，高速公路上存在明显让人感觉空间突变以及压抑的现象，这常常会导致交通事故的发生，因此能见度低于 50m 的大雾通常也被认为是高速公路交通安全的雾害指标。通过分析相关资料可将雾对高速公路交通安全影响的主要表现归结为以下几点：

（1）使高速公路上的能见度下降。由于雾对光的散射及吸收的作用，目标物轮廓的清晰度下降，驾驶员看不清前方和周围的情况，对交通标志、路面设施和行人识别产生困难，难以对前后车距进行估计，容易造成追尾事故。此外，遇到前方堵塞，大部分驾驶员停车后采取措施不够，容易引发二次事故。

（2）降低车辆与路面之间的摩擦系数。由于雾天气温低、湿度大，空气中的水分子凝成小液滴，使路面上凝结薄薄的水层。水层中含有尘土、油污等黏度高的杂物，起润滑作用，使路面摩擦系数下降，出现车辆打滑、制动跑偏、制动距离延长等现象，超载、超员、超速车辆发现前方情况异常后，不能有效制动，从而引发交通事故。

（3）造成驾驶员心里紧张。由于雾气弥漫，驾驶员无法对车外情况做出判断，心中知

道十分危险，心理压力增大，操作的灵敏性和正确性下降，容易导致发生事故。

（4）事故类型单一。发生的事故，以追尾事故居多，这是由高速公路自身的特点所决定的，高速公路实行的是双向分隔行驶，双向车道之间设有分隔带。

2. 雾影响公路交通安全的灾害特性分析

通过研究大量车辆追尾事故的成因，可得出下列结论：

（1）雾天交通追尾事故一般发生在秋冬季节的凌晨时分，驾驶员注意力下降，且交通管理部门未能及时采取有效的交通管制措施。

驾驶员缺乏高速公路驾驶经验，在能见度低于50m时超速行车，一些驾驶员不从左侧车道超车，在不具备超车条件下不愿意减速等待时机，而是从右侧的路肩超车。

（2）在雾天能见度低，车辆高速行驶时经常发生前面车辆减速不当或抛锚，后面车辆跟车过紧，观察不到前面车辆而发生追尾事故。多数车辆在大雾中未采取临时紧急停车措施，在能见度极差的条件下勉强行驶，从而发生连续追尾。

（3）雾天有时伴随着雨雪，使路面摩擦系数下降，从而导致制动距离延长、行驶打滑、制动侧偏等现象发生，使雾天发生车辆追尾事故的可能性和事故严重度增加。

（4）初次事故发生后，事故车辆与未发生事故的停驶车辆混杂排队于同一行车道上，当再次发生尾撞时，许多车辆遭受二次事故的伤害。不少驾驶员停留在驾驶室内，有的走到车外，因此被撞、被砸，伤亡惨重，事故成因复杂。

（5）雾天追尾事故一般是重大交通事故，涉及的追尾车辆多，造成的损失大。

四、云南大雾天气的空间分布与大雾灾害重点防范区域

1. 云南省大雾天气的空间分布

我国大雾天气的发生大致呈现东部多、西部少的态势，其中东部沿海、四川盆地和长江流域东部以及云南南部等地是大雾天气最多的地区，年均雾日在60d以上（图3-3-3）。

云南省境内的雾在分类学上多属于辐射雾，在季节分布上多发生在11月至第二年3月份的秋冬季节，其中11月和12月为多雾月，5月和6月为少雾月。山区、盆地空气流通性较差，在春、秋季节的雨后也时常有雾产生。另外，如果高速公路的两边河、湖、水库和池塘较多，也常有雾气产生。

2. 云南大雾灾害重点防范区域

据统计，云南雾天发生频次最高的地区在滇西南和滇南边缘，每年的雾天日数在30d以上。2012年，云南发生雾天气最多的分别为屏边、太华山、勐腊、勐海和沧源五个站，雾天日数超过100d；其次是滇东南、滇中和滇东北。迪庆南部、怒江南部、丽江和大理北部地区年内没有出现大雾天气。

五、公路大雾灾害的防灾减灾对策

（一）大雾灾害的应对策略

1. 驾驶人员应采取的对策

（1）出门前，应当将风窗玻璃、车头灯和尾灯擦拭干净，检查车辆灯光、制动等安全

设施是否齐全有效。另外，在车内一定要携带三角警示牌或其他警示标志，遇到突发故障停车检修时，要在车前后 50m 处摆放警示牌，提醒其他车辆注意。

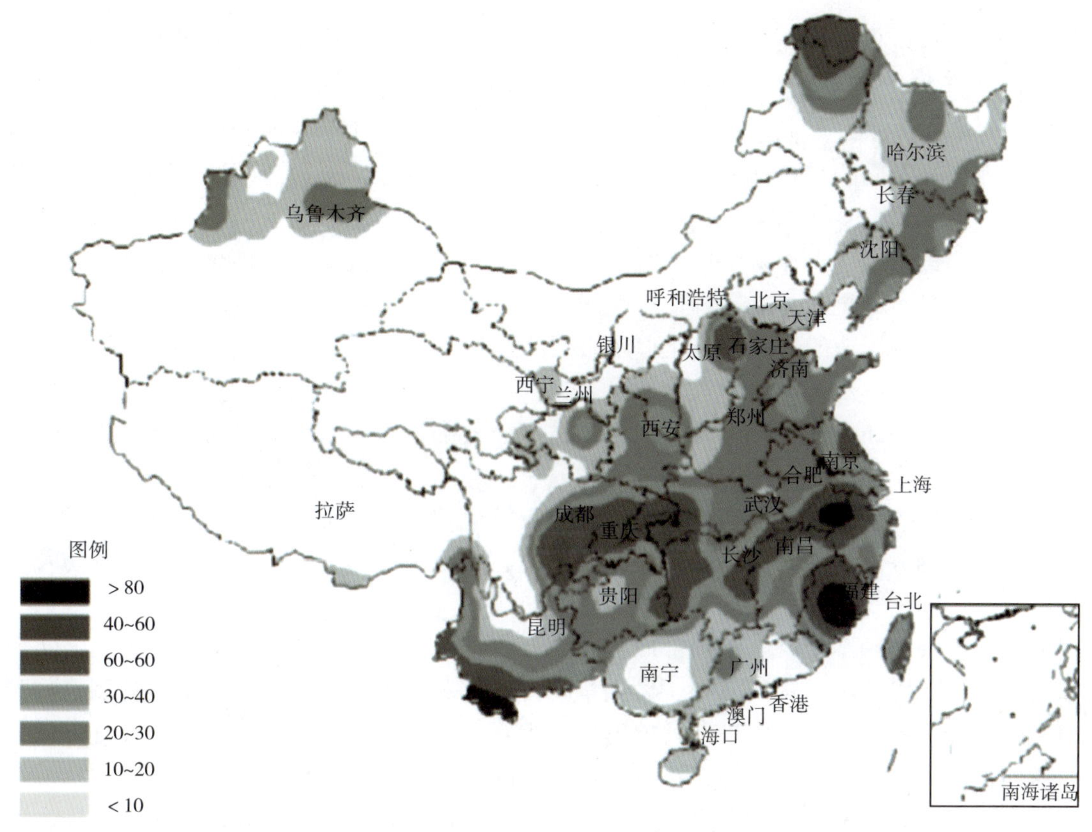

图3-3-3 1961~2006年中国平均年雾日数分布（单位：d）

（2）雾中行车时，一定要严格遵守交通规则限速行驶，千万不可开快车。雾越大，可视距离越短，车速就必须越低。专家建议当能见度小于 200m 且大于 100m 时，时速不得超过 60km；能见度小于 100m 且大于 50m 时，时速不得超过 40km；能见度在 30m 以内时，时速应控制在 20km 以下。

（3）不要用远光灯。雾天行驶，一定要使用防雾灯，要遵守灯光使用规定：打开前后防雾灯、尾灯、示宽灯和近光灯，利用灯光来提高能见度，看清前方车辆及行人与路况，也让别人容易看到自己。需要特别注意的是，雾天行车不要使用远光灯，这是由于远光光轴偏上，射出的光线会被雾气反射，在车前形成白茫茫一片，开车的人反而什么都看不见。

（4）适时靠边停车。如果雾太大，可以将车靠边停放，同时打开近光灯和应急灯。停车后，从右侧下车，离公路尽量远一些，千万不要坐在车里，以免被过路车撞到。等雾散去或者视线稍好再上路。

（5）勤用喇叭。在雾天视线不好的情况下，勤按喇叭可以起到警告行人和其他车辆的作用，当听到其他车的喇叭声时，应当立刻鸣笛回应，提示自己的行车位置。两车交会时应按喇叭提醒对面车辆注意，同时关闭防雾灯，以免给对方造成眩目感。如果对方车速较快，应主动减速让行。

（6）保持车距。在雾中行车应该尽量低速行驶，尤其是要与前车保持足够的安全车距，不要跟得太紧。要尽量靠路中间行驶，不要沿着路边行驶，以防与路边临时停车等待雾散的人相撞。

（7）切忌盲目超车。如果发现前方车辆停靠在右边，不可盲目绕行，要考虑到此车是否在等让对面来车。超越路边停放的车辆时，要在确认其没有起步的意图而对面又无来车后，适时鸣喇叭，从左侧低速绕过。另外，也请注意小心盯住路中的分道线，不能轧线行驶，否则会有与对向的车相撞的危险。在弯道和坡路行驶时，应提前减速，要避免中途变速、停车或熄火。

（8）不要紧急制动。在雾中行车时，一般不要猛踩或者快松加速踏板，更不能紧急制动和急打转向盘。如果认为确需降低车速时，先缓缓放松加速踏板，然后连续几次轻踩制动踏板，达到控制车速的目的，防止追尾事故的发生。

2. 公路管理部门应采取的对策

（1）提高预警能力。公路管理部门应当按照公安部、中国气象局《关于建立道路交通安全气象信息交换和发布制度的通知》要求，协调当地气象部门，完善信息交换机制，及时掌握近期气象的变化趋势。认真分析往年雾天发生规律，加强辖区雾情多发、易发路段和时段的巡逻勤务，动态掌握路面气象变化情况。确保对恶劣天气条件下的事故预防及交通秩序管理工作早安排、早行动，争取工作主动。

（2）完善工作预案。公路管理部门应当认真总结往年雾天交通管理工作经验，落实警力和装备保障，提前组织预案演练。做到早安排早部署，不断健全和完善交通管制工作预案，明确目标任务，分解落实责任，突出工作重点，强化工作措施，提高恶劣天气下预警和快速处置能力，按照提前预警、重点监控、及时疏导的原则完善雾天交通管制预案，严防严重交通堵塞和交通事故的发生。并进一步明确工作职责，强化领导，从交通疏导、现场处理、信息管控和后勤保障等各项工作设立小组，分工明确，确保应对及时，处理迅速。有效确保雾天到来时，道路交通管控工作的快速、及时、高效、有序。

（3）及时发布信息。公路管理部门应会同气象部门，通过电视、广播、网络、手机短信以及路面电子显示屏等多种形式，拓展气象预警信息发布渠道，提醒、警示广大驾乘人员做好安全防范，提高社会公共服务能力，确保一旦发生雾情，能及时向社会发布，强化交通安全出行提示。并在国道、省道、窄桥、长坡等危险路段设置反光警示牌，放置反光锥，提醒驾驶员注意行车安全。在雾天，对于已经驶入管制路段的车辆，可以通过车载电子显示屏，鸣笛、喊话及警车带道等措施，提醒驾驶人员按规定开启雾灯，控制行车速度，及时引导车辆就近驶入服务区或驶离公路，尽可能的预防和减少交通事故的发生。

（4）加强巡逻管控。秋冬季节，各级交警部门要加强路面巡逻力度和密度，严格落实24h不间断巡逻勤务机制。重点加强对夜间危险路段和安全隐患路段的巡逻、管控，确保危险情况早发现、早处理、早解决。同时，充分发挥指挥中心的作用，通过指挥中心的监控室加大“电子巡逻”密度，配合路面巡逻车，随时掌握路面情况，并作出具体部署。要采取机动巡逻与定点执勤相结合的执勤方式，加强对交叉路口、穿村镇公路及急弯路段的管理。对事故多发路段、路口设置固定警力，重点防范，随时发现情况，及时报告。对无后雾灯或灯光不全车辆的，一律滞留或就地修复。警车全部上路巡逻，开启警灯，并用话

筒提醒驾驶员注意安全。路口安排警力开启警用摩托警报器，时刻提醒驾驶人，注意交通安全。同时对于事故多发路段，实行严防死守，加强警力配置，实行 24h 监控，以确保万无一失。

（5）加强勤务协作。相邻高速公路公安交管部门要加强信息通报和勤务协作，及时通报雾情，对因大雾天气采取封路等交通管制措施的，要及时通报相邻公安交管部门，并利用相邻出、入口、服务区提前组织疏导、分流，避免造成交通拥堵或引发道路交通事故。

（6）加大科技投入。智能化交通管理系统在不久的将来会成为公安交通管理工作的主要手段，要努力加大科技投入，建设具有高性能、多方面的检测手段，直观的数字检测显示、图像监视，完善的紧急电话报警功能在内的信息监控系统，能及时、动态地发布警示、诱导信息，为保障恶劣天气下的道路行车安全提供重要的软件环境。最大限度地把交通民警从人海战术中解放出来，通过监控中心合理及时的调配警力资源，引导车辆正常通行。

（7）强化安全宣传。在多雾季节的高发期之前，要有针对性地进行雾天行车安全教育宣传，随着私家车和外来流动人车的增多以及一些运输单位的破产、解散，原来靠各单位安全管理部门落实的安全管埋措施出现了空隙。公安交通管理部门应不断改进安全教育的方式方法，充分利用声、屏、报、网，采取广泛宣传，张贴标语，悬挂横幅等多种多样的方法，开展广泛的交通安全教育。其次，还要充分发挥民间组织的作用，依靠各级驾协和车友会等组织，通过设立外来车主和驾驶员管理服务站等，最大限度地填补交通安全教育的空白点。通过多渠道宣传教育，力争所有交通参与者对交通安全有一个清醒的认识，尤其是在多雾、冰雪等恶劣天气，自觉支持配合公路管理部门的安全管理工作。通过宣传，努力提高驾驶员雾天安全防范意识，增强交通参与者对恶劣天气情况下安全驾驶的高度重视。相关部门也应把雾天以及雨、雪等恶劣天气的安全驾驶技能纳入驾驶员培训内容，做好源头化管理，避免恶劣天气引发的严重后果。

（8）加强自我防护。要注意做好民警自身安全防范工作，要按照规定着反光背心，打开警灯，站位准确，严防意外。同时要组织民警认真学习恶劣天气交通管制预案，熟练掌握工作要求，明确各自岗位、职责和任务，提高快速反应能力与实战能力。要提醒、教育民警注意加强自我防范和保护，特别是在查纠违法、紧急救护中，严格按规范程序运作，尤其要设置必要的警示牌，防止二次事故的发生和民警意外伤亡。

（二）高速公路人工消雾技术

影响高速公路安全运营的气象条件，通过采取积极的预防措施，可以使高速公路交通事故得到有效的控制。但是高速公路采取限速、封闭等被动措施在降低高速公路交通事故的同时，也必然带来高速公路通行能力的下降、高速公路运行成本的增加及效益的下降。为了既能有效地减少高速公路交通事故，又能提高高速公路的通行能力和经济效益，目前国内外采取人工影响天气的方法，来对恶劣气象条件进行治理，取得了成功的经验。

人工消冷雾是向雾中播撒适当物质使之产生大量冰晶，冰晶与水汽和水滴共存时，由于冰面饱和水汽压小于水面饱和水汽压，雾中的水汽便会迅速凝华到冰晶上，冰晶的增长抑制了水滴的增长，并促使水滴不断蒸发，数量减少，从而达到减少和清除大气中雾滴的效果。

人工消暖雾的技术尚处于进一步的试验研究之中，采用的方法有：播撒氯化钙等吸湿性核在雾中培植大水滴，拓宽雾滴谱，诱发碰并过程，造成雾的沉降，使雾消散；用喷气发动机产生热气，靠热动力扰动气流，使雾蒸发消散；采用直升飞机破坏雾层顶部的逆温层，使雾因气流上升而消散等。

我国从 1985 年开始，先后在庐山、福建、重庆、成都、上海和北京等地进行雾的宏观、微观结构观测和人工消雾的试验工作。随着交通的发展，浓雾对公路车辆行驶的影响越来越大，严重影响交通安全，造成的直接和间接的经济损失迅速加大，由此推动了高速公路人工消雾工作的开展。

六、公路大雾灾害案例

1. 案例一：普洱元磨、磨思高速公路，思澜二级公路大雾来袭

2011 年 11 月后，普洱辖区的元磨高速公路、磨思高速公路、思澜二级公路多个路段容易起雾，交警启动应急预案，并提醒途经的驾驶员朋友谨慎驾驶。

普洱地区每年 11 月份后直至整个冬季，元磨高速公路的老苍坡、大风垭口、通关、清水河 2 号隧道一带，每天上午 10 时以后，雾比较大。

与元磨高速公路相接的磨思高速公路，在宁洱隧道至同心收费站之间的 21km 路段内，冬季也经常会起大雾。这段区域如果遇到下雨天，大雾一般夜间 9 时起，一般要到次日上午 10 时左右才会消散。

在普洱境内，思茅至澜沧的思澜二级公路，仙人洞一带约 4km 路段，进入冬季，亦是浓雾重灾区，能见度仅 10m 范围，往往持续多天

磨思高速公路交警大队会针对大雾天气，启动“恶劣天气应急处置预案”，与当地气象、路政等单位取得联系，及时获知天气情况和路况信息，及时发布信息；同时，在多雾地段，采用引导、多点分流、间隔放行、设置减速设施，限速行驶，加大巡逻力度等措施，保障大雾天高速公路安全畅通。

2. 案例二：大雾“惹出”7 车祸　港人丧命滇高速路

图3-3-4　车祸现场

2011 年 1 月 14 日早上 8 时 32 分，云南玉（溪）—元（江）高速公路 K113+100 路段被大雾笼罩，能见度不足 50m，一辆加长型大货车先发生横滑后，将所有车道堵塞，后面部分车辆因车速过快没有及时采取措施，约 500m 范围内间断性的发生了 7 起多车连环相撞的事故，共涉及 28 辆车不同程度受损，造成 1 人死亡、3 人受伤（图 3-3-4）。

玉溪市公安局高速公路交巡警大队当日接警后于 8 时 45 分到达现场，立即对现场进

行安全防护及处置，并全力抢救受伤人员。该次事故，玉溪市公安局高速公路交巡警大队共投入警力30人，警车8辆，共抽调大型拖车2辆、小型拖车6辆、吊车2辆、救护车2辆、消防车2辆、20余名消防人员参与抢救伤员和现场施救工作。相邻的红塔大队、峨山大队也投入警力25人。至当日11时40分，现场全部处理完毕，道路恢复畅通。

第四节　公路风灾防灾减灾对策

一、公路风灾的定义及分级

（一）风及公路风灾的定义

风：太阳照射后地球表面受热不均，引起大气层中压力分布不均，空气沿水平方向运动便形成了风。

风灾：是指暴风、台风或飓风等风力较大的风对所途经的区域造成的各种破坏现象，叫做风灾。

风灾与风向、风力和风速等具有密切关系。

风向是指风吹来的方向，例如由北方吹来的风叫做北风。风向通常可由风向标等观察出来。风向标箭头指向的风向就是风吹来的方向。

风力是指风的力量。风力的大小与风速大小成正比。

公路风灾是大风对公路工程建设、运营过程中造成的危害，主要是使工程施工器械、人员、车辆等翻覆、坠落等。

风灾种类较多，可分为：热带气旋（台风、飓风、热带风暴）、暴风雪和龙卷风、沙尘暴等（图3-4-1和图3-4-2）。其中发生在热带海洋上的大气涡旋，是热带低压、热带风暴、台风和飓风的总称（图3-4-3和图3-4-4）。其直径一般为几百千米，最大可达上千千米。热带气旋区域内的风速以近中心为最大。

图3-4-1　沙尘暴

图3-4-2　龙卷风

图3-4-3　飓风卫星图

图3-4-4　台风时大坝决堤

（二）风的形成原因

从原理上来讲，太阳照射后地球表面受热不均，引起大气层中压力分布不均，空气沿水平方向运动便形成了风。例如，海陆热力性质的差异就是风的形成原因之一，白天（夏季）陆地升温快，而夜晚（冬季）陆地降温快，但海水升、降温速度慢，就形成了压力差，高压指向低压，就形成了风。

大风是由剧烈的空气水平运动造成的，主要出现在台风（含热带风暴、强热带风暴、台风、强台风、超强台风）、温带气旋、强对流及冷空气过境等天气形势下，一年四季均有可能出现。

一般来说，台风大风主要出现在 7~9 月；温带气旋大风主要出现在春秋季，具有持续时间长、影响范围大等特点，风力一般较台风弱；强对流天气下的大风多出现在夏季，主要有雷雨大风、飑线大风、龙卷风等，具有突发性强和局地性强的特点，持续时间短暂，但有时强度极大，对影响区域可造成极大破坏；冷空气大风（或寒潮大风）主要出现在 11 月至次年 3 月，通常持续时间长，对海运具有较不利影响，但强度相对较弱。

（三）风的分级与致灾特点

1. 风的分级

在气象学上，风的分级用风级表示。

风级，即风力的等级。一般分为 12 级，风速 0.2m/s 以下的风是零级风，风速 32.6m/s 以上的风是 12 级风。

按风力的大小，还可分为无风、软风、轻风、微风、和风、劲风、强风、疾风、大风、烈风、狂风、暴风和飓风。风级越大，风力越大，风的破坏能力就越大。

微风风速 2 ～ 3m/s，相当于 2 级风，旗帜微微飘动，草微动，细树枝微动；和风风速 4 ～ 7m/s，相当于 3 ～ 4 级风，旗帜展开并飘动，草不停地摆动，细树枝晃动；强风风速 8 ～ 12m/s，相当于 5 ～ 6 级风，旗帜刮成水平并哗哗作响，草倒于地面，粗树枝摇动。

2. 风的致灾特点

（1）风的危害程度主要和风速有关。研究表明，风压基本和风速的平方成正比，当风速达到 30m/s 时（11 级），每平方米可产生约 560N 以上的风压。龙卷风风速极大，因此具有极强的破坏力，同时龙卷风的危害还与其极低的气压有关，强大的气压差可导致物体被吸入其中。强烈的大风可造成建筑物倒塌、电杆折断、树木庄稼倒伏等，威胁人民生命财产安全，对城市运行、社会生产、农业、交通和人民生活等均具有不利影响。

（2）云南复杂地形条件下的风。风速是多种因素综合作用的结果，大气环流仅是风成因的一部分，地面风在很大程度上还受江河湖海、地形的影响，山隘和海峡能改变气流运动的方向，还能使风速增大；而丘陵、山地摩擦大，使风速减少，孤立的山峰因海拔高使风速增大。因此，风向和风速的时空分布也变得复杂多样。

例如：昆明地区抚仙湖、滇池这些水域的风向、风速不仅受南支西风急流影响，还受澄江地形的影响，多种因素综合作用的结果，所以风就变得更加复杂。再如：昆明南边的滇池，面积有 300 多平方公里，由于海陆风的存在，这么大的水面，好像一个巨大的"风向、风速调节器"。而另一方面，昆明处于盆地中，四周群山环抱，整个盆地的地势是西北高东南低，大凉山、乌蒙山等山脉就像一堵巨大的"挡风墙"，除了冬季挡住了北方冷空气的侵袭外，也以自己的方式改变着昆明的风。此外，在太阳照射下，盆地和山地吸放热量不一，形成热力差，白天风由山地吹向平原，夜间反由平原吹向山地。

3. 风对公路工程附属建筑物、构筑物安全的影响

公路工程附属建筑物或构筑物，是指附属于公路交通的收费站、服务区、加油站、停车场、施工场区建筑物或公路沿线宣传广告等建筑设施。这些建筑物或构筑物在风灾面前具有一定的脆弱性。

一定风速之下的风可导致建筑物、构筑物，特别是危房、简易大棚、车棚等倒塌，室外构筑物、广告牌被吹落，导致人员伤亡（图 3-4-5）。

（1）对交通的影响：影响水运、空运、陆运正常进行，并对大型桥梁等设施安全具有威胁。

图3-4-5　云南德宏盈江风灾

（2）对电力设施的影响：吹倒电塔、电杆，造成电力线路中断，影响电力供应。

（3）对通信系统、信息系统的影响：吹坏通信基站、通信线路，造成通信中断。

（4）对绿化的影响：吹倒行道树等树木，并进而对交通产生不利影响（图 3-4-6）。

图3-4-6　被风吹倒的树木

（5）对安全生产的影响：户外作业、高空作业、施工、起吊、装卸、危险品运输等都可能由于大风而不能正常进行，易引发事故。

二、云南风灾的分布与重点防范区域

风灾是云南常见气象灾害中影响较小的一种，大多在局部地区出现，对公路交通运输、附属建筑设施、通信线路等造成损害。

（一）风灾的时空分布

1. 时间分布

云南气候特点为季风气候显著，干湿季分明，干季风速明显大于雨季，夏秋风速小，冬春两季风大。多年的气候资料显示，昆明春季（2 ～ 4 月）超过 8 级的大风日数平均可达 10d 左右，占全年大风日数的 80%。一旦雨季开始大风天气就会逐渐减少。

云南全年均可出现大小不等的风灾，其中以春季最为严重。春季是云南的风季，春季大风造成财产损失和人身伤害事件全年占比最大。

云南风灾有明显的季节变化特征。3 ～ 4 月是云南风灾高频期，年均有 6 ～ 8 县次受灾，其次是盛夏 7 ～ 8 月，尽管月平均风速小，但因多强对流天气，小范围的局地强风仍有出现，年均 4 ～ 6 县次受灾。

云南风季最显著的特征是午后风力剧增的日变化规律。2 ～ 4 月的午后易出现偏西大风，尤其是南支槽天气过境时，风力更大。按照气象部门观察积累的经验，云南的春季大风多数是呈阵性，来去突然，持续时间较短。例如昆明地区，一般夜间和上午风速较小，午后 2 到 5 点之间风速最大，可达 4 ～ 5 级，甚至可以达到 7 ～ 8 级。如：昆明西山风景区太华山气象站 2012 年 2 月 5 日 15 时 17 分，测得极大风速为 25.4m/s（10 级风，也称“狂风”），以气象标准来看，当出现 10 级风时，可拔树毁屋。

2. 区域分布

云南风灾出现次数最多，灾情最严重的地区是滇东北的昭通市，历史上几次严重的大风灾害都发生在这一区域。云南重风灾区主要分布于昭通市北部的大关河、白水河一带的永善、盐津、大关、镇雄；滇东南的屏边；滇南西双版纳州的景洪、勐海、勐腊以及滇北的华坪一带，平均 2 ～ 3 年出现一次。中等风灾区主要集中于滇东北的昭阳、东川、宣威、罗平；滇东南的广南、马关、河口；滇南的思茅市（今普洱市，后同）、临沧地区的耿马，滇西的大理和贡山，滇西南的德宏州，平均每 5 年出现一次，以春季出现

2. 风的致灾特点

（1）风的危害程度主要和风速有关。研究表明，风压基本和风速的平方成正比，当风速达到 30m/s 时（11 级），每平方米可产生约 560N 以上的风压。龙卷风风速极大，因此具有极强的破坏力，同时龙卷风的危害还与其极低的气压有关，强大的气压差可导致物体被吸入其中。强烈的大风可造成建筑物倒塌、电杆折断、树木庄稼倒伏等，威胁人民生命财产安全，对城市运行、社会生产、农业、交通和人民生活等均具有不利影响。

（2）云南复杂地形条件下的风。风速是多种因素综合作用的结果，大气环流仅是风成因的一部分，地面风在很大程度上还受江河湖海、地形的影响，山隘和海峡能改变气流运动的方向，还能使风速增大；而丘陵、山地摩擦大，使风速减少，孤立的山峰因海拔高使风速增大。因此，风向和风速的时空分布也变得复杂多样。

例如：昆明地区抚仙湖、滇池这些水域的风向、风速不仅受南支西风急流影响，还受澄江地形的影响，多种因素综合作用的结果，所以风就变得更加复杂。再如：昆明南边的滇池，面积有 300 多平方公里，由于海陆风的存在，这么大的水面，好像一个巨大的“风向、风速调节器”。而另一方面，昆明处于盆地中，四周群山环抱，整个盆地的地势是西北高东南低，人凉山、乌蒙山等山脉就像 堵巨大的“挡风墙”，除了冬季挡住了北方冷空气的侵袭外，也以自己的方式改变着昆明的风。此外，在太阳照射下，盆地和山地吸放热量不一，形成热力差，白天风由山地吹向平原，夜间反由平原吹向山地。

3. 风对公路工程附属建筑物、构筑物安全的影响

公路工程附属建筑物或构筑物，是指附属于公路交通的收费站、服务区、加油站、停车场、施工场区建筑物或公路沿线宣传广告等建筑设施。这些建筑物或构筑物在风灾面前具有一定的脆弱性。

一定风速之下的风可导致建筑物、构筑物，特别是危房、简易大棚、车棚等倒塌，室外构筑物、广告牌被吹落，导致人员伤亡（图 3-4-5）。

（1）对交通的影响：影响水运、空运、陆运正常进行，并对大型桥梁等设施安全具有威胁。

图3-4-5　云南德宏盈江风灾

（2）对电力设施的影响：吹倒电塔、电杆，造成电力线路中断，影响电力供应。

（3）对通信系统、信息系统的影响：吹坏通信基站、通信线路，造成通信中断。

（4）对绿化的影响：吹倒行道树等树木，并进而对交通产生不利影响（图 3-4-6）。

图3-4-6　被风吹倒的树木

（5）对安全生产的影响：户外作业、高空作业、施工、起吊、装卸、危险品运输等都可能由于大风而不能正常进行，易引发事故。

二、云南风灾的分布与重点防范区域

风灾是云南常见气象灾害中影响较小的一种，大多在局部地区出现，对公路交通运输、附属建筑设施、通信线路等造成损害。

（一）风灾的时空分布

1. 时间分布

云南气候特点为季风气候显著，干湿季分明，干季风速明显大于雨季，夏秋风速小，冬春两季风大。多年的气候资料显示，昆明春季（2 ～ 4 月）超过 8 级的大风日数平均可达 10d 左右，占全年大风日数的 80%。一旦雨季开始大风天气就会逐渐减少。

云南全年均可出现大小不等的风灾，其中以春季最为严重。春季是云南的风季，春季大风造成财产损失和人身伤害事件全年占比最大。

云南风灾有明显的季节变化特征。3 ～ 4 月是云南风灾高频期，年均有 6 ～ 8 县次受灾，其次是盛夏 7 ～ 8 月，尽管月平均风速小，但因多强对流天气，小范围的局地强风仍有出现，年均 4 ～ 6 县次受灾。

云南风季最显著的特征是午后风力剧增的日变化规律。2 ～ 4 月的午后易出现偏西大风，尤其是南支槽天气过境时，风力更大。按照气象部门观察积累的经验，云南的春季大风多数是呈阵性，来去突然，持续时间较短。例如昆明地区，一般夜间和上午风速较小，午后 2 到 5 点之间风速最大，可达 4 ～ 5 级，甚至可以达到 7 ～ 8 级。如：昆明西山风景区太华山气象站 2012 年 2 月 5 日 15 时 17 分，测得极大风速为 25.4m/s（10 级风，也称“狂风”），以气象标准来看，当出现 10 级风时，可拔树毁屋。

2. 区域分布

云南风灾出现次数最多，灾情最严重的地区是滇东北的昭通市，历史上几次严重的大风灾害都发生在这一区域。云南重风灾区主要分布于昭通市北部的大关河、白水河一带的永善、盐津、大关、镇雄；滇东南的屏边；滇南西双版纳州的景洪、勐海、勐腊以及滇北的华坪一带，平均 2 ～ 3 年出现一次。中等风灾区主要集中于滇东北的昭阳、东川、宣威、罗平；滇东南的广南、马关、河口；滇南的思茅市（今普洱市，后同）、临沧地区的耿马，滇西的大理和贡山，滇西南的德宏州，平均每 5 年出现一次，以春季出现

机会最多。云南有时在夏季因受局地地形和下垫面热力作用影响，在有利的天气系统影响下会出现风力极强、破坏性极大的龙卷风灾害，但机会较少，影响范围极小。云南大风灾害分区如图 3-4-7 所示。

图3-4-7 云南省大风灾害分布图

Ⅰ-轻风灾区；Ⅱ-中等风灾区；Ⅲ-重风灾区

（1）重风灾区：分布在滇东北的昭通地区北部大关和、白水河一带的永善、盐津、镇雄等县，滇东南的屏边、滇南西双版纳的勐海，景洪、勐腊以及北部华坪。大风灾害平均 2～3 年一次。其中风灾出现次数最多的景洪几乎平均每年出现一次，但多是出现于局部小范围地区。

（2）中等风灾区：插花分布在昭通市、昆明市东川区、曲靖市的宣威和罗平，文山州的广南、马关和红河州的河口，思茅市、德宏州和临沧市的耿马，大理、贡山等地。此区大风灾害平均 5 年左右一次。

（3）轻风灾区：主要分布于滇中部、北部和东部大多地区，大风灾害平均 10 年左右一次。

3. 云南的“狭管效应”大风

“狭管效应”大风，是指由于地形或地面高层建筑物的影响，大风迎面吹来后无法顺畅通过，只能聚集在很小的空间内，使得局部范围内风力迅速变大的风。民间所说的“穿堂风”也是“狭管效应”大风中的一种，“狭管效应”能使通过高楼之间的瞬间风力达到 12 级，所以遇到大风天气时，居住在高楼里的人们往往会听到呜呜的呼啸声。“狭管效应”与城市高层建筑数量、间距、位置有密切关联。高层建筑物越多、体积越大、间距越小，出现“狭管效应”的机会越大。

云南复杂的地形，不断改变着途经这里风的风向与风力，拥有 94% 山地的云南，风在崇山峻岭穿行的过程中被不断分割、阻挡、挤压或摩擦，从而形成了千变万化的风。一般来说，山顶、垭口、峡谷等地的风往往要大于开阔平地。

“垭口”一般是指两山间相对较低的位置，是云南十分常见的地形地貌。经过这一带的气流往往在狭窄的垭口处风速剧增。如昆明富民、楚雄南华、玉溪元江等很多地方，都有以“大风垭口”命名的地方。

海拔越高，平均风速往往也越大。如：平均海拔 1891.4m 的昆明市，年平均风速 2.2m/s。与之距离不到 10km 的太华山海拔 2358.3m，年平均风速增大为 5.8m/s，特别在 12~5 月干季时，风力特别强，甚至接近全国最大风能的水平。

狭管风就是此类风的典型代表。高大的苍山挡住了东西两面的大气对流，苍山的斜阳峰和哀劳山脉的者摩山之间的下关天生桥峡谷，是下关东西两面大气对流的出口。下关市处于西洱海的东部谷口，西宽东窄的地形，特别有利于使冬春季沿河谷东进的西风气流流线密集，致使其风速明显加大，尤其是行走在天生桥峡谷对着的街道上，大风吹得人站立不住。下关年平均风速 4.4m/s，冬春季节风力达八级以上。而位于它北面 10 多千米的大理县城，由于在苍山东边山脚下，风速明显偏小，其年平均风速仅为 2.4m/s。

（二）大风天气对车辆稳定性的影响

与车辆行驶方向垂直（也可能有一定斜度）且对行驶的车辆造成一定危害的风，叫做横风。当公路穿越“狭管效应”大风所处的区域时，要特别注意“横风”。

大风天气主要影响车辆的稳定性，在较高的路面或局部暴露的区段、桥涵行驶的车辆，尤其是从隧道驶出的大型货车，其稳定性受风的威胁更大。如同时伴有沙尘暴或积雪、积冰等天气出现，则引发交通事故几率更高。大风同时伴有沙尘暴或积雪、积冰等天气出现时，容易造成驾驶员可视距离缩短、路面湿滑、制动距离增加，发生追尾、侧翻、碰撞高速公路护栏等事故。

在道路线形平直、路况良好的情况下，车辆通常都以较快的速度行进。此时，如果遇上大风，车辆会产生摆动。原因其一是车辆在高速行驶过程中，轮胎抓地性能减弱，横风很容易将车辆掀翻。其二是风对车辆的作用力不均匀，作用方向也不规律，再加上车辆本身结构中存在的各种缝隙空间，快速流动的空气在不规则的车体中形成了大小不等的摩擦阻力，车速达到一定程度，车辆就会产生摆动。如果风力较强，会使车辆偏离行车路线，而且这种偏移是随车速的提高而加剧的。经测算，普通轿车以 100km /h 的车速行驶时，遇有风速 10m /s 的横向风，车辆在 100m 的行程内将偏离中心线 4 ～ 5m，客车的偏移量将更大。天气晴朗、能见度高的时候，大风很容易引起驾驶人员的疏忽。如果驾驶员此时操控不当，就容易造成事故。

大风除了对车辆本身安全的影响，可能卷走、吹倒路标和其他高速公路交通设施，大风还会引发掉落物，如刮起的树枝、电线杆等，它们都会影响车辆行驶安全。

在横风路段（路侧设有如图 3-4-8 所示的“注意横风”标志）行驶时，驾驶人员要提高注意力，减速慢行，握紧方向盘，以免横风造成车辆偏移行驶方向。

图3-4-8 “注意横风”标志

三、公路交通风灾的防灾减灾对策

（一）风灾预警

中国气象局把大风（除台风外）灾害天气预警信号分为四个级别，按照风速从小到大及可能造成的灾害程度从弱到强的顺序，分别用大风蓝色预警、黄色预警、橙色预警、红色预警来表示。人们应该充分关注，一旦获取到预警信号时，就要马上绷紧“危险”的神经，并尽量调整、减少室外活动。

即便是最低级别的预警都值得上心。蓝色预警一般平均风力为6~7级，但并不排除阵风7～8级并持续的可能。

（二）风灾防御

风灾的预警分为蓝色、黄色、橙色和红色四级。

1. 蓝色预警

指24h内可能受大风影响，平均风力可达6级以上，或者阵风7级以上；或者已经受大风影响，平均风力为6～7级，或者阵风7～8级并可能持续。防御指南如下：

（1）公路交通相关部门按照职责做好防大风工作。

（2）关好门窗，加固围挡、棚架、广告牌等易被风吹动的搭建物，妥善安置易受大风影响的室外物品，遮盖建筑物资。

（3）在江、河、湖泊等水域进行水上施工作业的人员、器械、机具应采取积极的应对措施，如避风、加固或系紧等。

（4）服务区、施工作业区等人员注意尽量少骑自行车，刮风时不要在广告牌、临时搭建物等下面逗留。

（5）公路管理部门应当在横风显著的路段加强警示；应加强公路沿线森林、草原等防火。

2. 黄色预警

指12h内可能受大风影响，平均风力可达8级以上，或者阵风9级以上；或者已经受大风影响，平均风力为8～9级，或者阵风9～10级并可能持续。防御指南如下：

（1）公路交通相关部门按照职责做好防大风工作。

（2）停止露天活动和高空等户外危险作业，危险地带人员和危房居民尽量转到避风场所避风。

（3）对相关水域水上作业和过往船舶采取积极的应对措施，加固港口设施，防止船舶走锚、搁浅和碰撞。

（4）切断户外危险电源，妥善安置易受大风影响的室外物品，遮盖建筑物资。

（5）公路管理部门应当采取保障交通安全的措施，在横风显著的路段加强警示并控制车速；应加强公路沿线森林、草原等防火巡查。

3. 橙色预警

指6h内可能受大风影响，平均风力可达10级以上，或者阵风11级以上；或者已经受大风影响，平均风力为 10 ～ 11 级，或者阵风 11 ～ 12 级并可能持续。防御指南如下：

（1）公路交通相关部门按照职责做好防大风应急工作。

（2）收费站、服务区、施工作业区中抗风能力较弱的部门应当停止作业，人员减少外出。

（3）相关水域水上作业和过往船舶应当回港避风，加固港口设施，防止船舶走锚、搁浅和碰撞。

（4）切断危险电源，妥善安置易受大风影响的室外物品，遮盖建筑物资。

（5）公路管理部门应当采取保障交通安全的措施，在横风显著的路段加强警示并控制车速；应加强公路沿线森林、草原等防火巡查。

4. 红色预警

指 6h 内可能受大风影响，平均风力可达 12 级以上，或者阵风 13 级以上；或者已经受大风影响，平均风力为 12 级以上，或者阵风 13 级以上并可能持续。防御指南如下：

（1）公路交通相关部门按照职责做好防大风应急和抢险工作。

（2）人员应当尽可能停留在防风安全的地方，不要随意外出。

（3）回港避风的船舶要视情况采取积极措施，妥善安排人员留守或者转移到安全地带。

（4）切断危险电源，妥善安置易受大风影响的室外物品，遮盖建筑物资。

（5）公路管理部门应当采取保障交通安全的措施，在横风显著的路段加强警示并控制车速；应加强公路沿线森林、草原等防火巡查。

第五节　公路交通雷电灾害防灾减灾对策

云南省也是全国的“重雷区”之一。据相关统计资料，2004 年 4 ～ 5 月份，云南省就发生雷电灾害 20 起以上，死亡 4 人，5 人受伤，上百台电子设备受损，其中曲靖市就有一个通信站、两个加油站、一个高速公路收费站、一个交通指挥通信中转站遭雷击，经济损失达 200 多万元。2005 年，全省发生雷击事故 434 起，死亡 51 人、91 人受伤，经济损失达 21384 万元。昆明市 2011 年发生雷电灾害 126 起，死亡 12 人，伤 7 人。图 3-5-1 所示为 2014 年 6 月 5 日晚九时许，昆明主城区上空雷电交加持续一个多小时的延时合成照片。

随着微电子技术的快速发展，雷电灾害造成的损失会越来越大。从我国第一条高速公路投运至今，高速公路（收费站）的机电系统都不同程度地遭遇雷电侵害。轻者部分设备被雷电击坏，系统丧失部分功能；重者全系统瘫痪，经济损失惨重；更有甚者，因系统频繁遭受雷电侵扰，系统不能正常运行，全部系统功能尽失，给交通安全带来极大隐患。因此，对雷电灾害进行分析和评估，有针对性地开展灾害预防十分必要。

一、公路交通雷电灾害的定义及特点

1. 雷电及公路雷电灾害的定义

雷电：是发生在自然大气中的瞬间放电现象，雷电直接击在建筑物、大地或其他物体上，能产生巨大的电效应、热效应和机械力，对国家经济和社会发展及人民群众生命财产安全带来严重危害。

雷电灾害的概念：是指因直击雷、雷电电磁脉冲、静电、雷电波侵入等造成人员伤亡、财产损失的事件。

公路交通雷电灾害：是指公路交通建设、运营、养护系统中，因雷击而导致车辆、人员、通信设备、服务区财产等损失的现象。

图3-5-1　昆明主城上空雷电延时合成照片（马闪山　摄）

雷电活动强度用雷电日和雷电小时表示。

雷电日数（也叫雷暴日数）：指一年中有雷电的日数，在一天内只要听到雷声就作为一个雷电日。年雷电日数就是全年雷电日数的总和。

2. 雷电的形成原因

雷电是积雨云中，云与云之间或云与地之间产生的放电现象，并伴有火花放电，强大电流通过时，又使空气迅速膨胀产生巨大的响声，即打雷。

雷电一般产生于对流激烈的积雨云中，因此常伴有强烈的阵风和暴雨，有时还伴有冻雹和龙卷风。积雨云顶部一般较高，可达 20km，空气对流等过程使云层中产生电荷，总体而言，云的上部以正电荷为主，下部以负电荷为主，因此，云的上、下部之间形成一个电位差。当电位差达到一定程度后，就会产生放电，这就是我们常见的闪电现象（图 3-5-2）。

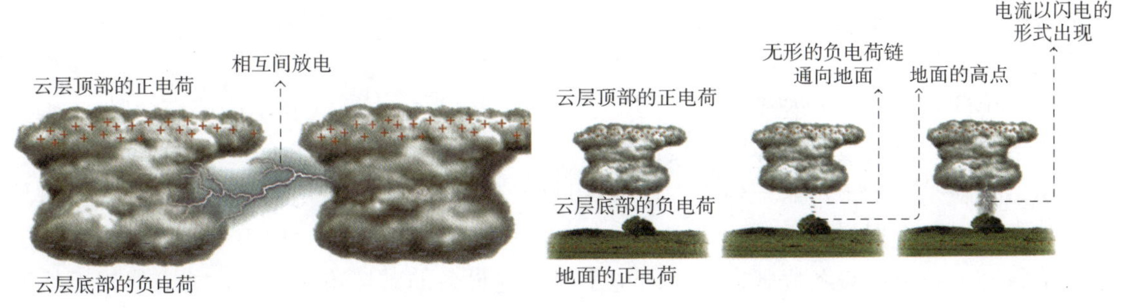

图3-5-2　雷电的形成原因

闪电的平均电流是 3 万 A，最大电流可达 30 万 A。闪电的电压很高，为 1 亿 ~10 亿 V。一个中等强度雷暴的功率可达 10000kW，相当于一座小型核电站的输出功率。放电过程中，由于闪电通道中温度骤增，使空气体积急剧膨胀，从而产生冲击波，导致强烈的雷鸣。带有电荷的雷去与地面的突起物接近时，它们之间就发生激烈的放电。在雷电放电地点会出现强烈的闪光和爆炸的轰鸣声。这就是人们见到和听到的闪电雷鸣。

3. 雷电的特点

（1）冲击电流大。闪电的电压高达 15000kV，而 120V 的电压就能致人重伤。

（2）时间短。分为三个阶段，即先导放电、主放电、余光放电。整个过程一般不会超过 60μs。

（3）雷电流变化梯度大，有的可达 10kA/μs。

（4）冲击电压高，强大的电流产生的交变磁场，其感应电压可高达上亿伏。

4. 雷电的分类

雷电有枝状、片状、带状、球状四类，其中枝状最为常见。

二、雷电的致灾特点

1. 雷电放电的种类

按照放电类型，雷电的可分为直击雷、感应雷、传导雷和球形雷四类（图 3-5-3）。

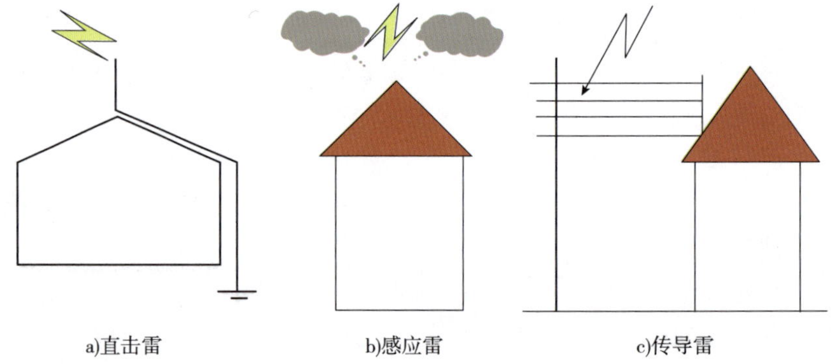

图3-5-3　雷电种类

（1）直击雷：指雷电直接作用在建筑物、大地或其他物体上，产生巨大的电效应、热效应和机械力的现象。当遭到雷击的一瞬间，强大的电流会迅速通过物体。此外，雷击产生的高温弧光也会形成烧灼或碳化。例如：重庆开县一所小学遭雷击，7 名学生死亡，39 人受伤。

（2）感应雷：由于电磁感应形成的电压升高。分为静电感应和电磁感应两种。 感应雷也是造成低压电器设备损坏的主要雷害之一。

电磁感应是由于雷击后，巨大雷电流在周围空间产生迅速变化的强大磁场所致。这种磁场能在附近的金属导体上形成强大的瞬间高压电场，从而形成对用电设备的高压弧光放电，最终会导致电气设备烧毁。尤其对电子等弱电设备的破坏最为严重，如有线、无线通信网络，电力输电网络和其他金属材料制成的线路系统。每年，被感应雷电击毁的用电设备事故达千万件以上。这种高压感应电也会对人身造成伤害。

例如：1992 年 6 月 22 日，一个落地雷砸在国家气象中心大楼的顶上，虽然该大楼安装了避雷针，但是巨大的感应雷却把楼内 6 条国内同步线路和一条国际同步线路击断，使计算机系统中断 46h，直接经济损失数十万元。

（3）传导雷：又称侵入波，是雷击于导线后，雷电流沿导线传播、并入侵被保护设备。传导雷是造成低压电器设备损坏的主要雷害之一。雷雨天，室内电气设备突然爆炸或损坏，人在屋内使用电器或打电话时突然遭电击身亡都属于这类事故。如 1991 年 6 月 10 日凌晨 1 时许。黑龙江省牡丹江市上空电闪雷鸣，震耳欲聋的落地雷惊醒酣睡中的居民，全区电灯不开自亮又瞬间熄灭，当晚，1、3、4 号楼 160 户人家中有 20 多台彩电损坏。

（4）球形雷：是一种球形、发红光或极亮白光的火球。球形雷能从门、窗、烟囱等通道侵入室内，极其危险。如 1978 年 8 月 17 日晚上，原苏联登山队在高加索山坡上宿营，5 名队员钻在睡袋里熟睡，突然一个网球大的黄色的火球闯进帐篷，在离地 1m 高处漂浮，唰地一声钻进睡袋，顿时传来吆吆烤肉的焦臭味，此球在 5 个睡袋中轮番跳进跳出，最后消失，致使 1 人被活活烧死，4 个严重烧伤。

2. 雷电的破坏作用

（1）雷电流的电动力。

（2）雷击的热效应。

（3）雷击的静电感应。

（4）雷击的电磁感应。

（5）雷击的反击和引入高电位。

防雷装置承受雷击时，其接闪器、引下线和接地装置都呈现很高的冲击电压，可能击穿与邻近导体之间的绝缘，发生剧烈的放电，这叫反击。为了防止反击，必须保证接闪器、引下线、接地装置与邻近的导体之间有足够的安全距离（5 ～ 10cm）。

3. 雷击易发生部位

雷电发生时产生的雷电流是主要的破坏源，其危害有直接雷击、感应雷击和由架空线引导的侵入雷。如各种照明、电信等设施使用的架空线都可能把雷电引入室内，所以应严加防范。雷击易在以下部位发生：

（1）缺少避雷设备或避雷设备不合格的高大建筑物、储罐等。

（2）没有良好接地的金属屋顶。

（3）潮湿或空旷地区的建筑物、树木等。

（4）由于烟气的导电性，烟囱特别易遭雷击。

（5）建筑物上有无线电而又没有避雷器和没有良好接地的地方。

4. 雷电造成的经济损失

（1）直接损失：包括火灾、人员伤亡、设备损坏。

（2）间接损失：包括不能提供服务之损失、信誉损失、重新投资。

在我国每年因雷击造成的人员伤亡为 3000 ～ 4000 人，财产损失为 50 亿～ 100 亿元。

三、云南雷电灾害的分布与重点防范区域

云南年平均雷暴日数的空间分布呈南多北少的特征，见图 3-5-4 。最南端的西双版纳

年均雷暴日数最多，为 97 ～ 138d/ 年；滇中地区为 50 ～ 97d/ 年，各站点间差异相对较小；西北角的迪庆和东北角的昭通年均雷暴日数最少，仅为 22 ～ 50 d/ 年。

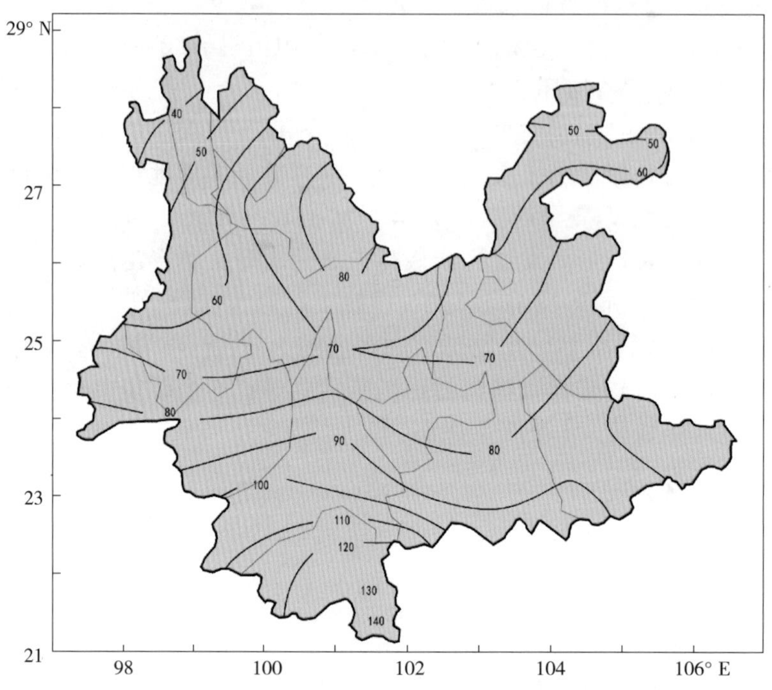

图3-5-4　云南省1971～2005年35年间平均雷暴日数分布

云南省雷击密度较高的地区位于滇南的普洱、版纳、文山等地；雷击灾害频数较高的地区位于滇中的昆明、楚雄、玉溪到南部的红河、普洱一带；经济易损指数较高的地区是玉溪、保山、丽江、德宏、红河等地；生命易损指数较高的是昆明、玉溪、丽江、红河、普洱、临沧（表 3-5-1）。

表 3-5-1　云南省各州（市）雷灾综合易损指数

州（市） 指数	昆明	曲靖	玉溪	保山	昭通	丽江	楚雄	红河	文山	普洱	版纳	大理	德宏	怒江	迪庆	临沧
雷击密度指数	0.6	0.6	0.6	0.6	0.2	0.6	0.6	0.6	0.8	1.0	1.0	0.4	0.6	0.2	0.2	0.6
雷击灾害频数指数	1.0	0.2	1.0	0.4	0.2	0.4	0.8	1.0	0.2	1.0	0.4	0.6	0.6	0.2	0.2	0.4
经济易损性指数	0.6	0.2	1.0	0.8	0.2	0.8	0.4	1.0	0.2	0.4	0.2	0.6	1.0	0.2	0.2	0.6
生命易损性指数	1.0	0.6	0.8	0.6	0.6	0.8	0.4	1.0	0.4	1.0	0.2	0.2	0.2	0.2	0.2	1.0
综合指数	3.2	1.6	3.4	2.4	1.2	2.6	2.2	3.6	1.6	3.4	1.8	1.8	2.4	0.8	0.8	2.6

综合指数表明，全省雷击灾害易损度较高的地区并不在雷暴活动频繁的南部，而在文化经济相对较发达、人口密度较高的中部一带；滇西北和滇东北由于所处纬度较高，雷暴活动少，加上地广人稀，经济不发达，因而成为全省雷击灾害易损度最低的地区。

将综合指数按 5 级划分：小于 1.3 为极低易损区，1. 3 ～ 1. 7 为低易损区，1.8 ～ 2.2 为中易损区，2.3 ～ 2.7 为高易损区，大于 2.7 为极高易损区，可以得到云南省雷灾易损区划结果，见表 3-5-2。

表 3-5-2　云南省雷在易损区划表

分区名称	范　围			
极高易损区	昆明	玉溪	红河	普洱
高易损区	保山	德宏	丽江	临沧
中易损区	楚雄	版纳	大理	
低易损区	曲靖	文山		
极低易损区	昭通	怒江	迪庆	

四、公路交通雷电灾害的防灾减灾对策

（一）建筑物的防雷分类

依据中华人民共和国国家标准《建筑物防雷设计规范》（GB 50057—2010）中第二章建筑物的防雷分类。

1. 第一类　防雷建筑物

（1）凡制造、使用或储存炸药、火药、起爆药、火工品等大量爆炸物质的建筑物，因电火花而引起爆炸，会造成巨大破坏和人身伤亡者。

（2）具有爆炸危险环境的建筑物，因电火花而引起爆炸，会造成巨大破坏和人身伤亡者。

2. 第二类　防雷建筑物

（1）国家级重点文物保护的建筑物。

（2）国家级的会堂、办公建筑物、大型展览和博览建筑物、大型火车站、国宾馆、国家级档案馆、大型城市的重要给水水泵房等特别重要的建筑物。

（3）国家级计算中心、国际通信枢纽等对国民经济有重要意义且装有大量电子设备的建筑物。

（4）制造、使用或储存爆炸物质的建筑物，且电火花不易引起爆炸或不致造成巨大破坏和人身伤亡者。

（5）具有爆炸危险环境的建筑物，且电火花不易引起爆炸或不致造成巨大破坏和人身伤亡者。

（6）具有爆炸危险环境的建筑物。

（7）工业企业内有爆炸危险的露天钢质封闭气罐。

（8）预计雷击次数大于 0.06 次 / 年的部、省级办公建筑物及其他重要或人员密集的公共建筑物。

（9）预计雷击次数大于 0.3 次 / 年的住宅、办公楼等一般性民用建筑物。

3. 第三类　防雷建筑物

（1）省级重点文物保护的建筑物及省级档案馆。

（2）预计雷击次数大于或等于 0.012 次 / 年，且小于或等于 0.06 次 / 年的部、省级办公建筑物及其他重要或人员密集的公共建筑物。

（3）预计雷击次数大于或等于 0.06 次 / 年，且小于或等于 0.3 次 / 年的住宅、办公楼等一般性民用建筑物。

（4）预计雷击次数大于或等于 0.06 次 / 年的一般性工业建筑物。

（5）根据雷击后对工业生产的影响及产生的后果，并结合当地气象、地形、地质及周围环境等因素，确定需要防雷的 21 区、22 区、23 区火灾危险环境。

（6）在平均雷暴日大于 15d/ 年的地区，高度在 15m 及以上的烟囱、水塔等孤立的高耸建筑物；在平均雷暴日小于或等于 15d/ 年的地区，高度在 20m 及以上的烟囱、水塔等孤立的高耸建筑物。

（二）雷电防护产品与雷电防护装置

雷击防护的基本原理：就是通过合理、有效的手段将雷电流的能量尽可能地引入到大地，是疏导而不是堵雷或消雷。一个完整的防雷系统包括两个方面：直接雷击的防护和感应雷击的防护。

建筑物防雷的六大要素：接闪功能、分流影响、屏蔽作用、均衡电位、接地效果和合理布线。

雷电防护产品，是指接闪器、引下线、接地装置、电涌保护器以及其他用于雷电灾害防御的产品。

雷电防护装置，是指由雷电防护产品和其他连接导体组成的雷电防护设施的总称。

据不完全统计，世界上每天都有 1800 场雷雨正在发生，每秒大约有 100 次雷击。在美国，雷电每年会造成大约 150 人死亡和 250 人受伤。全世界每年有 4000 多人惨遭雷击。在雷电发生频率为平均水平的平坦地形上，高 30m 左右的建筑物平均每年会被击中一次。每座数十米及以上的高层建筑物，比如广播或者电视塔，每年会被击中 20 次，每次雷击通常会产生 6 亿 V 的高电压，如果没有避雷设备，这些建筑物早就被毁掉了。

（三）公路交通通信设施、服务区设施防雷技术

利用建筑物、结构物的钢筋作笼式防雷网，能够满足外部防雷装置和内部防雷装置的需要，作为全面防雷来说将是今后发展的重点。

1. 直接雷击的防护

直接雷击的防护系统包括接闪器、引下线、地网三大部分。其中接闪器主要使用避雷针、避雷带、避雷网等。目前，采用避雷针、避雷带、避雷线、避雷网作为接闪器，然后通过良好的接地装置迅速而安全把它送回大地（图 3-5-5）。

2. 防雷电感应

（1）防止静电感应产生的高压的技术

①应将建筑物的金属设备、金属管道结构钢筋等予以接地。

②对于钢筋混凝土屋顶，应将屋面钢筋焊成 6 ～ 12m 网络，连成通路，并予以接地。

③对于非金属屋顶，应在屋顶加装边长 6 ～ 12m 金属网络，并予以接地。

（2）防止电磁感应的技术

①平行管道相距不到0.1m时，每20～30m须用金属线跨接，交叉管道相距不到0.1m时也应用金属线跨接。

②管道与金属设备之间距离小于0.1m时，也应用金属线跨接。

③其接地装置也可以与其他接地装置共用，接地电阻不得大于5～10Ω。

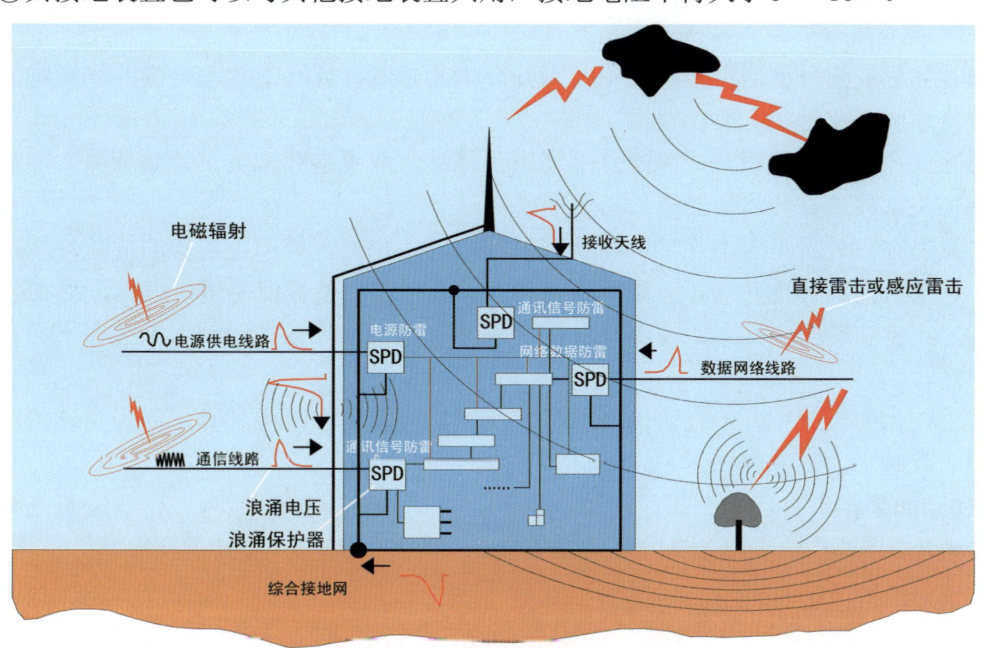

图3-5-5　直接雷击的防护系统

3. 防雷电侵入波

为了防止雷电侵入波沿低电压线路进入室内，低压线路最好采用地下电缆供电，并将电缆的金属外皮接地。

（四）个人预防雷击的措施

闪电的受害者有2/3以上是在户外受到袭击。他们每3个人中有两个幸存。在闪电击死的人中，85%是女性，年龄大都在10～35岁之间。死者以在树下避雷雨的最多。

1. 室内预防雷击

（1）一般家庭至少安装三个避雷器。电视机的室外无线要与电视机脱离，而与接地线连接。

（2）应关好门窗，以防侧击雷和球型雷侵入。

（3）远离门窗，尽量不用或少用电话、手机。尽量不用电器，拔掉电源插头；不要穿潮湿的衣服，不要靠近潮湿的墙壁。

（4）不要接触煤气管道、自来水管道以及各种带电装置。

（5）不宜用喷头冲凉，因为巨大的雷电会沿着水流袭击淋浴者。

2. 室外避免雷击的方法

（1）雷雨天气时不要停留在高楼平台上，在户外空旷处不宜进入孤立的棚屋、岗亭等。

（2）远离建筑物外露的水管、煤气管等金属物体及电力设备；要远离建筑物的避雷针及其接地引下线。

（3）不宜在大树下躲避雷雨，如万不得已，则须与树干保持 3m 距离，下蹲并双腿靠拢。

（4）如果头、颈、手处有蚂蚁爬走感，头发竖起，说明将发生雷击，应赶紧趴在地上。

（5）如果在户外遭遇雷雨，来不及离开高大物体时，应马上找些干燥的绝缘物放在地上，并将双脚合拢坐在上面。

（6）在户外躲避雷雨时，应注意不要用手撑地，双手抱膝，胸口紧贴膝盖，尽量低下头，因为头部较之身体其他部位最易遭到雷击。

（7）当在户外看见闪电几秒钟内就听见雷声时，说明正处于近雷暴的危险环境，此时应停止行走，两脚并拢并立即下蹲，不要与人拉在一起，最好使用塑料雨具、雨衣等。

（8）不宜在旷野中打伞，或高举锄头等；不宜进行户外球类运动；不宜在水面和水边停留。

（9）在雷雨天气中，不宜快速开摩托、快骑自行车和在雨中狂奔，因为身体的跨步越大，电压就越大，也越容易伤人。

（10）如果在户外看到高压线遭雷击断裂，此时应提高警惕，因为高压线断点附近存在跨步电压，身处附近的人此时千万不要跑动，而应双脚并拢，跳离现场。

第六节　公路交通旱灾防灾减灾对策

一、公路交通旱灾的定义与分级

（一）旱灾及公路交通旱灾的定义

旱灾的定义：通常指淡水总量少，不足以满足人的生存和经济发展的气候现象，一般是长期的现象，旱灾从古至今都是人类面临的主要自然灾害之一。即使在科学技术如此发达的今天，它造成的灾难性后果仍然比比皆是。尤其值得注意的是，随着人类的经济发展和人口膨胀，水资源短缺现象日趋严重，这也直接导致了干旱地区的扩大与干旱化程度的加重，干旱化趋势已成为全球关注的问题。

公路交通旱灾：是指久晴无雨或少雨，降水量较常年同期明显减少，不能满足公路交通系统建设、运营、养护的最低用水需求而造成损失的气象灾害。

（二）旱灾的类型及分级

1. 干旱的类型

我国的干旱类型分为：

（1）气象干旱：不正常的干燥天气时期，持续缺水足以影响区域引起严重水文不平衡。

（2）农业干旱：降水量不足的气候变化，对作物产量或牧场产量足以产生不利影响。

（3）水文干旱：在河流、水库、地下水含水层、湖泊和土壤中低于平均含水量的时期。

2. 干旱的分类

（1）小旱：连续无降雨天数，春季达 16 ～ 30 天、夏季 16 ～ 25 天、秋冬季 31 ～ 50 天。特点为降水较常年偏少，地表空气干燥，土壤出现水分轻度不足，对农作物有轻微影响，损失小。

（2）中旱：连续无降雨天数，春季达31～45天、夏季26～35天、秋冬季51～70天。特点为降水持续较常年偏少，土壤表面干燥，土壤出现水分不足，地表植物叶片白天有萎蔫现象，对农作物和生态环境造成一定影响，损失小。

（3）大旱：连续无降雨天数，春季达 46 ～ 60 天、夏季 36 ～ 45 天、秋冬季 71 ～ 90 天。特点为土壤出现水分持续严重不足，土壤出现较厚的干土层，植物萎蔫、叶片干枯，果实脱落，对农作物和生态环境造成较严重影响，对工业生产、人畜饮水产生一定影响，损失较大。

（4）特大旱：连续无降雨天数，春季在 61 天以上、夏季在 46 天以上、秋冬季在 91 天以上。特点为土壤出现水分长时间严重不足，地表植物干枯、死亡，对农作物和生态环境造成严重影响，工业生产、人畜饮水产生较大影响，损失大。

二、旱灾的形成原因

（一）世界旱灾情况简介

干旱与特定的地理环境和大气环流系统相联系。除了由于特殊的自然地理环境（如戈壁、沙漠地区）造成当地缺水少雨之外，旱灾的形成主要取决于气候。降水量少，蒸发量大是形成干旱的直接原因，而大气环流异常，海气和陆气相互作用会导致降雨偏少，蒸发加剧，这是干旱发生的根本原因。

干旱是全球普遍存在的自然灾害。一般将年降水量少于 250mm 的地区称为干旱地区；年降水量为 250 ～ 500mm 的地区称为半干旱地区。世界上干旱地区约占全球陆地面积的 25%，大部分集中在非洲撒哈拉沙漠边缘，中东和西亚，北美西部，澳洲的大部和中国的西北部。这些地区常年降雨量稀少且蒸发量大，农业灌溉主要依靠山区融雪或上游地区的来水，如果融雪量或来水量减少，就会造成干旱。世界上半干旱地区约占全球陆地面积的 30%，包括非洲北部一些地区，欧洲南部，西南亚；北美中部以及中国北方等。这些地区降雨较少，而且分布不均，因而极易造成季节性干旱，或者常年干旱甚至连续干旱。有 120 多个国家和地区每年不同程度地遭受干旱灾害的威胁。

（二）云南旱灾形成原因

1. 全球气候变暖

气象专家分析认为，由于全球气候变暖，太平洋厄尔尼诺现象加剧，导致在台湾岛至中南半岛之间，形成了一条长 3000 多公里、宽度跨越 4 个纬度的巨型高压坝。高压坝破坏了大气结构，造成海洋季风无法登陆形成降雨，是导致这次极端干旱的最主要原因。

自 20 世纪 80 年代以后，云南区域平均气温总体上表现出明显的变暖趋势，尤其是 2001 年～ 2006 年间，云南区域气温增幅达到 0.64℃，升温的幅度要大于全球及北半球的平均值。

如果按照时间段来分，云南自20世纪80年代中后期以后出现变暖迹象，而90年代后期的增温最明显，而滇中地区则是最近10多年来全省增温最明显的地区。

另外，通过计算全球、北半球的平均气温与云南四季降水量的关系发现，全球、北半球平均气温升高不利于夏季、秋季及年降水量的增加，这与上述实际降水演变趋势基本一致。

1961～1976年全球偏冷时段及1987～2006年全球偏暖时段，在分别计算了这两个时期云南平均年降水量及四季降水量后发现，偏冷期的秋季、夏季及年降水量比偏暖期多，而且这种差异十分明显。

上述研究都无一例外地证明，气温变暖让云南的降雨减少了。气象局资料显示，在全球气候变暖的大背景下，云南省的气候变化同全国的趋势基本一致。近百年来，全省年平均气温的变化特征非常明显：1920年以前云南偏冷；1920～1960年云南偏暖；1960～1990年云南又转入一个偏冷时期；1990年以后云南进入另一个偏暖时期。从云南有气象记录的1961年以来，云南年平均气温呈不断上升的趋势，其中年升温率为0.015℃/年。截至2010年49年中云南年平均气温上升了0.74℃。同时云南的年降水量则出现减少的趋势。半个世纪以来年降水量减少了39mm，减少速率为-8mm/10年，其中夏季和秋季减少趋势明显于春季和冬季。

2. 降水量连续减少

2009～2011年，全省平均降水总共偏少了接近半年的降水量，云南中东部地区更为严重。云南省多年平均的年降水量约为1090mm，即过去的3年里全省平均降水量总共偏少了接近半年的降水量。其中云南中东部地区更为严重。比如昆明3年的累积距平均为-943mm，昆明多年平均的年降水量为1012mm，即过去的3年里偏少的降水量接近一年的降水量。

入冬以后，热带印度洋海温持续偏暖，尤其是热带印度洋东部地区，该地区对流活动明显偏强，激发经向垂直异常环流，热带印度洋东部上升，其北部的下沉支刚好位于我国云南地区上空。从而使得该地区处于位势高度正距平控制，对流活动偏弱，降水受到抑制。即3年中云南降水偏少主要是雨季降水偏少，导致气象干旱持续发展，库塘难以有效蓄水。

由于2009～2011年云南降水量累积偏少的程度为1961年以来最为严重的3年，导致地下水位下降、土壤缺墒严重、江河来水量减少、库塘蓄水量严重偏少，从而致使云南旱情一直不能得到有效缓解，干旱不利影响呈累计增长，人畜饮水和工农业生产用水困难程度历史罕见（图3-6-1）。

3. 季节性干旱

受季风气候影响，云南有明显的干季和雨季，每年85%左右的雨量集中在5～10月的雨季，而11月至次年4月是旱季，降水只占全年的15%左右，而且蒸发量大，很容易形成季节性干旱。

4. 地形地质因素

云南平均海拔在2000m左右，属季风气候。由于是高原地形，省内几条南北走向的山脉对气流的阻隔，导致空气中含水量较低，难以形成有效降雨。

云南全省94%的国土面积为山区和高原，山多坡陡，雨水顺着地势快速向谷底江河汇集，将水资源从低海拔提引到高海拔地区的难度大。山区百姓多“靠天喝水”，历来有

"河在低处流，人在山上愁"的情况。

特别地，云南岩溶面积 11 万 km^2，全省 129 个县中，118 个县有岩溶分布，岩溶地区的降雨径流大部分或全部下渗至地下，难于发挥对地表植被的涵养作用。由于经济发展滞后，获取地下丰富的岩溶水资源还缺乏资金和统一的勘测规划。

图3-6-1　云南2009～2011年三年连旱灾害

三、云南旱灾的分布与公路交通旱灾的重点防范区域

干旱是水分供求不平衡形成的水分短缺现象。包括农业干旱缺水，城市干旱缺水和农村人畜饮用水短缺等。

云南干旱灾害频率高、范围广、持续时间长，对社会和经济发展，特别是对农业生产危害极大，干旱形成的森林火灾往往造成道路通行封闭。云南旱灾各月在不同地区都会发生，但春旱影响最大，夏旱次之，秋旱再次之，冬旱影响最小。除范围较小的滇南、滇西南和滇西边境地区由于降水丰富，旱灾较少外，全省其余大部地区干旱均比较普遍，尤其是滇东北、滇北（金沙江流域），滇东岩溶地区和滇中地区最严重。云南干旱灾害的地域分布特征明显（图 3-6-2 和图 3-6-3），从滇西北的梅里雪山起，沿着苍山到哀牢山一带的东部和东北部的迪庆、丽江、大理、楚雄、昆明、玉溪、红河、文山、曲靖、昭通等地是常年易出现旱灾的地区，其中尤以金沙江、澜沧江、怒江、元江及南盘江流域等干热河谷地区和常年少雨地区（如建水、开远、蒙自、陆良、祥云、宾川、元谋、巧家、永胜等）旱象最为突出。

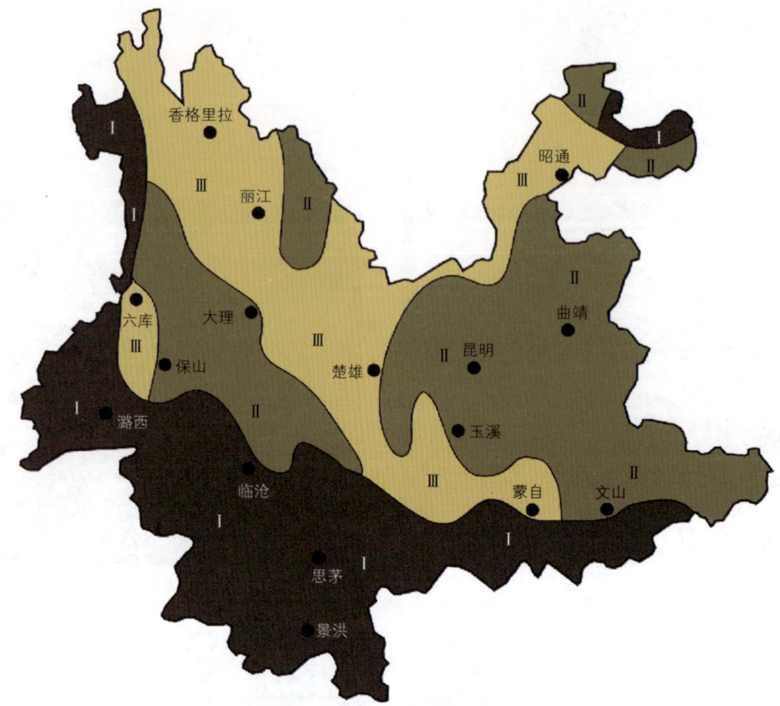

图3-6-2 云南省干旱灾害分布图

Ⅰ-轻旱灾区；Ⅱ-中等旱灾区；Ⅲ-重旱灾区

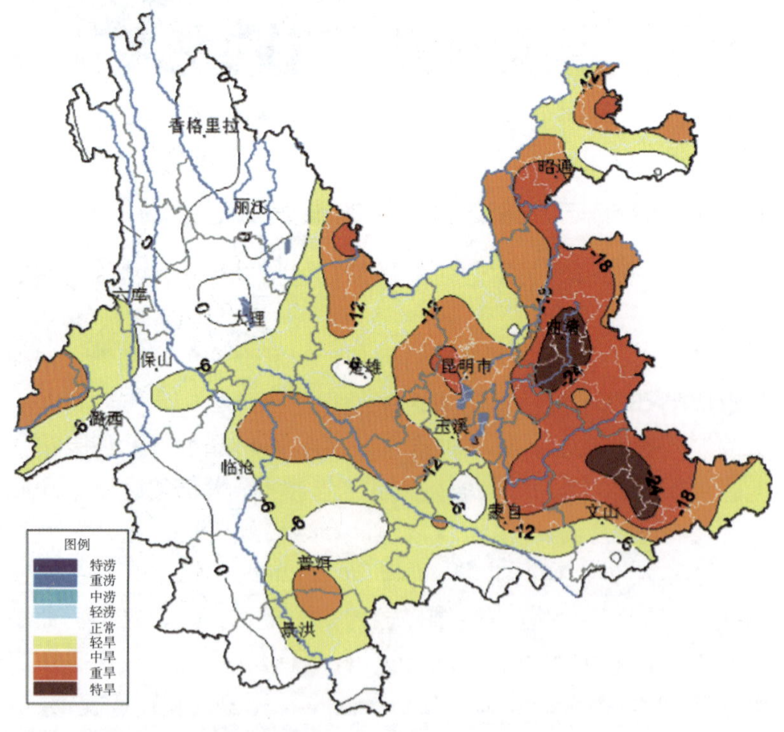

图3-6-3 云南气象旱涝分布图（2011年8月9日监测）

在以上干旱易发季节、易发区域，公路施工、养护及服务区用水应早做计划及储备，尽量减少因干旱给公路交通建、管、养体系带来的损失。

四、公路交通旱灾的防灾减灾对策

（一）干旱预警等级与防御指南

根据《气象干旱等级》(GB/T 20481—2006)，干旱预警信号分两级，分别以橙色、红色表示（图3-6-4和图3-6-5）。干旱指标等级划分，以国家标准《气象干旱等级》(GB/T 20481—2006）中的综合气象干旱指数为标准。

图3-6-4　旱灾橙色预警标志

图3-6-5　旱灾红色预警标志

1. 橙色预警

指预计未来一周综合气象干旱指数达到重旱（气象干旱为25～50年一遇），或者某一县（区）有40%以上的农作物受旱。防御指南如下：

（1）公路交通相关部门和单位按照职责做好防御干旱的应急工作。

（2）公路交通相关部门启用应急备用水源，调度辖区内一切可用水源，优先保障公路交通相关人员生活用水、消防用水和工地施工最低限度用水。

2. 红色预警

指预计未来一周综合气象干旱指数达到特旱（气象干旱为50年以上一遇），或者某一县（区）有60%以上的农作物受旱。防御指南如下：

（1）公路交通相关部门和单位按照职责做好防御干旱的应急和救灾工作。

（2）公路交通相关部门启动远距离调水等应急供水方案，采取提外水、打深井、车载送水等多种手段，确保服务区、加油站点、运行车辆急救用水以及工地施工紧急用水。

（二）公路交通旱灾的应对措施

如前所述，公路交通旱灾的根本是现有水资源不能满足公路交通系统建设、运营、养护的最低用水需求而造成损失或危害。因此，对于本章前述的易于发生旱灾的时间季节或区域，采取以下措施：

（1）保证一定数量的抗旱资金投入，储备抗旱物资，如储水罐、抗旱用油、提水设备等。

（2）在公路交通系统建设场地、运营和养护的主要场所统一规划一定数量的抗旱地下水井，获取地下水资源，特别是查明并获取地下岩溶水资源。

（3）在公路交通系统建设场地、运营和养护的主要场所统一规划一定数量的抗旱应急储水池、储水罐等，并根据气象部门发布的干旱预警信号进行维护与启用。

第四章 云南公路交通地震灾害及其防灾减灾对策

云南省是我国地震灾害最严重的省份之一，区域内新构造运动和地震活动强烈，全国23个地震带，云南即占3个。云南与我国西藏、新疆、甘肃、青海、四川5个大陆地区地震频发省份相比，若按地震发生频度，在我国大陆地区仅次于西藏、新疆位居第三；若按单位面积上的强震活动频度则最高。

地震是云南省各类地质灾害中危害性最大的一类灾害，不仅其本身具有巨大的破坏力，而且还能诱发其他的地质灾害（如滑坡、崩塌、泥石流，地陷、地裂、沙土液化等）及次生灾害（火灾、水坝开裂导致水灾、瘟疫等），导致公路构筑物（桥梁涵洞、隧道）的震动性破坏，使得公路路基失稳或失效，产生液化、震陷、滑坡、塌方等，严重威胁公路的运营。

自1988年以来，云南省地震又进入一个新的活动期，因而研究震害规律，准确评估未来地震可能对公路交通造成的经济损失，提高全社会的减灾防灾意识，是各级交通建设和管理部门制订科学抗震减灾策略的重要前提；也是安抚人心，稳定社会并获得最大的社会及经济效益的重要途径。

第一节 公路地震灾害的定义

一、地震的定义

地震又称地动、地振动，是因地球的内力作用而产生的一种快速释放能量的地壳振动现象，期间会产生地震波的一种自然现象。地震是地壳运动的表现之一。

地震就像海啸、龙卷风、冰冻灾害一样，是地球上经常发生的一种自然灾害。大地振动是地震最直观、最普遍的表现。在海底或滨海地区发生的强烈地震，能引起巨大的波浪，称为海啸。地震是极其频繁的，全球每年发生地震约550万次。地震常常造成严重人员伤亡，能引起火灾、水灾、有毒气体泄漏、细菌及放射性物质扩散，还可能造成海啸、滑坡、崩塌、地裂缝等次生灾害。

本书中，公路地震灾害是指由于地震导致的交通领域路基、桥涵、隧道、服务区建筑及其附属结构设施的破坏现象。

二、常用地震术语

地震常用术语有震源、震源深度、震中、震中区、震中距、等震线等（图4-1-1）。

震源：地震发生时岩层断裂或错动，产生振动的部位；
震源深度：震源至地面的垂直距离；
震中：震源在地表的垂直投影点；
震中区：地震发生时震动和破坏最大的地区；
震中距：受地震影响地区至震中的距离；
等震线：在同一地震中，具有相同地震烈度地点的连线。

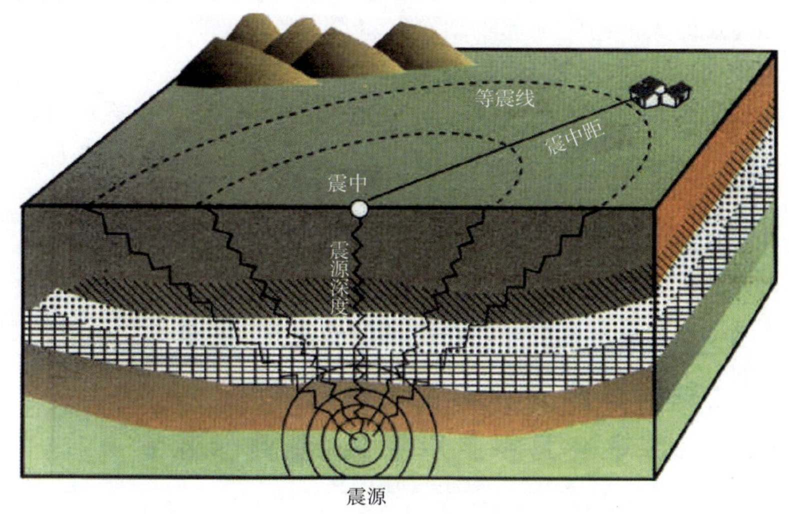

图4-1-1　常用地震术语图示

三、地震的衡量标准

根据地震的定义，地震是一种地壳快速释放能量的现象，目前衡量地震的大小和地面破坏程度的标准主要有震级和烈度两种。

（一）震级

地震的震级是衡量一次地震大小的等级，用符号 M 表示。震级指地震的大小，依据地震释放出来的能量多少来划分。

目前通用的震级标准，最初由地震学家查尔斯·里克特（Richter）1935 年在美国加利福尼亚州技术学院公布。这个震级表以他的姓氏命名，即里克特震级表，简称里氏震级表。地震震级从低到高分为 1 ～ 10 级。

震级的大小直接与震源释放的能量大小有关，震级 M 与地震释放能量 E（单位 erg）之间有如下关系：$\lg E=1.5M+11.8$。据此可知：当震级相差 1 级时（2011 年日本 3 · 11 地震 9.0 级，2008 年中国汶川地震 8.0 级），地面振幅相差 10 倍，能量则相差 32 倍。

微震：$M<2$ 的地震，人们感觉不到。

有感地震：$M=2\sim4$ 的地震。

破坏性地震：$M>5$ 的地震，建筑物有不同程度的破坏。

强烈地震或大地震：$M=7\sim8$ 的地震。

特大地震：$M>8$ 的地震。

（二）地震烈度

地震烈度是指地震时某一地点震动的强烈程度，用符号 I 表示。它不仅取决于地震能量，同时也受震源深度、震中距离、地震波的传播介质及表土性质等条件的强烈影响。

地震发生时，震中区的地震烈度称为震中烈度，用符号 I_0 表示。

震级与地震烈度的关系：一次地震，表示地震大小的震级只有一个，但在不同的地区烈度大小是不一样的。震级是说这次地震大小的量级；烈度是说该地的破坏程度，因此，地震烈度是根据地震时人的感觉、器物动态、建筑物毁坏及自然现象的表现等宏观现象判定的。一般说离震中愈远，受地震的影响就愈小，烈度也就愈低。

实践证明，每个人都可以通过估算中间短暂停顿的时间长度，来简单判断这个地震距离自己的远近。方法是：用 8 乘以停顿时间秒数，即为距离公里数。例如：如果估计到停顿时间为 20s，那么地震震中距离自己大约为 160km。但是，绝大多数人在惊慌失措中，对停顿的时间判断会有很大的误差。

对于一次地震的影响，随震中距的不同，按其破坏程度的不同，而将地震的强弱排列成一定的次序作为确定地震烈度的标准，分为 12 度。目前，我国使用的是 1999 年由国家地震局颁布实施的《中国地震烈度表》，见表 4-1-1。

表 4-1-1　中国地震烈度表

烈度	在地面上人的感觉	房屋震害程度		其他震害现象	水平向地面运动	
		震害现象	平均震害指数		峰值加速度（m/s^2）	峰值速度（m/s）
Ⅰ	无感					
Ⅱ	室内个别静止中有感觉					
Ⅲ	室内少数静止中人有感觉	门、窗轻微作响		悬挂物微动		
Ⅳ	室内多数、室外少数人有感觉，少数人梦中惊醒	门、窗作响		悬挂物明显摆动，器皿作响		
Ⅴ	室内普通、室外多数人有感觉，多数人梦中惊醒	门窗、屋顶、屋架颤动作响，灰土掉落，抹灰出现微裂缝，有檐瓦掉落，个别屋顶烟囱掉砖		不稳定器物摇动或翻倒	0.31 （0.22~0.44）	0.03 （0.02~0.04）
Ⅵ	多数人站立不稳，少数人惊逃户外	损坏——墙体出现裂缝，檐瓦掉落，少量屋顶烟囱裂缝、掉落	0~0.10	河岸和松软土出现裂缝，饱和砂层出现喷砂冒水；有的独立砖烟囱轻度裂缝	0.63 （0.45~0.89）	0.06 （0.05~0.09）
Ⅶ	大多数人惊逃户外，骑自行车的人有感觉，行驶中的汽车驾乘人员有感觉	轻度破坏——局部破坏，开裂，小修或不需要修理可继续使用	0.11~0.30	河岸出现塌方；饱和砂层常见喷沙冒水，松软土地上裂缝较多；大多数独立砖烟囱中等破坏	1.25 （0.90~1.77）	0.13 （0.10~0.18）
Ⅷ	多数人摇晃颠簸，行走困难	中度破坏——结构破坏，需要修复才能使用	0.31~0.50	干硬土上亦出现裂缝；大多数独立砖烟囱严重破坏；树梢折断；房屋破坏导致人畜伤亡	0.50 （1.78~3.53）	0.25 （0.19~0.35）

续上表

烈度	在地面上人的感觉	房屋震害程度		其他震害现象	水平向地面运动	
		震害现象	平均震害指数		峰值加速度（m/s²）	峰值速度（m/s）
Ⅸ	行动的人摔倒	严重破坏——结构严重破坏，局部倒塌，修复困难	0.51~0.70	干硬土上部分地方有裂缝出现；基岩可能出现裂缝、错动；滑坡塌方常见；独立砖烟囱倒塌	5.00 （3.54~7.07）	0.50 （0.36~0.71）
Ⅹ	骑自行车的人会摔倒，处不稳状态的人会摔离原地，有抛起感	大多数倒塌	0.71~0.90	山崩和地震断裂出现；基岩上拱桥破坏；大多数独立砖烟囱从根部破坏或倒毁	10.00 （7.08~4.14）	1.00 （0.72~1.41）
Ⅺ		普遍倒塌	0.91~1.00	地震断裂延续很长；大量山崩滑坡		
Ⅻ				地面剧烈变化，山河改观		

注：表中的数量词："个别"为10%以下；"少数"为10%~50%；"多数"为50%~70%；"大多数"为70%~90%；"普遍"为90%以上。

四、地震波

地震发生时，能量通过地球本体传播的波叫体波，体波又分为纵波（P）与横波（S）；体波经过反射、折射后，在介质的界面或自由面（如地面）传播的波叫面波，又分为瑞利波（R）与勒夫波（Q）。

（1）纵波（P）．即压缩波，对应于介质体应变，三维扩散，类似于空气中传播的声波。纵波是由震源向外传递的压缩波，质点的振动方向与波的前进方向一致（图4-1-2）。它好似弹簧受压缩后，在松弛时所产生的前后运动的情况一样。纵波在固体、液体、气体中都能传播。纵波的特征是振幅小、周期短、传播速度较快，在地壳中平均速度为7～8km/s。大地震发生时，震中附近的人们首先会感觉到一个强烈的水平摇动，这就是地震P波的作用。

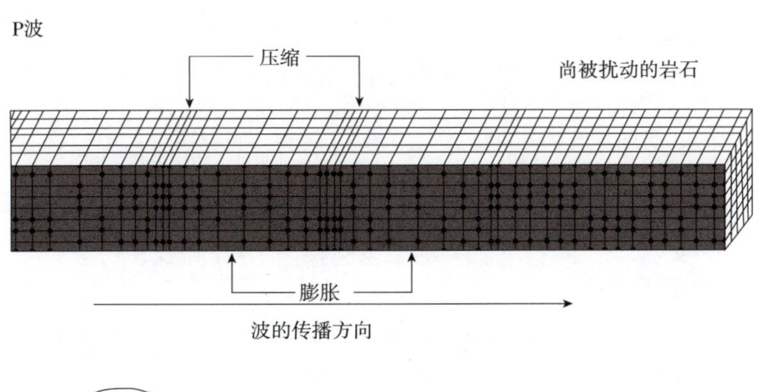

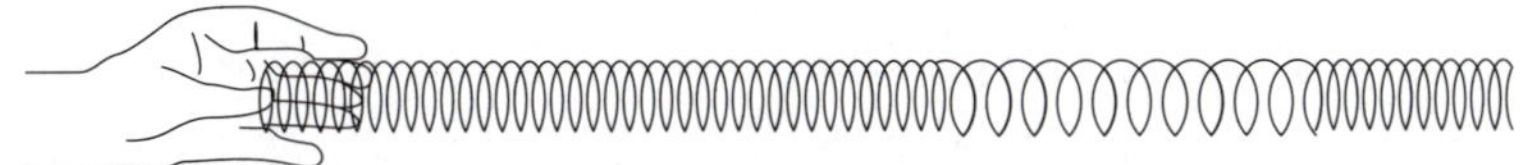

图4-1-2　纵波（P）

（2）横波（S）：即剪切波，对应于切应变，二维扩散，破坏性最大。是由震源向外传递的剪切波，质点的振动方向与波的前进方向相互垂直（图 4-1-3）。横波只能在固体中传播。横波的周期较长、振幅较大，传播速度比纵波慢，在地壳中为 4.5 ～ 5km/s。人们在感觉到一个左右摇晃的 P 波振动之后，会有一个短暂的停顿，然后会是一个更加猛烈的上下颠簸形式的振动，持续的时间也相对长一些，大多数房屋在水平摇晃变“酥”之后，便在上下颠簸中进一步毁坏倒塌，这就是地震 S 波的作用。

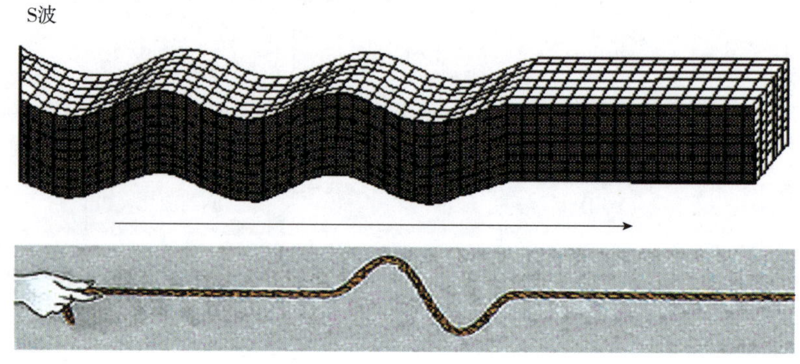

图4-1-3　横波（S）

五、地震发生后的宏观现象

地震发生后的宏观现象主要分为以下四类。

（1）人的感觉：从强烈程度分，可分为无感、可感、明显有感、强烈、惊恐、站立不稳、倒地。

（2）人工结构物的损坏：人工结构物的破坏有许多特点，有的表现为水平摇晃、有的表现为扭转、局部破裂和倒塌；有的表现为结构本身的震动破坏、有的表现为地基破坏而整个结构滑动或拉裂。

（3）物体的反应：桌上、架上摆放的小用具、书籍和挂饰等物品在地震时会移动、坠落或翻到等。

（4）自然现象的变化：强烈地震时，自然环境有时也会发生变化，如山崩、地裂、冒水、喷砂、地面变形、滑坡、陷落等，在海中的地震还易引发海啸。

第二节　地震的分类

1. 按地震产生的原因分类

地震按其产生的原因，分为火山地震、陷落地震、人工诱发地震和构造地震。

2. 按震源深度分类

根据震源深度，可将地震分为浅源地震（小于 60km）、中源地震（60 ～ 300km）、深源地震（大于 300km）。震源深度越小，地震对地面造成的破坏性越大。我国发生的地震绝大多数属于浅源地震（震源深度为 10 ～ 20km）。

第三节　地震的破坏作用

地震的破坏作用，分为地表的破坏、建筑物的破坏及次生灾害三个方面。

一、地表的破坏

1. 地裂缝

重力地裂缝：由于地面作剧烈震动而引起的惯性力超过了土的抗剪强度所致。

构造地裂缝：与地质构造有关，是地壳深部断层错动延伸至地面的裂缝。

2. 喷砂冒水

在地下水位较高的平原及沿海地区，地下存在埋深较浅的细砂层或粉土层时，地震发生时，强烈震动使地下水压力急剧增高，使饱和的细砂或粉土颗粒处于悬浮状态，造成这部分土体液化，从地裂缝或土质松软的地方冒出地面，形成喷砂冒水现象。

3. 地面下沉

在强烈的地震作用下，在回填土和孔隙较大黏性土等松软而压缩性较高的土层中，往往发生震陷，使建筑物破坏，此外，在岩溶洞和采空区也常发生震陷。

4. 滑坡、塌方

在强烈的地震下，常引起河岸、陡坡滑坡，有时规模很大，造成公路堵塞、岸边建筑物破坏。

二、建筑物的破坏

1. 结构丧失整体性

建筑物一般都是由许多构件组成，在地震作用下因构件连接不牢、支撑长度不够或作为支座的墙体倒塌、柱断裂，都会引起结构丧失整体性而破坏。

2. 结构承载力不足而引起的破坏

作为结构主要承重的构件，墙、柱、梁等由于其强度不足，在地震发生时首先破坏，不能继续承受重力荷载从而造成房屋倒塌。

3. 地基失效

当建筑物建在软弱的地基土上或建在液化的地基土上，而又未进行特殊处理，在地震发生时地基土的抗剪承载能力不能抵抗重力的继续作用，从而造成房屋的局部倾斜或不均匀下沉。

三、次生灾害

地震除直接造成建筑物的破坏外，还会引起火灾、水灾、有毒物质污染、瘟疫等次生灾害，尤其在大城市，由次生灾害造成的损失有时比地震直接产生的灾害造成的损失还要大。

第四节 云南历史上的地震及地震灾害重点防范区域

一、云南历史上的地震

据记载，近1000年来，云南曾发生过地震700余次，其中破坏性地震500余次。自唐僖宗光启二年（公元886年）就有历史地震记载，至公元1988年共记载4.7级以上的破坏性地震528次，6～6.9级地震8次，7～7.9级地震7次，云南历史上的最大地震为公元1833年发生在嵩明的8级地震。公元1900年以来共记录到4.7级以上破坏性地震为403次。由于云南地处边疆，少数民族众多，文化落后及历史原因，公元1900年以前的地震资料缺失很多，实际发生地震数目远大于528次。

近50年来，云南历史上著名的大地震简述如下：

（1）2014年8月3日16时30分，云南省昭通市鲁甸县发生6.5级地震，震源深度12km，造成617人死亡，112人失踪。

（2）2012年09月18日7时28分，云南省普洱市景谷傣族彝族自治县、临沧市双江拉祜族佤族布朗族傣族自治县交界地区发生4.2级地震。

（3）2012年9月7日11时19分，云南省昭通市彝良县与贵州省毕节地区威宁彝族回族苗族自治县交界发生5.7级地震。10月4日8时10分，彝良县龙海乡镇河村发生重大山体滑坡（约5万m^3），淹没山脚下的田头小学，18名学生和1名村民遇难。

（4）2011年3月10日，云南盈江5.8级地震，震源深度10km，造成25人遇难，250人受伤。

（5）2009年7月9日19时19分：云南楚雄彝族自治州姚安县官屯乡（北纬25.6°、东经101.1°）发生6.0级地震。

（6）2009年6月30日，云南姚安6.0级地震，造成楚雄、大理、丽江三个州市共206万人受灾，因灾死亡1人，300多人受伤。

（7）2008年12月26日，云南瑞丽4.9级地震，造成9人受伤，其中重伤2人，轻伤7人。

（8）2007年6月3日，云南普洱6.4级地震，造成3人死亡，300余人伤，发生余震300多次。

（9）2006年8月25日，云南盐津5.1级地震，造成1人死亡，31人受伤，大批房屋和众多基础设施不同程度损坏，31.7万人受灾。

（10）2006年7月22日，云南盐津5.1级地震，造成22人死亡，100多人受伤。

（11）2004年8月10日，云南鲁甸5.6级地震，导致4人死亡，594人受伤。

（12）2003年10月16日，云南大姚6.1级地震，震中在大姚县六苴镇外期地。

（13）2003年7月21日，云南大姚6.2级地震，大理、昆明两地均有强烈震感，持续时间约半分钟。

（14）1996 年 2 月 3 日 17 时 14 分，云南省丽江市发生 7.0 级地震。

（15）1995 年 10 月 24 日 06 时 46 分 52 秒，云南武定县发窝、康照一带发生 6.5 级地震。

（16）1995 年 7 月 12 日，云南孟连县中缅边界发生 7.3 级地震。

（17）1988 年 11 月 6 日 21 点 3 分～ 15 分，在云南省澜沧与耿马县分别发生 7.6 级和 7.2 级地震，震中烈度为 10 度。导致严重的地裂缝、崩塌、滑坡等灾害，在极震区出现长达几十公里、宽几厘米到几米的地裂缝和大量的崩塌、滑坡体，因此 4.8 万公顷农田和上千亩森林以及大量水利工程被毁坏，175 个村庄、5032 户居民因受危岩、滑坡的严重威胁而被迫搬迁。

（18）1976 年 5 月 29 日，云南龙陵发生 7.4 地震，震中烈度为 9 度。地震诱发大规模滑坡活动，造成了 2 万人伤亡，毁坏房屋 9 间，耕地 12000 多亩、森林 5000 多亩。

（19）1974 年 5 月 11 日，云南大关发生 7.1 级地震，震中烈度为 9 度。

（20）1970 年 1 月 5 日 1 时 0 分 34 秒，云南通海 7.8 级强烈地震，震中烈度为 10 度，震源深度为 10km，死亡 15621 人，伤残 32431 人。震前，豕突犬吠，雀啼鱼惊，墙缝喷水，骡马伤人。震时，村寨房屋尽毁，地面或裂或陷。

云南从 1970 年到 2000 年，地震共造成 300 余亿元的经济损失，而 2011 年发生的云南盈江仅 5.8 级地震，造成的经济损失就高达 24 亿元。可见地震造成的经济损失呈跃升趋势。

据统计，从 1970 年至 1990 年，云南省共发生 6 次 7 级以上大地震，造成 17870 人死亡，与同期地震死亡人数相比，仅次于河北省（唐山地震死亡 24 万多人）居全国第二位。

二、云南地震灾害重点防范区域

研究历史上发生过的地震可见，云南省除曲靖、文山东部地区、沿红河断裂带中段的滇中狭长地带较少地震发生外，其他地区几乎都受到地震灾害的影响。

根据国家颁布的《中国地震烈度区划图》（1∶300 万），云南全省 129 个市、县中：6 度区有 34 个，占 27%；7 度区有 46 个，占 36%；8 度区有 30 个，占 23%；9 度区有 15 个，占 12%；10 度区有 2 个，占 2%。具体见表 4-4-1。

表 4-4-1　云南省地震基本烈度区县数统计表

抗震设防烈度及设计基本地震加速度值	占　比	县、市、区
抗震设防烈度不低于Ⅸ度，设计基本地震加速度值不小于 0.40g	3，占 2.3%	寻甸，东川区，澜沧
抗震设防烈度为Ⅷ度，设计基本地震加速度值为 0.30g	17，占 13.2%	剑川，嵩明，宜良，鹤庆，永胜，潞西，龙陵，石屏，建水，耿马，双江，沧源，勐海，西盟，孟连，古城区，玉龙
抗震设防烈度为Ⅷ度，设计基本地震加速度值为 0.20g	40，占 31.0%	会泽，石林，永善，巧家，江川，华宁，峨山，通海，洱源，宾川，弥渡，祥云，五华区，官渡区，盘龙区，西山区，思茅区，马龙，呈贡，澄江，晋宁，易门，漾濞，巍山，南涧，云县，腾冲县，施甸，瑞丽市，梁河，安宁市，凤庆，陇川，景洪市，永德，镇康，红塔区，隆阳区，临翔区，大理市

续上表

抗震设防烈度及设计基本地震加速度值	占　　比	县、市、区
抗震设防烈度为Ⅶ度，设计基本地震加速度值为0.15*g*	30，占 23.3%	中甸，泸水，新平，沾益，个旧市，红河县，元江，禄丰，双柏，开远市，盈江，大关，永平，昌宁，宁蒗，南华，楚雄市，勐腊，华坪，景东，麒麟区，弥勒，陆良，富民，禄劝，武定，兰坪，云龙，景谷，宁洱
抗震设防烈度为Ⅶ度，设计基本地震加速度值为0.10*g*	26，占 20.2%	盐津，绥江，德钦，贡山，昭阳区，彝良，水富，鲁甸，福贡，永仁，大姚，元谋，姚安，牟定，墨江，绿春，镇沅，江城，金平，富源，师宗，泸西，蒙自，元阳，维西，宣威
抗震设防烈度为Ⅵ度，设计基本地震加速度值为0. 05*g*	13，占 10.1%	威信，镇雄，广南，富宁，西畴，文山市，麻栗坡，马关，丘北，砚山，屏边，河口，罗平

云南由于地质构造复杂，5 级地震几乎遍布全省，基本上找不到不发生 5 级地震的安全地带，但是 6 级及其以上的地震则明显集中在东经 104° 以西的地区，并自然形成了若干强震活动的条带或集中区（图 4-4-1），根据地震分布与活动断裂的展布关系大致可划分为 8 个主要的条带状地震带（区）（图 4-4-2）。

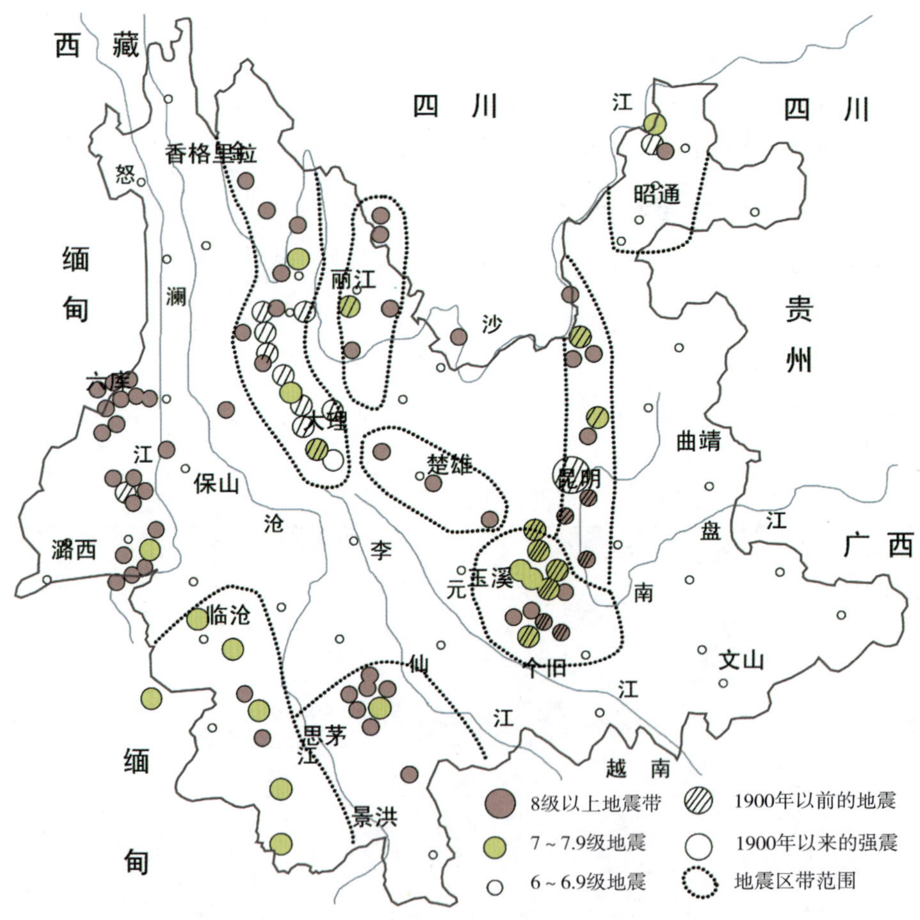

图4-4-1　云南省$M \geq 6$级地震的平面分布图

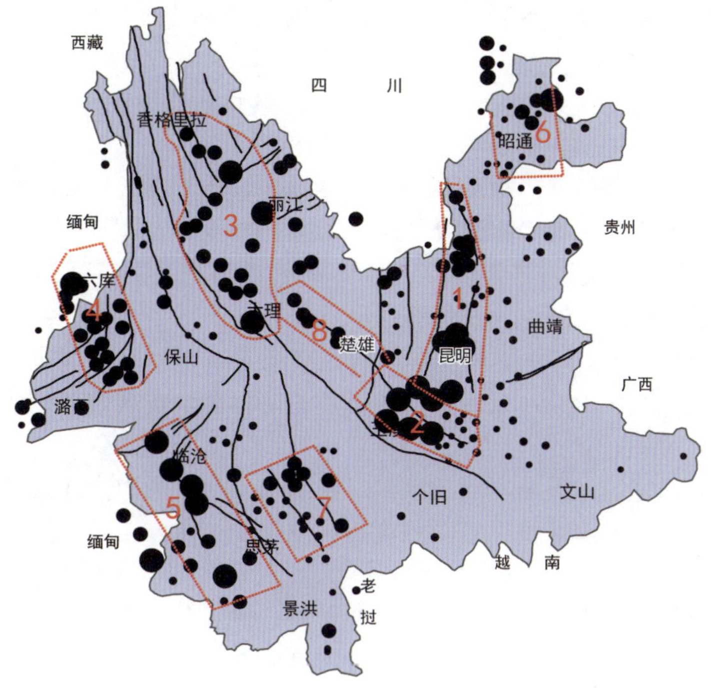

图4-4-2　云南省8个主要地震带（区）

1-小江地震带；2-通海—石屏地震带；3-中甸—大理地震带；4-腾冲—龙陵地震带；5-澜沧—耿马地震带；6-大关—马边地震带；7-思茅—普洱地震带；8-南华—楚雄地震带

（1）小江地震带（北起巧家沿东川—寻甸—嵩明—华宁）；

（2）通海—石屏地震带（北西起易门—峨山—通海—石屏—建水）；

（3）中甸—大理地震带（北起中甸—丽江—鹤庆—剑川—洱源—大理—南涧）；

（4）腾冲—龙陵地震带（西北起泸水—腾冲—龙陵）；

（5）澜沧—耿马地震带（西北起耿马—澜沧—打洛）；

（6）大关—马边地震带（威宁—彝良—永善—大关—马边）；

（7）思茅—普洱地震区（无明显条带状）（滑洱—思茅—江城—景洪）；

（8）南华—楚雄地震带（北西起南华—楚雄）。

云南地质构造比较复杂，地震活动近期又趋于活跃，沿深大断裂带往往发生大地震，深大断裂带展布区域一般就是地震多发地区。以上 8 个地震带，是云南地震灾害重点防范区域。

第五节　公路地震灾害的防灾减灾对策

一、工程构造物抗震基本知识

1. 抗震设防目标

抗震设防目标：在建筑物使用寿命期间，对不同频度和强度的地震，要求建筑物具有不同的抵抗能力。基于这一要求，工程构造物的设计应遵从以下“三水准”的抗震设防目标。

第一水准：“小震不坏”，即当遭受到低于本地区设防烈度的地震（简称“小震”）影响时，建筑物一般应不受损坏或不需修理仍能继续使用。

第二水准：“中震可修”，当遭受到相当于本地区设防烈度的地震影响时，建筑物可能损坏，经一般修理或不需修理仍能继续使用。

第三水准：“大震不倒”，当遭受到高于本地区设防烈度的罕遇地震（简称“大震”）影响时，建筑物不致倒塌或发生危及生命的严重损坏。

2. 抗震设防分类

根据建筑物的重要性不同，采取不同的抗震设防标准。抗震规范将建筑物按其重要程度不同分为四类：

（1）特别重要的建筑（国家层面的政治、经济与安全）为甲类建筑。当抗震设防烈度为 6 ～ 8 度时，应符合本地区抗震设防烈度提高一度的要求，当为 9 度时，应符合比 9 度抗震设防有更高的要求。

（2）国家重点抗震城市的建筑（如消防、急救、供水、供电等）为乙类建筑。一般情况下，当抗震设防烈度为 6 ～ 8 度时，应符合本地区抗震设防烈度提高一度的要求，当为 9 度时，应符合比 9 度抗震设防有更高的要求。

（3）一般工业与民用建筑（公共建筑、住宅、旅馆、厂房等）为丙类建筑。其抗震设防应符合本地区抗震设防烈度的要求。

（4）不易造成人员伤亡和较大经济损失的次要建筑（如一般的仓库、人员较少的辅助性建筑）为丁类建筑。抗震措施应允许比本地区抗震设防烈度的要求适当降低，但抗震设防烈度为 6 度时不应降低。

3. 抗震设计的基本要求

（1）场地选择。选择建筑场地时，应对抗震有利、不利和危险地段做出综合评价。对不利的地段提出避开要求；当无法避开时应采取有效措施；不应在危险地段建造甲、乙、丙类建筑。

（2）地基和基础抗震设计。

（3）建筑和结构的规则性：不应采用严重不规则的设计方案；建筑及其抗侧力结构的平面布置宜规则、对称；应设置防震缝，伸缩缝、沉降缝应符合防震缝的要求。

（4）建筑物结构体系设计抗震，如：抗震结构体系应有合理的地震作用传递途径、应具备必要的抗震承载力、耗地震能量的变形能力等。

抗震结构构件设计应符合：砌体结构设置钢筋混凝土圈梁和构造柱、芯柱或采用钢筋砌体等以改善变形能力；预应力混凝土的抗侧力构件应配足够的非预应力钢筋；非结构构件中的附属构件，如女儿墙、雨篷、厂房高低跨封墙等，应与主体有可靠的连接或锚固，防止倒塌伤人；建筑装饰物如建筑贴画、装饰、吊顶和悬吊重物应加强同主体结构的连接。

目前，我国建筑物结构一般有八种：砌体结构；剪力墙结构；木结构；框架剪力墙结构；筒体结构；钢结构框架；框架结构（或现浇结构）；钢筋混凝土结构。

（5）材料与施工的抗震设计。结构材料的性能应符合的最低要求如下：

①烧结普通黏土砖和烧结多孔黏土砖的强度等级不应低于 M10，其砌体砂浆强度等级不应低于 M5。

②小型砌块的强度等级不应低于 M7.5，其砌筑砂浆强度等级不应低于 M7.5。

③混凝土的强度等级，框支梁、框支柱及抗震等级为一级的框架梁、柱、节点核心区，不应低于 C30，构造柱、芯柱、圈梁及其他构件不应低于 C20。

4. 抗震设防中的基本烈度与设防烈度

（1）基本烈度：一个地区的基本烈度是指该地区今后 50 年时间内，在一般场地条件下可能遭遇到超越概率为 10% 的地震烈度。

（2）设防烈度：作为一个地区建筑抗震设防依据的烈度称为抗震设防烈度。一般情况下，抗震设防烈度可采用《中国地震动参数区划图》的基本烈度。

云南地震动峰值加速度区划图见图 4-5-1。

地震动峰值加速度分区 (g) g—重力加速度	<0.05	0.05	0.10	0.15	0.20	0.30	≥0.40
地震基本烈度值	<VI	VI	VII	VII	VIII	VIII	IX

图4-5-1　云南地震动峰值加速度区划图

2008年汶川5·12大地震后，根据交通运输部文件《关于进一步提高公路基础设施防震抗震能力的若干意见》（交公路发〔2008〕446号）和云南省交通厅文件《云南省交通厅转发交通运输部关于进一步提高公路基础设施防震抗震能力若干意见的通知》（云交基建〔2008〕1081号），云南省二级（含二级）以上公路的工程结构抗震设防标准在国家规定的抗震设防标准上提高1度设防；独立大桥（含大桥）以上桥梁工程抗震设防标准在国家规定的抗震设防标准上提高1度设防；独立隧道工程抗震设防标准在国家规定的抗震设防标准上提高1度设防。

二、日本3·11大地震中的防灾减灾技术

2011年3月11日，日本发生里氏8.8级大地震，震中位于宫城县仙台市以东约130km太平洋海域处，震源深度20km。整个日本东北部海岸遭遇不同程度的海啸袭击，仙台市港口观测到10m高巨浪，裹挟着集装箱、汽车以及碎片的洪水，像毯子一样倒灌进城市，将沿路的农田、房屋和公路尽数席卷（图4-5-2）。日本公布损失总额概算高达（约合）1.36万亿人民币。

图4-5-2　日本3·11大地震

根据日本的建筑相关法规，所有的建筑都必须能抗8级以上的地震。表明一系列严格的建筑法规、极其负责的建筑工艺以及施工的严肃态度起到了很大的作用。

日本2007年10月1日宣布已建成了大地震预警系统——地震P波预警技术。权威人士分析，日本3·11大地震，比较准的是第四报，用了8.6s发出，对于距离震中较近区域，预警信号和地震横波几乎同时到达，预警没起到什么作用；对距离较远的东京地区，预警信号是起作用了，但意义相对小一些。

日本气象厅根据地震P波预警技术发出警报后，所有搭载这一功能的电视机会自动开机并报警。这个系统的原理是：地震发生时会发生小震的P波和大震的S波，P波的传导速度是7km/s，S波传导速度是4km/s，因此根据P波预测出震级，赶在S波到达前发出了警报。虽只是10s的时间差，但对逃生或到户外避难来说是很关键的。而且，电梯、核电站、地铁和轻轨以及新干线也同样会接收到该警报并自动停止进行。

JR 东日本铁道公司在新干线沿线安装了一套地震预测系统——“早期地震检知警报系统”，由于这一套警报系统的成功使用，当时以 270km/h 的速度奔跑在重灾区福岛县与岩手县之间的 5 列新干线，在大地震来袭时，速度已经降至 30 ～ 100km/h 之间，并安然实现停车。

地震发生时，有 18 列子弹头列车在东北新干线上奔跑，但是地震之后，出现了一个奇迹：所有新干线列车没有脱轨，没有人员伤亡。

日本很注重平时的国民防灾减灾演习训练及准备。日本频繁的地震灾害所积累的经验教训使日本政府意识到，使民众具有较高的防灾意识和正确的防灾知识，对于提高民众的自护能力，减少灾害所可能带来的生命财产损失是非常重要的。因此，日本政府对防灾减灾宣传普及活动非常重视，有许多制度化而又丰富多彩的形式。每年的 9 月 1 日为日本的“防灾日”，8 月 30 日～ 9 月 5 日为“防灾周”，在此期间举办各种宣传普及活动，活动形式有展览、媒体宣传、标语、讲演会、模拟体验等。

三、5·12 汶川地震灾害及其防灾启示

（一）地震灾害概述

地震灾害取决于地震破坏作用的强烈程度和建构筑物的抗震能力。5·12 汶川特大地震是该地区罕遇的地震事件，地震破坏作用十分强烈。

此次地震的破坏主要由强烈的地面运动、地表断错与变形和广泛发育的崩塌、滑坡与泥石流造成。

在本次地震中，映秀—北川破裂事件的震源机制为逆冲断裂，逆冲型地震所产生的加速度峰值一般要比同等震级的走滑型地震所产生的加速度峰值大 20% ～ 30% 。根据断裂终止点附近城镇震害调查及余震强震记录，表明此次地震所产生的加速度峰值大于 0.4g 区域的尺度可能达到了 350km，远远大于一般同等震级的地震。

据目前的资料分析，本次地震死亡人数的 90% 以上，位于地震烈度Ⅸ度以上的狭长区域内。大致位于龙门山中央断裂和前山断裂附近的狭长条带内，以龙门山前山断裂附近为甚。而死亡人数最多的是龙门山前山断裂和中央断裂间的一些乡镇，这些小镇位于极震区，地面运动强烈。小镇多位于河漫滩等不利场地，且房屋建筑多采用预制板结构，抗震性能不好。这种结构一旦垮塌，极易造成人员伤亡。同时，小镇人口密集，往往达到数千人到数万人。这些小镇主要包括：映秀、漩口、虹口、红白、小鱼洞、汉旺等。

震区的县城除了北川外，破坏程度一般相对较轻。据张敏政等（2008）的调查结果，都江堰市地震烈度为Ⅷ～Ⅸ度，A 类房屋的倒塌率为 34%；B 类房屋的倒塌率为 5%；C 类房屋的倒塌率为 1%。其中，A 类房屋为 20 世纪 70 年代没有考虑抗震设防的房屋；B 类房屋为 20 世纪 80 年代房屋，虽考虑了抗震问题，但存在设计不完善、施工质量不好的问题；C 类房屋为 20 世纪 90 年代后新建的房屋，除个别建筑因设计和施工质量问题外，总体抗倒塌性能良好。

除了受灾严重的汶川、北川、绵竹、什邡、青川、茂县、安县、平武、都江堰、彭州 10 个重灾县外，本次地震还波及数省，其中陇南和陕南地区遭受了较大的损失，陇南半高山区的农居破坏非常严重。根据现场调查，山上、山下房屋破坏程度至少相差烈度一

度。当地表断裂通过建筑物时，剧烈错动会造成建筑物的强烈破坏乃至倒塌。

崩塌、滑坡和泥石流成灾也是这次地震最主要的特点之一。汶川地震所引发的次生地质灾害分布区，涉及3个省的84个县市，面积达48万km^2。次生地质灾害除了引起耕地、林地破坏外，还会直接伤人，摧毁建筑物、桥梁、通信与电力塔、掩埋公路。据不完全统计，致人死亡超过30人的崩塌、滑坡就有17个，北川县约有5000人死于崩塌与滑坡。目前失踪人数仍然超过18000人，这些人很可能已经死亡，且死于滑坡泥石流的可能性非常大。滑坡还造成了数量众多的堰塞湖，对河流下游造成了巨大的威胁。处理堰塞湖花费了巨大的人力和物力。

5·12汶川特大地震中，交通系统遭受了严重的破坏，主要震害包括：桥梁、涵洞破坏和路基破坏。由于严重的崩塌、滑坡和泥石流，地震烈度Ⅸ以上地区的各类公路遭到了摧毁，总里程达到数千千米。许多公路几乎全部被滑坡掩埋。交通系统的损失达到数百亿元。

由于交通系统破坏量大、面广，加上龙门山区交通本身连通性不好，震后大部分地区交通中断。震后应急救灾在很大程度上受到交通的制约。

（二）防灾启示

5·12汶川特大地震造成了1400多万房间房屋损毁，大约9万人死亡和失踪，30多万人受伤，给人民群众带来巨大悲痛，给国家造成巨大创伤。为提高国家防震减灾能力，提高国家地震安全水平，应该吸取这次地震血的教训。

1.防震减灾管理亟待加强

1976年唐山地震后，国家逐渐确立了“以预防为主、预防与救助相结合”的防震减灾方针，并制定了防震减灾法，确定了2020年防震减灾目标。此次地震灾害表明，应该通过强化防震减灾管理，将国家防震减灾大政方针落到实处。应该说目前在某些地区防震减灾的管理被不断弱化，地震机构被合并，某些企业也撤销或合并了防震减灾管理部门，国家防震减灾目标得不到切实落实。震害调查表明，震区一些城市房屋建筑的抗震性能还比较差，特别是20世纪70年代和80年代的建筑地震灾害比较严重。许多城市没有地震小区划，建筑物直接坐落在河流漫滩或松软地基上，甚至直接建在大型的滑坡体下面。城市内房屋建筑没有规划，震区许多建筑甚至采用加层方式进行扩建。许多倒塌的建筑，其抗震设计、材料和施工质量都存在很多问题。这表明亟待加强城市的防震减灾管理。

农村地区一直是防震减灾的薄弱环节，民居抗震能力比较差。虽然近年来国家大力推动农居地震安居工程，但不同地区推进力度相差较大，大多数地区的农居地震安全现状没有得到根本改善。本次地震中，烈度Ⅷ度以上地区的农居大多数被摧毁。应该在重点监视防御区和区划图中高烈度区，尽快推动地震安全农居工程的实施。

5·12汶川特大地震中，房屋建筑损失最大、人员伤亡最多的是龙门山地区的乡镇。这些乡镇常住和流动人口往往达到数千人，有的甚至达到上万人。乡镇房屋建筑的抗震设防，目前基本上还是个空区。尽管城市抗震设防有专门的管理部门，农村也正在推动农居安全工作，但对于房屋建筑复杂而人口众多的乡镇，仍急需明确防震减灾管理体制。建议乡镇抗震设防要求和管理应与城市相同，特别要加强对私人建筑的抗震设防管理。

2. 抗震设防标准亟待明确

震后调查表明，按抗震设防要求正规设计、施工的房屋都有较好的表现，即使在烈度Ⅸ度区，一些房屋只是遭到轻微破坏，相当数量的房屋没有倒塌伤人，这充分说明抗震设防是减轻地震灾害的重要途径。如果能够做到城乡普遍设防，就可以做到“大事化小、小事化了”，不构成对社会的巨大冲击。目前我国建筑物抗震设防采用三级设防，即“小震不坏、中震可修、大震不倒”。这种抗震设计理念，可以大大减少建筑物倒塌的可能性，以保障公众的生命安全。目前的现实是，国家未明确给出大震的风险水平和相应的地震动参数，设计参数是设计部门经验确定的。事实上，各类建设工程都应该按“三级设防”的要求进行设计。当发生小震时，建设工程不会破坏、功能正常；当发生中震时，主要结构在尽可能短的时间内可修复；当发生大震时，建设工程不会倒塌或产生严重后果。同时应尽快根据各类工程的重要性，确定相应于三个设防等级的风险水平，提供相应的地震动参数，并落实到各类抗震设计规范中。

3. 防震减灾意识亟待提高

只有公众参与防震减灾工作，全社会共同努力才能提高地震安全水平。此次地震中，有很多因为公民防震减灾意识好，而大大减少了生命和财产损失的例子。如有一个校长，非常注重校舍建造抗震设防和施工质量，平时经常组织地震应急演练，当 5 · 12 汶川特大地震发生时，该校教室安好，师生迅速有序地撤到安全地点。但是，毕竟具备如此高的防震减灾意识的人还是太少。防震减灾的首要工作是保证建（构）筑物的抗震设防，确保房屋质量（图 4-5-3），同时，还必须具备应急避难和应急救援知识。社会越进步、越发展，地震灾害预防工作在防震减灾工作中所占的比例也越大。房屋抗震性能问题不解决，地震造成的人员伤亡问题永远不会避免。目前大多数民众的防震减灾意识淡漠，或对防震减灾工作的认识不正确。在 5 · 12 汶川特大地震发生后，这种错误认识反而越来越强了，包括官员和科技人员。

图4-5-3　5 · 12汶川地震中损坏与残存的建筑物

例如，5·12汶川特大地震后，科技界地震预报热情非常高涨，谁都想做地震预报，以为地震预报过关，地震安全就得到了保障。大多数人对地震应急救险、对逃命的知识渴望，以为会跑就万事大吉。事实上，公众应该首先正确地了解自己所处的地震环境，了解自己住宅、工作单位和所在城市的地震风险，关心自己的住宅是否进行了抗震设防。建造房屋或购买房屋时，应首先关心房屋是否抗震。

4. 防震减灾基础亟待打牢

防震减灾基础包括：科学技术基础、基础数据基础等。除了通过加强管理全面提高城乡房屋建筑、基础设施和生命线系统的抗震设防能力外，还应该进一步加强防灾减灾的科学技术基础。我国正处于经济迅速发展时期，各种新型建筑层出不穷，这些建筑物的抗震问题亟待新的科学理论和技术的支撑。例如，我国200m以上的高坝多数位于强震活动带上，这些大坝的安全直接影响附近城市的安全，并影响到国家能源体系的安全，这些高坝的设计、施工和质量控制等方面都有很多科技问题没有解决。又如，许多大城市目前正在兴建300m以上的高层建筑，这不可避免地会受到潜在大地震的威胁，这些高层建筑的居住或活动人数往往会达到数千人，一旦高层建筑出现问题，后果不堪设想，因此超高层建筑的抗震设计和施工一直存在许多科技问题需要解决，其中涉及地震危险性分析判定的地震数据、地质地表断裂数据和深部地球物理数据严重缺乏，需要扎扎实实地开展基础工作，通过长期不懈地努力才能获取准确的相关数据。

（三）几点结论

分别对震中映秀镇的钢筋混凝土框架结构、砖混结构、底框架结构的震害进行描述与原因分析，综合各方面的研究资料，可得到以下几点结论：

（1）无论是什么样的结构类型，同是7度设防的结构，开间大的建筑由于含墙率小，在大变形的时候很难抵御侧向力的作用。即便是设计中不承重的填充墙的破坏也会在大变形中耗散很多地震传给建筑的能量。

（2）在破坏比率和破坏状态看，设防建筑要远远好于未设防的建筑。极震区的地震烈度（11度）虽然大于设防烈度（7度）很多，但是还是有一些经过设防的结构立而不倒，或仅局部倒塌，而未设防结构基本上全部倒毁。

（3）抗震设防烈度高的建筑的破坏要轻于抗震设防烈度低的建筑。从目前调查情况看，我国抗震设防标准基本满足设防要求。

（4）按同等抗震设防烈度建造的建筑，破坏程度是不同的，其影响因素很多，包括：建筑的使用功能，施工质量，建筑材料的质量等。

（5）相对来说，同样功能的结构中，钢筋混凝土框架结构在极震区的表现是最好的，其次是设防的砖混结构，表现较差的是底框架结构。

另据《中国大陆地震灾害损失评估报告汇编（1990～1995年）、（1996～2000年）》资料：云南省农村乡镇房屋主要分为4大类：土木结构、砖木结构、砖混结构和框架结构。

砖混结构房屋的抗震性能稍好于土木和砖木结构，但是在Ⅸ度烈度下，部分房屋倒塌、严重毁坏，平均损失率也在35%以上。在Ⅹ度烈度下，土木结构和砖木结构大部分倒塌，砖混结构平均损失55%，只有框架结构抗震性能最好，房屋多为中等破坏，基本不发生倒塌。

四、公路地震灾害的应对策略

地震地质灾害是人力难以克服的，对公路工程的破坏只能采取两种办法：一是尽可能避开；二是不能避开时本着便于修复的原则设计公路，以便破坏时能及时修复公路。

下面以 5·12 汶川地震为例，简要介绍地震灾区公路抢通保通技术的几个要点。

1. 震后交通损毁信息调查

较大规模的地震可引发大规模山体滑坡，从而导致道路交通、通信、电力等全部中断。

在震区电力中断的情况下，建立在电力基础之上的现代监控与信息采集方法无法进行，必须也只能依托原始的人工调查。人工调查宜组织成若干小分队，合理分工与调配，尽快到达震区采集并初步分析震后损毁信息、迅速将信息传回救灾指挥部，供决策人员使用。为了掌握震区道路桥梁的损毁情况，可以安排 6 ～ 10 人的调查小分队携带必要的食品水与装备（如便携式卫星定位仪、数码相机、记录本与纸笔等）立即徒步出发，沿前进路线收集震区交通情报，记录公路损毁地点的里程桩号和方位、描述损毁类型是属于滑坡、垮塌（崩塌或者巨石崩落）还是其他类型的破坏形式、估算抢修工程量，拍照取证或者手工描绘现状草图。在获取 3 ～ 5 处道路损毁信息后，小分队总体预计受损情况，派遣 2 人回程报告相关状况，为道路抢修决策人员进行快速预判和决定初步的抢修方案提供原始资料；调查小分队其余人员可以继续沿路线调查，在初步判断损毁极其严重、交通极其困难的时候，应坚持每隔 2 ～ 4km 安排人员返回汇报调查信息，因为时间紧迫，决策人需要随时了解原始信息以保证救灾措施符合实际需要。

调查小分队进行徒步实地调查是一项危险并且专业的工作，应当时刻注意保证自身安全，在余震不断和山体滑塌严重的情况下，无论是返程汇报还是调查前进，都不应单人独行，多人配合保证的不仅仅只是个人的生命安全，更能确保调查信息的 可靠传递，某些关键信息可能关系到成千上万人的安危。

灾区国道省道等干线公路大多沿河修建，调查人员应对沿线河流水流特别关注，对河水断流或者汇集成湖保持警惕，特大型的滑坡体可以直接阻塞河流形成堰塞湖，进而淹没道路与村庄，又存在溃决的巨大风险，调查、决策人员必须掌握此类信息，优先安排堰塞湖导流抢险。

震后交通损毁信息调查应开展以下工作：

（1）获取路基、路面地震损坏信息调查及初步处理意见（图 4-5-4）。

（2）获取桥梁工程地震损坏信息调查及初步处理意见（表 4-5-1）。

（3）获取隧道工程地震损坏信息调查及初步处理意见。

2. 公路抢通方案与组织管理

震后灾区公路抢修应以抢通作为优先，以利于抢险设施和人员物质的运输。对于处于山高坡陡地形条件的震区，地震后往往有许多多道路抢修设备开往这一救灾一线，但山区公路横断面一般比较狭窄，受最小工作面限制，往往只能容纳一台设备进行施工，大量抢险设备在前线处于待命状态，而抢险工作量巨大，单台设施根本不能满足需要。解决矛盾的唯一办法就是沿公路路线增加施工工作面（图 4-5-5），在不具备空运水运转移设备的条件下，只能抢通开辟供履带车辆通行的便道，以供抢险设备通过后沿线展开施工。

a) K1029+400路面挤压变形凸起，适当清理，补填碾压后可通行

b) K1027+900右侧路基脱空，目前可以通行，以后应支挡加固处理

c) K1027+100边坡落石，量小，清除

d) K1026+300左侧路基边坡崩塌落石，约400m^3，清除

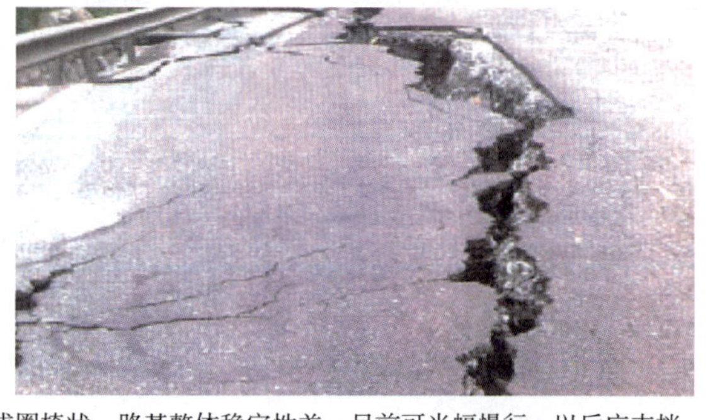

e) K1026+500右侧路基沉陷，路面开封，缝宽8~10cm，裂缝已成圈椅状，路基整体稳定性差，目前可半幅慢行，以后应支挡加固处理

f) K1026+200左侧路基边坡崩塌，约600m^3，清除处理

g) K1023+950右侧路基沉陷致使挡墙与路面边缘产生裂缝，2~3cm，挡墙有外倾，侧移现象，可通行

图4-5-4　5・12汶川地震路基、路面地震损坏信息调查及初步处理意见

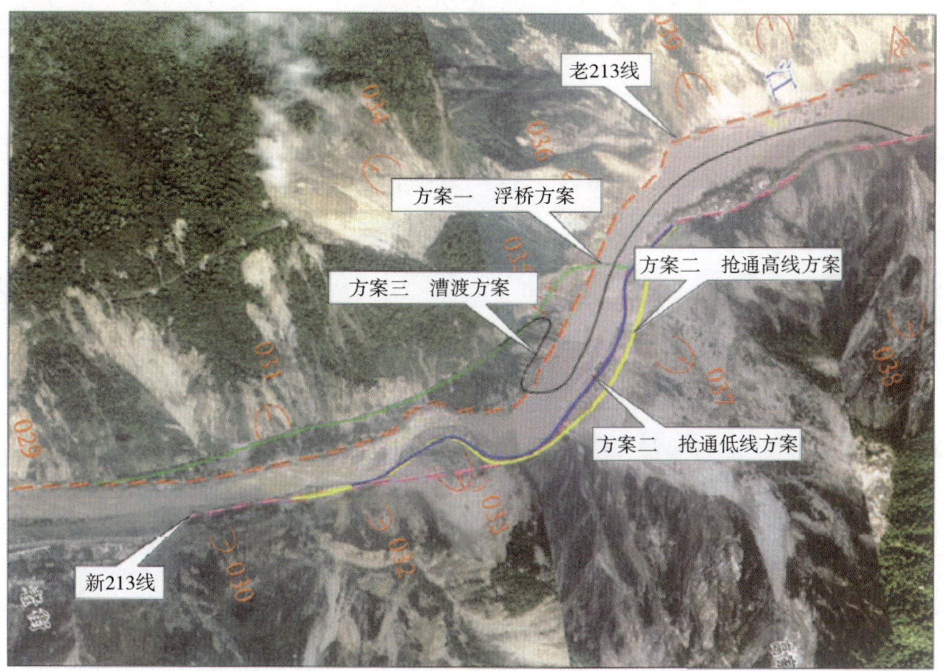

图4-5-5　5·12汶川地震中老虎嘴堰塞体区域内公路抢通方案示意图

表 4-5-1　新 G213 线映秀至草坡段桥梁工程地震损坏信息调查及初步处理意见

编号	桥　名	桥　型	现状及抢通利用
1	K26+773 顺河大桥	8 × 20m 预应力空心板	两孔桥面板垮塌，两个桥墩严重受损，加固利用
2	K27+900 顺河大桥	7 × 20m 预应力空心板	部分受损，利用
3	K28+020 顺河中桥	1 × 20m 预应力空心板	带病，利用
4	K28+636.75 顺河大桥	8 × 20m 预应力空心板	被掩埋，不利用
5	K31+846 独秀峰大桥	6 × 30m 预应力混凝土 I 型梁	带病，利用
6	K33+955.5 兴文坪大桥	5 × 30m 预应力混凝土 I 型梁	带病，利用
7	K37+080 顺河桥中桥	8m+3 × 20m+16m 预应力混凝土空心板	4 孔垮塌，不利用
8	K38+020 顺河中桥	1 × 20m 预应力空心板	带病，利用
9	K38+350 顺河中桥	1 × 30m 预应力混凝土 I 型梁	带病，利用
10	K42+430 罗圈湾中桥	1 × 30m 预应力混凝土 I 型梁	带病，利用
11	K43+690 变电站中桥	1 × 20m 预应力混凝土 I 型梁	垮塌，不利用
12	K44+235 彻底关大桥	11 × 30m 预应力混凝土 I 型梁 +1 × 20m 空心板	4 孔垮塌，利用
13	K44+863.1 彻底关沟中桥	11 × 30m 预应力混凝土 I 型梁	带病，利用
14	K44+715 福堂坝中桥	2 × 20m 预应力混凝土空心板斜桥	完全受损，填筑

续上表

编号	桥　　名	桥　　型	现状及抢通利用
15	K47+708 福堂坝大桥	4×30m 预应力混凝土 I 型梁	带病，利用
16	K48+317 桃关沟大桥	1×30m+50m+2×30m 预应力混凝土 I 型梁	带病，利用
17	桃关隧道通道桥	1×7m 钢筋混凝土现浇板	带病，利用
18	K49+281.78 桃关大桥	5×30m 预应力混凝土 I 型梁	1~3 孔垮塌，不利用
19	K51+625 水文站大桥	4×30m 预应力混凝土 I 型梁	部分受损，不利用
20	K52+405 草坡吊桥大桥	5×30m 预应力混凝土 I 型梁	4 孔垮塌，不利用

地震灾害带来的公路损毁类型及其抢险方案可归纳为以下类型：

（1）堰塞湖淹没。应优先清理堰塞体，堰塞体庞大，一时难以清除时可以择势开挖导流槽，只有在堰塞湖淹没险情完全解除的情况下，进一步的道路抢修工作才可以进行。

（2）滑坡体阻塞。应采用大型推土机进行简易便道的抢通，供履带式抢险设备通过后，再配合反铲挖掘机进行道路修复。

（3）巨石崩落。优先考虑绕避方案；不具备绕避条件时考虑调用钻爆设施进行爆破清除；但调用钻机、空压机、雷管、炸药等钻爆设施困难时，紧急条件下还可以对崩落巨石进行掩埋，或者在巨石前后填筑斜坡道供抢险设备临时通行。

（4）路面崩塌。优先考虑挖运土方填筑形成斜坡道；挖运土方困难时砍伐树木捆扎连接在崩塌陡坎处搭设形成坡道。

（5）桥梁梁板折断损毁。采用军备特制钢梁桥（贝雷架）架设；河水流量不大时可以利用块石等直接填筑浸水或者漫水路堤临时代替桥梁。

3. *震后应急物资设备种类*

建立实物储备与商业储备相结合、生产能力储备与技术储备相结合、政府采购与政府补贴相结合的应急物资储备方式，强化应急物资储备能力。

应急物资包括公路抢通物资和救援物资两类。

（1）公路抢通物资主要包括沥青、碎石、砂石、水泥、钢桥、钢板、木材、编织袋、融雪剂、防滑料、吸油材料等（表 4-5-2）。

表 4-5-2　应急抢险物资、装备储备表实例

序号	品名	单位	数量	序号	品名	单位	数量
1	铁锹	把	60	6	应急灯	个	20
2	发电机	台	2	7	担架	副	4
3	抬筐	个	100	8	药箱	只	2
4	撬杠	个	30	9	固定夹板	块	8
5	防雨篷布	m^2	1000				

（2）救援物资包括方便食品、饮水、防护衣物及装备、医药、照明、帐篷、燃料、安全标志、车辆防护器材及常用维修工具、应急救援车辆等。

地方交通运输主管部门应采取社会租赁和购置相结合的方式，储备一定数量的机械，如挖掘机、装载机、平地机、撒布机、汽车起重机、清雪车、平板拖车、运油车、发电机和大功率移动式水泵等（表 4-5-3）。

表 4-5-3　主要应急机械设备储备表实例

序号	设备名称	单位	数量	性能指标	现在何处
1	装载机	台	2	斗容量 $2m^3$	现场
2	挖掘机	辆	2	斗容量 $1.5m^3$	现场
3	推土机	辆	1		现场
4	自卸车	辆	8	25t	现场
5	吊车	台	2	16t	现场
6	汽车	辆	2	吉普	项目部

第五章　公路交通自然灾害防灾减灾综合应急技术

——以汶川地震公路抢通保通技术为例

第一节　地震中灾区交通基础设施损毁概述

2008 年四川省汶川 5 · 12 地震的发生区域是我国乃至全球山脉中地形陡度最大的区带之一，在 100km 的范围内，高差可达 5000 多米，形成高山峡谷地貌，也是长江上游多条河流分布区，地形地貌复杂多变，褶皱和断裂构造极为发育。

由于河谷深切，地势陡峻，地震灾害点集中分布在河谷两岸，与河流的空间分布一致。灾害主要集中分布在 800 ～ 3000m 的范围，该地区为四川省主要河流的发源地，支流众多，切割强烈，河流向下切割深度达 500 ～ 1000 m，河谷狭窄，谷坡陡峻，使得山体坡度和临空面增大，利于滑坡的形成，河流切割所形成的坡体坡度的变化和转折使得这一海拔高度对于地震的响应尤为明显。四川省内主要国省干道基本沿河流展布，受到灾害的影响最大。5 · 12 汶川地震四川省地震烈度与路网分布如图 5-1-1 所示，灾害主要集中在地震烈度Ⅶ度及其以上地区，国道 213 线都江堰—川主寺段、国道 317 线都江堰—马尔康段、省道 303 线映秀—卧龙段、省道 302 线绵阳—茂县段地震烈度达Ⅶ度及以上，沿岷江及其支流展布，地震期间损毁严重。

一、5 · 12 汶川地震后公路沿线主要灾损情况

（一）震后公路沿线灾损主要特点

（1）受损范围广。四川省 20 个市（州）、139 个县（市、区）的高速公路、国省干线、农村公路以及码头、客运站点和养护设施不同程度受损，其中重灾区的阿坝、广元、绵阳、成都、德阳、雅安等市（州）、39 个县（市）的各类交通设施严重受损。通往汶川、茂县、北川、青川等重灾县以及 254 个乡镇公路交通一度完全中断。灾害造成 21 条高速公路、16 条国省干线公路、24000km 农村公路的路基、路面、桥梁、隧道等结构物不同程度受损，受损里程近 28000km（其中高速公路近 200km、国省干线公路约 3800km、农村公路 24100km），损坏国省干线桥梁 670 座，总长 45323m；其中隧道 24 座，总长 20417m，受损的客运站为 395 个，其中国家级枢纽 9 个、县级站 44 个。

（2）损害程度重。许多经过多年努力才建成的交通设施毁于一旦，一些路段全面损毁，造成毁灭性、根本性破坏。据不完全统计，四川省交通基础设施直接经济损失约人民币 612 亿元。

（3）抢通难度大。震后 3 个月仍有 3 条国省主干线未抢通（国道 213 线映秀—汶川段，省道 303 线映秀至耿达段，省道 302 线茂县—北川公路擂鼓镇—禹里乡段）。

（4）保通工作艰巨。山体滑坡、崩塌、泥石流等次生灾害频繁发生，还将会造成交通基础设施新的破坏，给恢复重建工作带来新的困难。

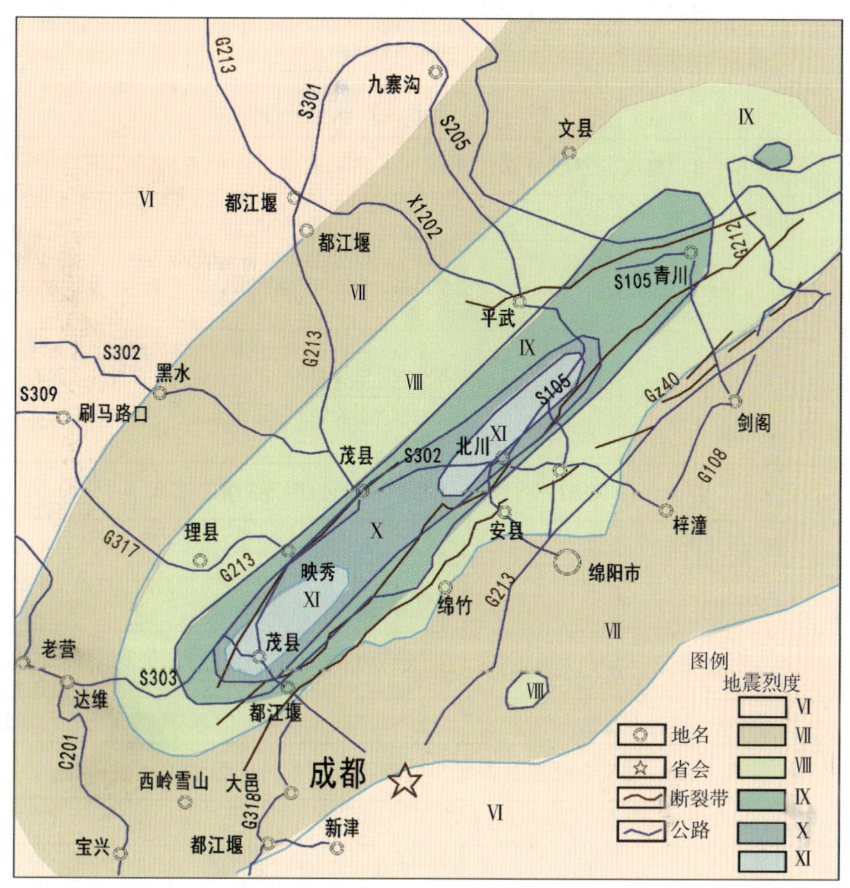

图5-1-1　路网分布与地震烈度关系图

由于各个路段的地质背景条件有所差异，与震中距离不同，故每段公路地质灾害的发育程度具有区域以及路线上的差异性。灾害类型以及破坏方式也有一定的区别。

（二）极重灾区主要国省干道灾损情况

地震后，四川省交通部门对地震灾区道路受损情况进行统计，详见表 5-1-1 ～表 5-1-6。

表 5-1-1　G213 线都汶公路都江堰至映秀段高速公路损毁情况简表

类　型	损毁长度或座数	所占比例（%）	受　损　简　况
路基路面	1964.6m	15.14	边坡垮塌，路基半幅或整幅坍塌，路面出现破损、开裂、坑槽等现象
桥梁	4 座	12.12	4 座桥梁下部构造受损情况较重，其他桥梁的破坏主要集中在上部结构的局部位置
隧道	0 座	0	洞门及洞身局部开裂、渗水衬砌变形，相对路基和桥梁，损坏程度较轻，能满足保通要求

表 5-1-2　G213 线都汶公路映秀至汶川段二级公路损毁情况简表

类　型	损毁长度或座数	所占比例（%）	受　损　简　况
路基路面	44.8km	80	边坡垮塌，路基半幅或整幅坍塌，约 10km 路段路基被崩塌体所掩埋，路面出现破损、开裂、坑槽等现象
桥梁	6 座	11.76	岷江桥梁有 3 座垮塌（分别为桃关大桥、彻底关大桥和草坡大桥），顺河桥有 3 座垮塌，无法通行，其余桥梁均不同程度损毁，可勉强通行
隧道	0 座	0	洞门及洞身局部开裂、渗水衬砌变形，相对路基和桥梁，损坏程度较轻，能满足保通要求

表 5-1-3　都汶公路映秀至汶川段（老路）三级公路损毁情况简表

类　型	损毁长度或座数	所占比例（%）	受　损　简　况
路基路面	15.2km	59	约 15.2km 路段路基被崩塌体所掩埋，其余未掩埋路段出现路基沉陷，下边坡挡墙变形、移位等，路面出现破损、开裂、坑槽等现象
桥梁	0 座	0	全线 8 座桥梁，均有不同程度损坏，主要为桥面破损、桥头路基下沉、锥坡破坏、拱圈开裂等，但可满足保通要求
隧道	0 座	0	洞口部分砸坏，被崩塌体堵塞，但洞身结构基本稳定，可满足保通要求

表 5-1-4　G317 线汶川至狮子坪段公路损毁情况简表

类　型	损毁长度或座数	所占比例（%）	受　损　简　况
路基路面	19.5km	21.67	边坡垮塌，阻断道路，部分段落路基垮塌，沿线边坡危石较多，威胁通行安全，路面出现破损、开裂、坑槽等现象
桥梁	0 座	0	沿线桥梁均有不同程度损坏，但损坏程度较小，能满足保通要求
隧道	0 座	0	全线共 3 座隧道，洞门及洞身轻微损坏，不影响正常行车

表 5-1-5　S302 线茂县至北川公路（北川段）损毁情况简表

类　型	损毁长度或座数	所占比例（%）	受　损　简　况
路基路面	29.7km	67.25	边坡垮塌，阻断道路，部分段落路基垮塌，受唐家山堰塞湖影响，近一半路段被水淹没或受损，路面出现破损、开裂、坑槽等现象
桥梁	0 座	0	沿线桥梁均有不同程度损坏，但损坏程度较小，能满足保通要求
隧道	0 座	0	全线共 1 座隧道，洞门有轻微裂缝，不影响正常行车

表 5-1-6　S302 线茂县至北川公路（茂县段）损毁情况简表

类　型	损毁长度或座数	所占比例（%）	受　损　简　况
路基路面	5.4km	10.37	边坡垮塌，阻断道路，路面出现破损、开裂、坑槽等现象
桥梁	0 座	0	沿线桥梁均有不同程度损坏，但损坏程度较小，能满足保通要求

（三）公路沿线灾害特征

汶川地震由龙门山断裂带的中央断裂（映秀—北川—青川断裂带）破裂诱发，受高山峡谷地形地貌、龙门山断裂带构造分布、地震破裂带走向控制，灾区公路震害具有以下特点：

（1）公路震害总体沿发震断裂呈带状分布。

（2）地表破裂带处公路遭到严重损害，如道路错断、桥梁倒塌、隧道衬砌破坏等。

（3）垂直于发震断裂方向，距离断裂带越近，公路受损越严重。

（4）高山峡谷区次生地质灾害极为发育，对公路损毁极大。

（5）硬质岩区发育大量崩滑体，掩埋、砸毁道路、桥梁、隧道洞口。

（6）断层上盘公路震害密度大于下盘。

二、路基、路面灾害情况及特点

路基、路面震害主要是指路基本体、路基支挡结构以及路基边坡在地震中所受到的破坏。地震以后，交通部门通过对地震灾区所有的国道、省道及大部分重要的乡县公路（总计 19 条线路，41 条区段）进行调查，将路基震害按路基本体，路基边坡、支挡结构三大类（图 5-1-2）进行震害分类统计。从此次调查结果来看，路基震害总数为 1458 处，其中路基本体震害 558 处，支挡结构 352 处，路堤路堑边坡 548 处。

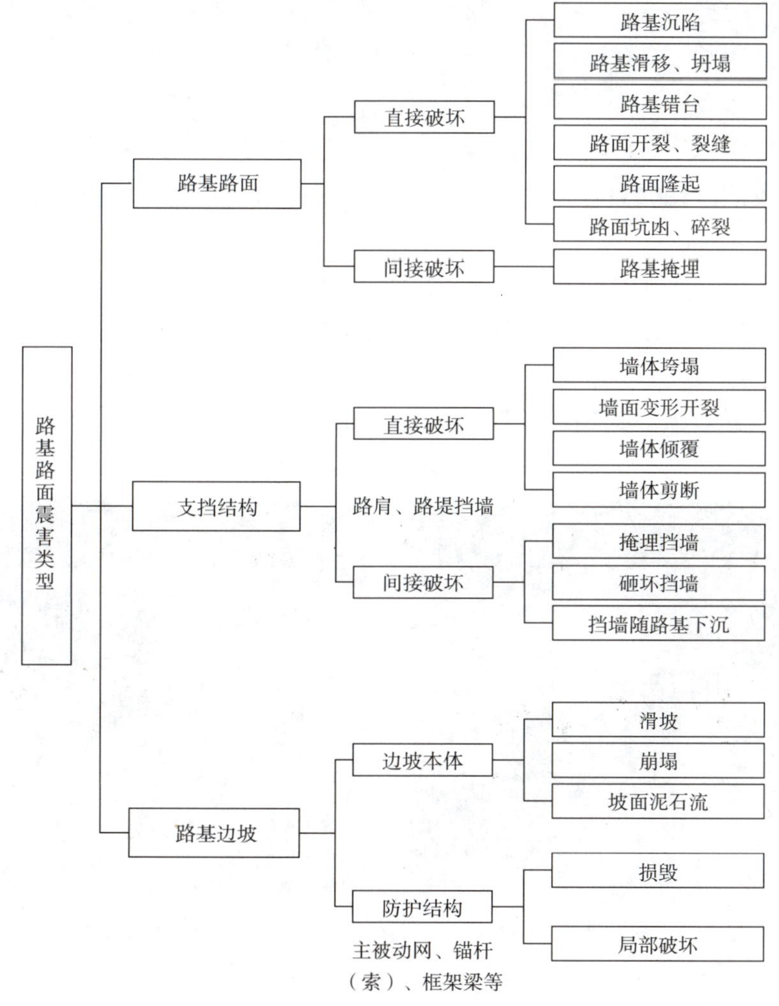

图5-1-2　路基路面震害类型

（一）路基本体

1. 路基沉陷

路基沉陷是地震震中地区常见的路基路面震害之一，这种震害产生的主要原因有：

（1）地震波导致路基基底液化，形成大面积路基沉陷。典型路段主要是位于地下水位较高的砂土或砂砾填土路基。

（2）由于路基填筑体或路基土力学性质不均匀，地震波的作用导致路基土沉降不均匀而产生局部路基路面整体沉陷。典型的路段主要是在桥台、涵背、墙背填土路基，纵、横向填挖过渡段路基等（图 5-1-3 和图 5-1-4）。

图5-1-3　映秀至汶川段路基路面沉陷

图5-1-4　国道G213线桥头路基沉陷、拉裂

2. 路基滑移、坍塌

由于地震波引起路基内部开裂、变形，路基支挡结构失稳，出现滑移。路基路面出现断裂、滑移后的进一步发展而形成坍塌。坍塌的产生条件与路基路面整体断裂、错动和滑移相同，只是严重程度更大。这种震害主要出现在一侧临空的路基，如山腰线、临河路基等，尤其是地震导致路基支挡结构物破坏后，易发生路基路面滑移、坍滑震害（图 5-1-5 和图 5-1-6）。

图5-1-5　国道G213 线路基路面坍滑

图5-1-6　省道S302 北川附近路基坍滑

3. 路面开裂、路面裂缝

路面整体开裂主要发生在山区公路上，受地震影响路基路面产生不规则的张拉剪切型

断裂，表现在路面上出现宽大的裂隙（图 5-1-7 和图 5-1-8）。

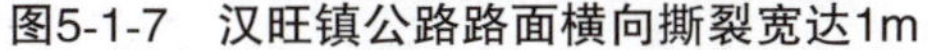

图5-1-7　汉旺镇公路路面横向撕裂宽达1m

图5-1-8　国道G213 线路基路面整体开裂

路面纵、横向裂缝多位于填方路基、半填半挖路基以及桥台、涵背、墙背填土路基，纵、横向填挖过渡段路基等，主要是由于路基路面不均匀沉降、挡墙外倾或路基向临空方向变形引起。表现在路面上是一些细长的纵、横向裂缝（图 5-1-9 和图 5-1-10）。

图5-1-9　映秀至汶川纵向裂缝

图5-1-10　映秀至汶川路基路面纵横向裂缝

该类型震害主要发生在震中地区的公路上，以国道 G213 线都江堰—映秀—汶川、省道 S303 映秀至日隆、北川、青川、绵阳及德阳等地震震中地区公路最为典型，在其他地震影响区也存在少量该类型路基路面震害。

4. 路基错台

受地震波影响，山区公路出现了路基立体错动（图 5-1-11 和图 5-1-12）。该类震普遍存在于山区公路填方路基路段。

5. 路面隆起、挤压

路基路面隆起错位、挤压，一般发生在地震震中地区道路，由于地震作用导致地面整体隆起错位，或相互挤压、隆起变形，形成波浪状、拱翘状、开裂（图 5-1-13 和图 5-1-14）。

图5-1-11　映秀至汶川路基错台

图5-1-12　路基错台

图5-1-13　省道S302 线路基路面隆起2m

图5-1-14　路面隆起、挤压

6. 路面坑凼、碎裂

路面坑凼、碎裂多发生在地震震中地区的山区公路上，主要是上边坡的巨石震垮掉落后将路基路面砸出坑凼（图 5-1-15），或地震造成路面碎裂（图 5-1-16）。

图5-1-15　线映秀至汶川飞石砸坏路面

图5-1-16　汉旺至天池段路基路面起拱碎裂

7. 路基路面被掩埋、淹没

地震造成崩塌、滑坡和落石等次生灾害，大量的塌方体碎落后掩埋路基路面，主要发生在山区高边坡的路段。典型的震害，如发生在国道 G213 线及省道 S303 线映秀—卧龙段（图 5-1-17 和图 5-1-18）。

图5-1-17　滑坡掩埋路基路面

图5-1-18　崩塌掩埋路基路面

地震引起崩塌滑坡次生灾害，造成道路沿线山体堆积大量松散堆积物，尤其是震中区和龙门山中央断裂带区域，发生大量崩塌性滑坡，为泥石流发生提供了丰富的物质来源，暴雨季节，形成较大规模泥石流，冲毁公路等设施（图 5-1-19~ 图 5-1-21）。

图5-1-19　映卧路泥石流掩埋路基，淤塞河道

图5-1-20　都汶公路段路面被洪水淹没

（二）支挡结构典型震害

支挡结构主要包括挡墙、护面墙、抗滑桩、桩板墙、锚索（锚杆）等，通过对地震灾区支挡结构物的调查，发现挡墙、护面墙震害较多，而抗滑桩、桩板墙震害相对较轻，大部分坡面框架锚杆、框架锚索、垫墩锚杆、锚杆结合主动防护网等抗震效果较好，个别锚索系统锚头震坏。此类防护工程的共同特点是坡体内进行了注浆，防护工程与坡体共同受力和波动，因此抗震效果较好，而单纯的主动防护网、挂网喷混凝土等坡

图5-1-21　茂北路堰塞湖淹没路基

面防护措施则抗震效果较差，表现出震害较多。挡墙、护面墙主要震害类型包括以下几类：挡墙坍塌、墙面变形开裂、墙体倾覆、墙体剪断、掩埋挡墙、砸坏挡墙、挡墙随路基下沉等。

1. 挡墙坍塌

挡墙（护面墙）垮塌有两种原因：一种是上边坡挡墙（护面墙）由于地震波导致增加挡墙（护面墙）主动土压力，此外，地震导致坡体稳定性变差，坡脚应力增大，边坡垮塌物冲击挡墙（护面墙）等，导致挡墙（护面墙）垮塌；另一种原因是地震引起挡墙底部地基滑移，导致挡墙整体失稳、坍塌（图 5-1-22 和图 5-1-23）。

图5-1-22　挡墙坍塌

图5-1-23　挡墙局部坍塌

2. 墙面变形开裂

地震使挡墙（护面墙）主动土压力增加，坡体稳定性变差，坡脚应力增大，边坡垮塌物冲击挡墙（护面墙）等，导致挡墙（护面墙）开裂、滑移、外倾（图 5-1-24）。除挡墙、护面墙外，坡面挂网喷混凝土、主动防护网等震害也比较突出，少量抗滑桩出现变形，框架锚索、锚杆抗震效果较好，但也有震害现象。

图5-1-24　挡墙开裂

3. 墙体倾覆

地震使挡墙（护面墙）主动土压力增加，坡体稳定性变差，坡脚应力增大，边坡垮塌物冲击挡墙（护面墙）等，导致挡墙（护面墙）开裂、滑移、外倾（图 5-1-25 和图 5-1-26）。

除挡墙、护面墙外，坡面挂网喷混凝土、主动防护网等震害也比较突出，少量抗滑桩出现变形，框架锚索、锚杆抗震效果较好，但也有震害现象。

图5-1-25　挡墙外倾与路基分离

图5-1-26　挡墙外倾

4. 墙体剪断

墙体在地震中受地震力左右，出现拦腰剪切破坏（图 5-1-27）。

5. 掩埋挡墙

地震产生了大量的滑坡、崩塌等次生地质灾害，此类灾害往往造成许多挡防结构的破坏，路基、挡墙等被掩埋（图 5-1-28）。

6. 砸坏挡墙

由于挡墙（护面墙）顶部边坡崩塌、落石，垮塌物直接冲击砸坏挡墙顶部，造成挡墙（护面墙）上半部分损坏（图 5-1-29）。滚石随时都危及施工人员及行车安全。在较短时间内，抢通保通任务异常艰巨，注定了沿线道路的恢复重建工作是一个长期而艰巨的过程。

图5-1-27　挡墙剪切破坏

图5-1-28　挡墙掩埋

图5-1-29 挡墙破坏

图5-1-30 挡墙随路基下沉

7. 挡墙随路基下沉

由于路面沉陷，路堑挡墙随路面一起下沉（图 5-1-30）。

（三）边坡震害

边坡震害是地震造成的分布范围最广、震害最严重的震害之一，处于地震中央断裂带附近的公路边坡震害尤为明显，震中区常形成崩塌性滑坡，掩埋道路或堵塞江河形成堰塞湖淹没道路。

边坡震害一般分为本体震害以及挡防结构震害两类。本体震害是指路基边坡在地震力作用下产生的崩塌性滑坡、崩塌、坡面泥石流等次生灾害。由于公路沿线多是花岗岩、闪长岩、砂岩、石灰岩及变质砂岩、板岩等硬质岩类组成的高陡边坡，岩石受结构面控制，在地震作用下岩石脱离原结构面产生崩塌、落石（图 5-1-31），受降雨影响，震后大量的坡面堆积体易形成坡面泥石流，掩埋道路。

图5-1-31 国道G213线映秀至汶川路边坡典型震害

挡防结构震害主要是指防护边坡的主、被动网，锚杆（索），框架梁等支挡结构在地震中所受到的破坏（图 5-1-32 和图 5-1-33）。

图5-1-32　被动网破坏

图5-1-33　主动网破坏

三、桥梁灾害情况

受灾严重的公路桥桥梁主要集中在：

（1）震中附近映秀的三条线路——G213 线映秀—都江堰段、G213 线映秀—汶川段、S303 线映秀—卧龙段。

（2）北川附近三条线路——S302 线江油 北川段、S302 线北川—茂县段及与断裂带大致平行通过北川的 S105 线彭州—北川—广元段。

对极重灾区 7 条国省主干公路桥梁桥墩形式的统计分析（表 5-1-7），表明在极重灾区简支体系桥梁的桥墩几乎均为双柱式桥墩，独柱式桥墩只有白水溪大桥等 5 座桥梁，均位于 G213 都江堰至汶川段，其中 4 座为简支体系的矩形独柱墩，只有国道 213 线上的小黄沟中桥（连续梁桥）采用圆柱形独柱墩。

表 5-1-7　四川国省主干道路严重破坏、损毁桥梁统计表

编号	桥　　名	桥型及桥墩形式	震　　害
1	G213 线渔子溪桥	简支体系桥，圬工实体墩	梁体横桥向严重移位
2	G213 线百花大桥	连续梁桥，圆形双柱墩	第 5 联桥垮塌，梁体严重纵横向移位，墩柱大量压溃
3	G213 蒙子沟中桥	简支体系桥，双柱式圆形墩	桥墩发生不同程度的倾斜，梁体横移、纵移严重
4	G213 小黄沟中桥	连续梁桥，圆形独柱墩	梁体严重移位，墩柱有环向裂缝
5	G213 线古溪沟桥	简支体系桥，双柱式圆形墩	梁体纵、横桥向严重移位
6	G213 寿江大桥	简支体系桥，矩形独柱墩、双柱式圆形墩	梁体纵桥向严重移位
7	G213 线白水溪桥	简支体系桥，矩形独柱墩	梁体横桥向严重移位
8	都汶公路 K26+773 顺河大桥	简支体系桥，双柱式圆形墩	第 1、2 跨被山体崩塌轧断、掩埋。3 号墩左柱、5 号墩右柱斜剪破坏
9	都汶公路 K28+637 大桥	简支体系桥，双柱式圆形墩	被山体滑坡整体掩埋

续上表

编号	桥　名	桥型及桥墩形式	震　害
10	都汶公路一碗水中桥	简支体系桥，双柱式圆形墩	第1～4跨梁体被山体塌方砸断，1、2号桥墩倒塌，3、4号桥墩严重倾斜
11	都汶公路变电站小桥	简支体系桥，实体桥台	梁体被崩塌落石砸断
12	都汶公路彻底关大桥	简支体系桥，双柱式圆形墩	1～3跨梁体受山体崩塌而完全倒塌
13	都汶公路桃关大桥	简支体系桥，双柱式圆形墩	1～3跨梁体受山体崩塌而完全倒塌
14	都汶高速庙子坪特大桥	主桥：连续刚构桥，矩形空心墩	5号主墩水下部分开裂，梁体出现部分裂缝
		引桥：简支体系桥，双柱式矩形墩	第10跨引桥T梁落梁，部分桥墩墩顶移位、墩底出现裂缝，引桥T梁横向和纵向严重移位
15	都汶高速新房子大桥右幅连续梁桥部分	连续梁桥，双柱式圆形墩	因地基滑移致使墩柱倾斜，最大纵向倾斜度3%，最大横向倾斜度1.4%
16	都汶高速映秀顺河桥	简支体系桥，双柱式圆形墩	全部垮塌
17	都汶高速连接线映秀岷江桥	简支体系桥，双柱式圆形墩	受山体崩塌冲击、掩埋，梁体平面旋转、移位，第1跨被完全掩埋，边板折断
18	S303线渔子溪1号桥	简支体系桥，双柱式圆形墩	1～4孔被巨石砸毁掩埋,仅剩后3孔，且梁体严重移位
19	S303线渔子溪2号桥	连续梁桥，双柱式圆形墩	连续梁整体倾覆；桥墩被剪断；桥台被大量巨石掩埋
20	S303线龙潭电站中桥	简支体系桥，双柱式圆形墩	第1孔发生落梁破坏
21	彭州小鱼洞大桥	4×40m桁架拱桥	第3、4跨倒塌，第1、2跨桁架大量剪断
22	S105线陈家坝大桥	70m箱形拱桥	整体坍塌
23	S105线南坝大桥	简支体系桥，双柱式圆形墩	落梁破坏
24	S105线井田坝大桥	2×85m箱形拱桥	整体坍塌
25	G212白水河大桥	4×90m钢筋混凝土箱形拱	主拱圈开裂，局部腹拱圈开裂

汶川地震公路桥梁震害调查表明，在此次地震中桥梁的震害表现众多（图5-1-34），覆盖了简支体系桥梁、拱桥、连续梁、连续刚构桥等四种常见的桥型。限于篇幅，将简支体系桥梁、连续梁桥、连续刚构桥均按梁式桥考虑。汶川地震中梁式桥震害的主要现象有：主梁移位和落梁、桥墩震害、支座破坏、桥台损坏。拱桥的震害主要有拱圈破坏、拱上结构破坏。

（一）梁式桥的典型震害

1. 主梁移位及落梁

主梁移位在极震区桥梁中相对比较普遍，但主梁移位的极端情况——落梁破坏相对较少。在汶川地震中发生严重梁体位移的有12座桥梁，主梁移位震害在纵桥向及横桥向均有所表现。横桥向移位：G213鱼子溪桥为3×22.2m简支T梁，主梁横向移位到达到30cm；G213线白水溪大桥3号墩墩顶梁体横向移位达到48cm，面临横桥向落梁危险（图 5-1-35）。顺桥向移位：G213 线寿江大桥，梁体向映秀方向纵移，导致第 1 跨即将发生纵桥向落梁（图 5-1-36）。同时主梁移位也体现梁体发生转动。主梁移位的同时撞击桥墩的纵横向挡块，也造成了桥墩挡块的大量破坏（图 5-1-37），但在地震中，因为挡块的设置，减少了落梁震害。

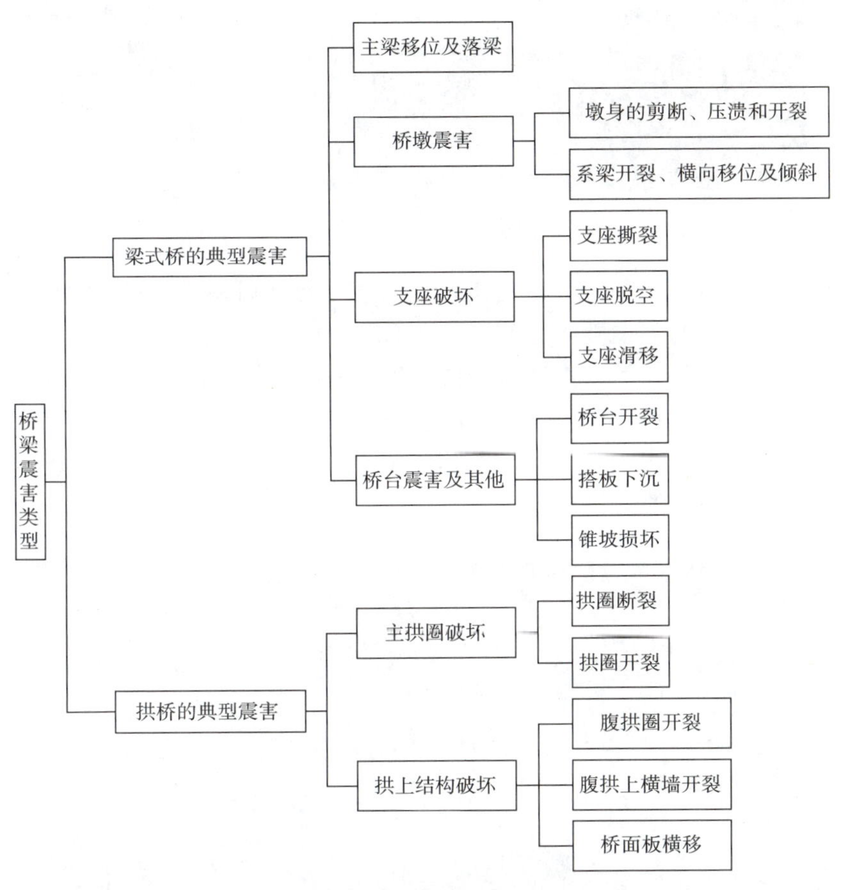

图5-1-34　桥梁震害分类

图5-1-35　白水溪桥3号墩墩顶梁体横向移位48cm

图5-1-36　寿江大桥第1跨的主梁纵向移位，面临落梁的危险

图5-1-37　挡块破坏

落梁是桥梁最严重的震害之一，是作为主梁移位的极端表现形式。调查表明，在地震中非地质次生灾害产生的落梁破坏有3座桥梁。G213线百花大桥垮塌的第五联桥为连续梁，两联之间的梁体采用牛腿支撑，当连续梁桥发生落梁时，会造成落梁联跨的整体垮塌；都汶高速公路庙子坪岷江大桥第10跨引桥发生整跨落梁（图5-1-38），此处墩高约70m，又紧邻伸缩缝，虽然盖梁宽度达3m，但仍无法适应地震引起的纵向位移；还有正在施工的南坝大桥，也发生全桥性的落梁破坏。

图5-1-38　岷江庙子坪大桥第10跨引桥落梁

2. 桥墩震害

桥墩是支撑梁体的主要构件，同时由于桥梁结构上刚下柔的结构特点使得桥墩极易出现破坏。其震害主要包括桥墩墩身的剪断、压溃和开裂；其次是横系梁开裂、横向移位及倾斜。在此次地震中上述震害均有发生，但主要体现在靠近断裂带附近的少数桥梁。都汶二级公路K26+773顺河桥跨径组合为1×30m + 7×20m，下部结构采用桩柱式墩，3号墩左柱、5号墩右柱斜剪破坏（图5-1-39）；百花大桥的桥墩在墩底大量产生压溃破坏（图5-1-40）、在刚度突变处墩身压溃和横系梁开裂（图5-1-41）；岷江庙子坪大桥主桥5号主墩墩身底部横向贯通裂缝（图5-1-42）；都汶高速的新房子大桥右幅的6×25m连续箱梁因地基滑移致使墩柱倾斜，最大纵向倾斜度3%，最大横向倾斜度1.4%。

图5-1-39　K26+773顺河大桥5号墩右柱剪断

图5-1-40　百花大桥末跨桥墩的压溃

图5-1-41　系梁开裂、桥墩倾斜、压溃

图5-1-42　庙子坪大桥5号主墩墩身水下部分横向贯通裂缝（水下摄像）

通过对破坏严重的21座梁式桥统计分析，墩底截面出现震害的可能性远较其他截面要大得多，只有2座桥损伤位置出现在盖梁底部，其余均出现在墩底或横系梁处。这一震害表明对于梁式桥，墩底截面是抗震的控制截面。

震害调查分析表明：

（1）发生桥墩倾斜震害主要是连续梁桥的桥墩。连续梁桥由于固定支座的设置，使得桥墩在地震作用下承受的地震荷载差异大，从而桥墩破坏的严重程度差异也大，同时会带来崩溃性的破坏。

（2）墩柱箍筋是非常重要的。通过破坏桥墩的调查分析，无论墩柱直径大小，无论是否是潜在塑性铰区域，箍筋体积配箍率只有0.048%～0.067%，远不能保证足够的横向约束能力。

（3）墩身刚度突变处易产生震害。

（4）此次桥墩震害出现了深水桥墩开裂这一全新的桥墩震害现象。

3. 支座破坏

支座在桥梁当中不太引起注意，但功能却十分重要，地震时其作用更为明显。梁体并不是直接架放在桥墩上，中间必须安装防落梁构造和支座，用来防止地震时位移过大而造成落梁，这点对桥梁抗震非常重要。支座破坏是桥梁上部结构中最常见的一种破坏现象，相邻梁互相碰撞或梁的纵、横向位移，大多数都是以支座破坏为前导，强震时支座受到很大剪力和变形，这时桥梁上部就会脱离支座，甚至产生落梁现象。在汶川地震中，支座破坏主要表现为支座撕裂（图 5-1-43）、脱空及滑移（图 5-1-44）。

图5-1-43　白水桥的支座撕裂

图5-1-44　百花大桥的支座滑移

4. 桥台震害及其他

桥台是桥梁两端的支撑部分，桥台的填料三面临空，震动大，桥台和下面土的刚度不同，易造成破坏。此次地震中桥台的破坏主要有：重力式台的墙体开裂；肋板式桥台肋板开裂、背墙耳墙开裂、桥台锥坡开裂、桥台填料垮塌、搭板下沉等(图 5-1-45~ 图 5-1-48)。

图5-1-45　肋板式桥台肋板开裂

图5-1-46　重力式桥台侧墙开裂

（二）拱桥的典型震害

1. 主拱圈破坏

拱圈为拱桥承受拱上结构的主要构件，因此，拱桥的拱圈破坏程度决定了拱桥的破坏程度。拱圈震害包括拱圈断裂和开裂。在此次地震中，上述两种震害均有发生，但主要体现在靠近断裂带附近的少数桥梁。拱圈断裂带来的结果是整个拱桥的垮塌，S105 井田坝大桥，为 2×85m 箱形拱桥，在地震中拱圈断裂，造成全桥损毁，（图 5-1-49）。彭州小鱼洞大桥，为 4×40m 的桁架桥，在地震中，第 3 跨、第 4 跨整体垮塌。G212 白水河大桥为 3×90m 钢筋混凝土箱形拱，第一跨小桩号 1 号拱脚底面横向开裂，已贯通；拱座混凝土压裂破损；左右侧拱脚与拱座接缝开裂，延伸到拱背（左侧延伸到拱背 1m，右侧延伸到拱背约 0.50m）（图 5-1-50）。

图5-1-47　古溪沟中桥桥台填料垮塌、搭板悬空

图5-1-48　寿江大桥汶川岸桥台受梁体纵向挤压，背墙和侧墙破坏

图5-1-49　垮塌的井田坝大桥

图5-1-50　白水河大桥主拱圈开裂

2. 拱上结构破坏

拱上结构包括腹拱圈、拱上横墙及桥面板等。拱上结构震害主要包括：腹拱圈开裂、腹拱上横墙开裂和桥面板横移。在此次地震中主要是前两种震害。G212 线白水河大桥为 3×90m 钢筋混凝土箱形拱，该桥受地震作用后，两侧近桥台第 1 腹拱发生了变形和破坏（图 5-1-51）。广元竹园大桥为 4×70m 箱形拱，在地震中第三跨 3-1 号立柱间上、下横梁距左、右侧立柱 0.30m 处，有环向贯通裂缝，缝宽 0.20mm；另侧拱上立柱间横梁均出现环向贯通裂缝，个别横梁与立柱连接处环向开裂，缝宽 0.25~0.30mm（图 5-1-52）。

图5-1-51　白水河大桥腹拱圈开裂

图5-1-52　竹园大桥立柱开裂

四、隧道灾害情况

在汶川地震重、极重灾区地震烈度Ⅸ度及Ⅸ度以上软岩隧道震害严重，硬岩隧道震害较轻。隧道受损严重的5条线路分别是：都映高速（龙溪隧道、龙洞子隧道、紫坪铺隧道和烧火坪隧道）、G213线都江堰至映秀段公路（白云顶隧道、友谊隧道和马鞍石隧道）、青川至剑阁公路（酒家垭隧道）、S105线北川至青川段公路（牛角垭隧道）、都江堰至龙池公路（龙池隧道）。

隧道一般分为断层破碎带段隧道结构、洞口结构以及普通段隧道结构。洞口结构包括洞外结构（边仰坡、洞门及明洞结构）和洞口段衬砌结构（图5-1-53）。根据震害调查发现，断层破碎带段隧道结构震害最为严重，洞口结构次之，普通段隧道结构震害最轻。下面分别进行介绍。

（一）断层破碎带段隧道结构震害概述

震区共有6座穿越断层破碎带隧道受到较为严重的震害，分别是友谊隧道、白云顶隧道、紫坪铺隧道、龙洞子隧道、龙溪隧道和酒家垭隧道。主要震害类型有：衬砌开裂、错台，施工缝开裂，混凝土剥落、掉块，路面开裂，仰拱错台、仰拱隆起，二次衬砌垮塌，隧道垮塌，衬砌渗水等（图5-1-54～图5-1-57）。

（二）洞口结构震害概述

1.洞外结构震害概述

隧道边仰坡在地震烈度为Ⅷ度及Ⅷ度以下时无震害；Ⅸ度及Ⅸ度以上均出现崩塌和滑塌，且大部分是由边仰坡上方山体崩塌、滑塌引起的。

洞门结构在地震烈度为Ⅷ度及Ⅷ度以下时仅出现洞门墙帽石被落石砸坏的震害，在Ⅸ度时出现了洞门墙开裂的震害，在Ⅸ度以上区域隧道洞门墙均出现开裂震害，Ⅺ度区的龙洞子和桃关隧道洞门出现了断裂震害。

明洞仅耿达隧道被落石砸穿、桃关隧道明洞上方有落石堆积，其他隧道基本未设置明洞（图5-1-58～图5-1-61）。

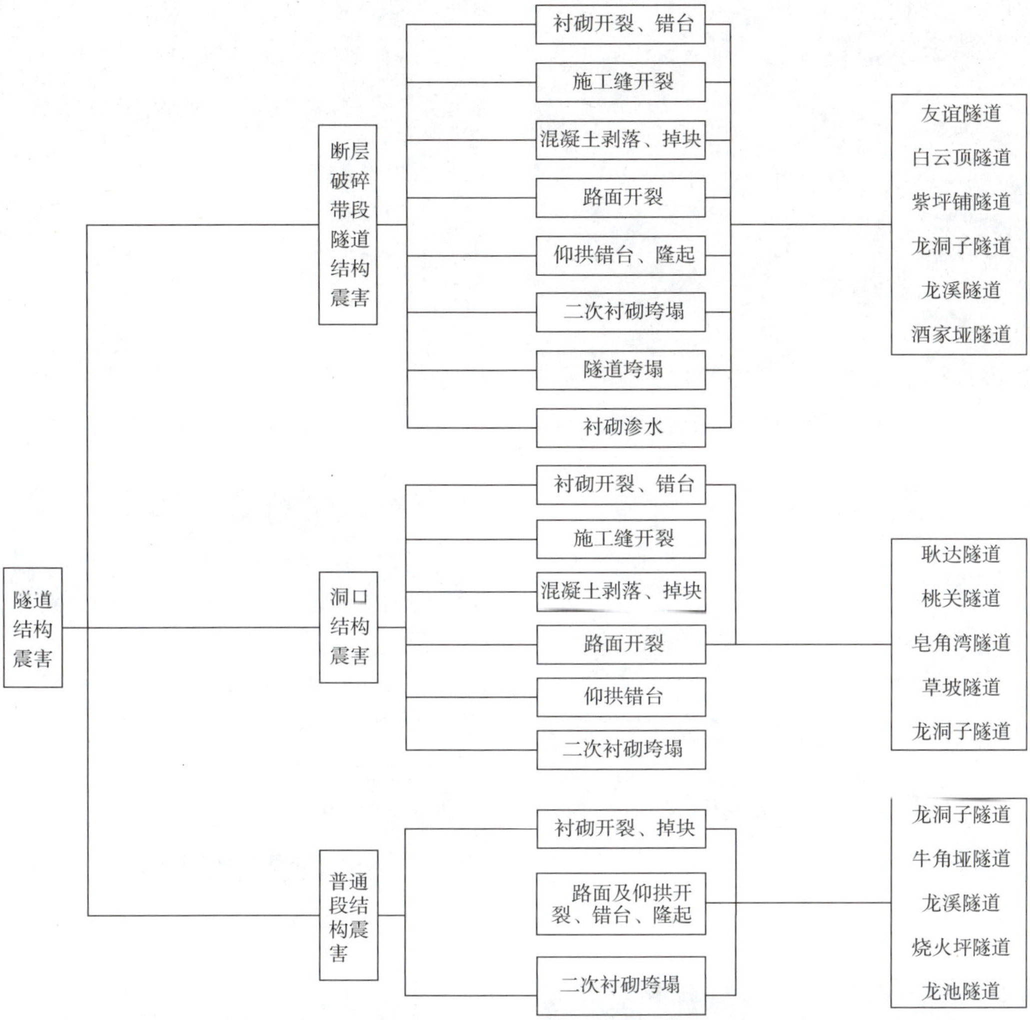

- 隧道结构震害
  - 断层破碎带段隧道结构震害
    - 衬砌开裂、错台
    - 施工缝开裂
    - 混凝土剥落、掉块
    - 路面开裂
    - 仰拱错台、隆起
    - 二次衬砌垮塌
    - 隧道垮塌
    - 衬砌渗水
    - 友谊隧道、白云顶隧道、紫坪铺隧道、龙洞子隧道、龙溪隧道、酒家垭隧道
  - 洞口结构震害
    - 衬砌开裂、错台
    - 施工缝开裂
    - 混凝土剥落、掉块
    - 路面开裂
    - 仰拱错台
    - 二次衬砌垮塌
    - 耿达隧道、桃关隧道、皂角湾隧道、草坡隧道、龙洞子隧道
  - 普通段结构震害
    - 衬砌开裂、掉块
    - 路面及仰拱开裂、错台、隆起
    - 二次衬砌垮塌
    - 龙洞子隧道、牛角垭隧道、龙溪隧道、烧火坪隧道、龙池隧道

图5-1-53　隧道震害分类

图5-1-54　龙溪隧道垮塌

图5-1-55　酒家垭二次衬砌垮塌

图5-1-56　白云顶隧道路面开裂

图5-1-57　龙溪隧道仰拱填充隆起、碎裂

图5-1-58　草坡隧道进口崩塌、掩埋洞口

图5-1-59　皂角湾隧道端墙帽石被砸坏

图5-1-60　桃关隧道洞门墙断裂

图5-1-61　耿达隧道明洞被落石砸穿

2. 洞口段衬砌震害概述

洞口段衬砌在地震烈度为Ⅷ度及Ⅷ度以下时未出现震害；地震烈度Ⅸ度及Ⅸ度以上软岩隧道洞口段衬砌出现了衬砌开裂、错台，施工缝开裂，混凝土剥落、掉块，路面开裂，仰拱错台，二次衬砌垮塌等震害（图 5-1-62 ～图 5-1-64）。

图5-1-62　龙溪隧道进口衬砌开裂渗水，混凝土剥落

图5-1-63　龙溪隧道进口拱部二次衬砌垮塌

（二）普通段结构震害概述

位于地震烈度Ⅵ～Ⅷ度区的普通段隧道结构未出现震害；位于地震烈度Ⅸ度区的隧道中草坡和单坎梁子隧道有少量施工缝开裂渗水以及衬砌涂料层剥落，酒家垭隧道普通段隧道结构破坏较严重，出现了衬砌开裂、剥落等震害。

位于地震烈度Ⅹ度区隧道中白云顶、马鞍石和紫坪铺隧道普通段隧道结构出现了衬砌开裂等震害；友谊隧道普通段隧道结构破坏严重，出现了衬砌开裂、二次衬砌垮塌等震害（图 5-1-65 ～图 5-1-67）。

位于地震烈度Ⅺ度区隧道中龙洞子和牛角垭隧道普通段隧道结构出现了衬砌开裂等震害；龙溪、烧火坪和龙池隧道普通段隧道结构破坏严重，出现了衬砌开裂、掉块，路面及仰拱开裂、错台、隆起，二次衬砌垮塌等震害。

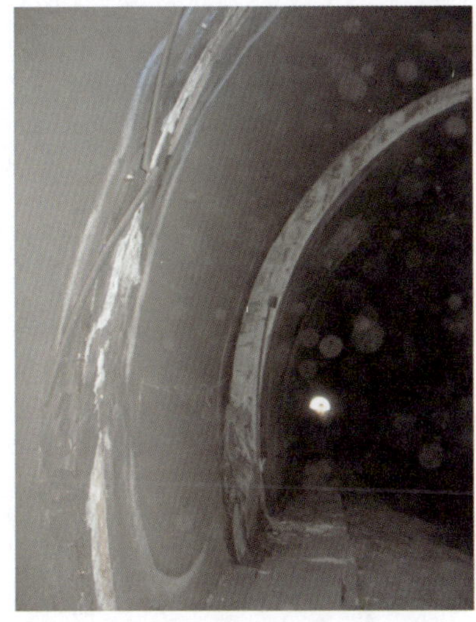

图5-1-64　白云顶隧道洞口段衬砌环向错台

图5-1-65　龙洞子隧道衬砌纵横开裂连通

图5-1-66　友谊隧道路面裂缝满布

图5-1-67　白云顶隧道衬砌严重开裂、错位

第二节　地震中灾区公路抢通技术

抢通阶段需要第一时间了解灾区公路的总体受损情况，制订公路抢通路线和抢通方案，首先保证公路能够通行，满足救援车辆和机械能及时到达极重灾区，体现出“快、急”的特点。该阶段的主要任务是了解灾情，制订方案，迅速抢通。

抢通是通过便道开挖和临时支挡防护，从断道状态强行突进至基本可通行状态。本阶段的首要目标是“通”，可以限载限宽通行；特点是“快”，因此提出的加固措施必须以最简单的方式、最快捷的方法，并能在最短的时间内完成。该阶段所承担的安全风险最大，必须分段逐点设置交通管制。该阶段一般不动用检测仪器和设备，也没有大型装备，以目测和简单的丈量为主。在这一时段，公路抢通的指导思想就是不惜一切代价，为尽可能多地抢救生命提供通行条件。

公路抢通的原则为“多头作业、连续奋战、快速推进、以通为主”。

公路抢通方案：对于一般的滑坡、泥石流、坍塌体，应以清方为主；对于大型的滑坡、泥石流、坍塌体，以适度展线方式翻越；对于因水流冲刷而路基难以稳定的路段，应适当增设铅丝或钢筋石笼挡墙，水流顶冲路段要增设丁坝等调治构造物；对于跨河桥梁倒塌或受损路段，要填筑墩台、架设钢桥。对于大型堰塞湖段道路抢通，必须是尽可能泄水，再顺老路抢通；对于类似于唐家山堰塞湖无法完全泄水，道路恢复困难的路段，最好是改线通过。

在抢通阶段，交通技术人员采用了遥感、航飞技术了解灾情；选择临时码头解决临时水运通行；采用硐室爆破、岩石松动爆破技术解决特大滑坡体上铺路；搭建321战备钢桥快速架通断道等抢通方案措施。

这些方案的实施对于及时抢通救灾道路提供了强有力的技术支援。道路的抢通保证了救援人员以及救援物资能够及时抵达受灾现场，同时也能尽快掌握整个道路灾情，为下一步工作的开展提供第一手的综合资料。

在3个月时间里共清除塌方近300万m^3，爆破清危大于12.3万m^3，21座上部构造严重移位桥梁实施复位，架设60m大跨321战备钢桥等完成了正常施工条件和强度下2～3年的工作量。

一、路线受损情况调查技术

汶川地震后，由于道路中断，抢通人员无法进入现场，往往不能第一时间掌握道路受损情况。利用高精度遥感、航飞技术，可以及时掌握灾区公路总体受损情况（图5-2-1~图5-2-3），为科学制定抢通保通方案、公路网抗灾能力评价和指导恢复重建奠定了基础。

图5-2-1　省道303线映秀附近震害遥感图

图5-2-2　都汶路老虎嘴至太平驿震害遥感

图5-2-3　都汶路K1024+250左侧崩塌

二、路基路面抢通技术

根据遥感和应急调查资料，科学制订了“抢通阶段重点突破、多点开花”“抢通便道先窄后宽，先通后畅”等科学实用的方案，采用了“老虎嘴特大山体定向爆破”等关键技术，成功解决了大型坍塌体段道路的抢通问题。

（一）大型坍塌体处治

受地震影响，灾区公路多数地段被滑坡、崩塌、泥石流的堆积体所掩埋。部分路段由于堆积体方量巨大，受地形条件限制，机械施工面狭窄，大量的挖填方工程量不能展开。在抢险进程十分紧张的情况下，技术人员利用爆破技术进行道路抢通。

1. *典型工程实例之一——老虎嘴硐室定向爆破*

（1）工点基本概况：高家山位于老虎嘴下游，地震造成的巨型山体崩滑，不仅使该段公路全部毁坏和淹没，崩塌体阻断岷江后，在老虎嘴上游还形成了巨大的堰塞湖。

由于既有路基到老虎嘴崩塌体的100多米路基被崩滑体冲毁后，形成了临江陡岩，水深流急（图5-2-4），体积数立方米的巨石瞬间就被河水冲走了，若重新进行路基填方易被冲走，难以成型，且该处机械施工面狭窄，大量的挖填方工程量不能展开，抢险施工队伍在此处抢险施工已近一个月，进展十分缓慢。水利部门曾试图改移河道，避免河水顶冲拟建路基下方边坡，但由于河水湍急，河道中堆积了大量巨石，经过长时间的努力后，改移河道效果不明显，如何尽快打通生命线的任务迫在眉睫。

（2）处理措施：采用硐室爆破方案，在沿江山体上开挖洞室长120m（主导洞长20m，药室洞长100m），填装30t炸药，通过对山体预定部位实施爆破，将路线上方一定范围较完整的山体解体成较小的岩块或土体，定向抛掷入岷江边指定位置，经路基施工设备平整后作为机械设备进入崩塌体施工的通道。

该项工程于6月19日开始硐室掘进，7月20日12时57分实施爆破，爆破山体15万m^3，爆破后5h内即形成了200m长的路基（图5-2-5），为开辟堰塞体工作面提供了保障。

图5-2-4　河水顶冲拟建路基段山体

图5-2-5　老虎嘴定向爆破抢通后

（3）工程亮点：硐室爆破技术在快速抢通路基中的应用。

（4）硐室爆破的优点如下：

①硐室开挖以人工操作为主，不需要太大的工作面，施工方法简单，进度稳定。

②不受外界气候影响，可24h轮班作业。

③一次性爆破形成可控的人工山体崩塌，对局部河道进行填充，具有时间短、规模大，不易被河流冲走的特点，适合在河道上快速形成路基。

不利方面为：

①炸药用量大，一般情况下难以调集。

②爆破形成的震动较大，相当于一次小规模地震，可能对周围山体的结构和稳定性造成不利影响。

2. *典型工程实例之二——罗圈湾路段岩石松动爆破*

（1）工点基本概况：国道213线映汶公路罗圈湾路段的内侧边坡上部为基岩边坡，岩性为花岗岩，岩体表面较为破碎；地震后造成此段边坡坡面发生了大规模的崩塌，崩塌体堆积于公路之上，以巨大岩块为主，严重阻碍了公路通行（图 5-2-6）。而常规机械挖掘或人工钻孔放炮改小崩塌体的施工方法功效低，且施工面位于崩塌体坡脚，危险性高。

（2）处理措施：一般松动爆破多用于公路施工对完整岩体表面的逐层剥除，孔浅药少，爆破影响小。由于处于抢险过程中，该路段基本为断道施工。因此，在目标孤石下方岩石上实施松动爆破，利用冲击力将目标石震落，以方便施工和提高安全性。

施工时必须注意合理设置爆炸点和药量，并处理好目标石的基础，使其处于平衡临界点。另外做好交通管制和人员疏散工作，选择好避险位置，爆破完后应确定山体稳定后才能进入施工现场。

此段公路抢通的过程中，对崩塌堆积体还进行了一定的清方，目前堆积体边坡基本稳定，但边坡后缘之上的自然边坡表层较为破碎，岩块崩落现象难以避免。因此，后期灾后恢复重建工程中，公路内侧设置了拦挡墙和被动网（图 5-2-7）。

图5-2-6　震后罗圈湾路段

图5-2-7　边坡施工完成后的罗圈湾路段

（3）工程亮点：因地制宜，灵活运用松动爆破原理。

（4）小结：

①该方法减少了施工设备上半山腰作业机会，不需要开挖便道，避免了坡脚开挖引起上方山体或崩塌体突然垮塌对施工的威胁。

②爆破引起的飞石散落范围大，影响范围内要停止其他施工活动。

③由于条件过于特殊，该工艺一般不允许用于常规路基施工。

（二）抢险便道

典型工程实例——映卧路堆积体。

（1）工点基本概况：映卧路堆积体完全淹没了道路或洪水冲毁了道路。

（2）处理措施：堆积体便道：对于难以及时清除的巨大堆积体，采用在堆积体上开辟临时便道的方式翻越堆积体，尽早开通道路通行（图 5-2-8）。

三、桥梁抢通技术

汶川地震后，在抢通阶段，主要面对的是急迫的抢险救灾和恢复重建，打通生命线通道是首先需要解决的关键问题。由于地震震级高，受灾范围大，众多的公路桥梁受损严重，而桥梁作为生命线通道中的控制性节点，其安全与否至关重要。在抢通、保通和灾后恢复重建等三个阶段中，面对的情况和要求是完全不同的，采取的技术措施也不一样。下面将汶川地震抗震救灾期间的桥梁处治技术加以总结，并针对与常规桥梁加固技术不同之处予以介绍。

图5-2-8　映卧路抢通

本阶段必须派出有经验的桥梁工程师开展现场调查，依据本身经验，了解桥梁的损坏情况，正确评估桥梁的损毁程度，及时判断桥梁能否通行、能否限载通行，及时提出抢通措施和加固方案。该阶段一般不动用检测仪器和设备，也没有大型装备，以目测和简单的丈量为主。

针对重灾区严重破坏的桥梁，在抢通阶段的技术手段、抢通综合技术可归纳为如下几类：便道绕避、埋设涵管、设置槽渡、搭设便桥、桥上架桥、临时支撑或限位、半幅限行。

对短时间内无法加固、破坏严重的桥梁，当有条件能在桥侧另辟便道时，一般采用此法。该通道一般还要满足后期的保通和灾后恢复重建阶段的通行。

国道213线百花大桥第五联5×20m连续梁完全倾覆倒塌，其余多个桥墩被压溃倾斜，梁体严重移位，该桥已完全丧失利用价值，只能在桥侧修建抢险便道（图5-2-9），供抢险

图5-2-9　百花大桥侧的临时抢险通道

救灾车辆和人员通行。

映秀至汶川二级公路一碗水中桥被崩塌山体砸毁，由于地形条件许可，在桥位傍山侧修建抢险便道（图 5-2-10），供抢险救灾车辆和人员通行。

1. 埋设涵管

对于跨越流量不大的沟渠，可简单地埋设涵管，然后堆填土石方快速形成抢险便道（图 5-2-11），如国道 213 线百花大桥抢险便道跨越牛圈沟而埋设的涵管。但对于流量较大、流速较大或水位上涨迅速的情况，就必须要慎重采用。

图5-2-10 一碗水中桥右侧开辟临时抢险通道

图5-2-11 百花大桥侧的临时抢险通道

2. 设置槽渡

跨越水库的桥梁被震毁，或崩塌山体堵塞河道形成堰塞湖、淹没公路，一般临时设置槽渡，供抢险人员和车辆通行。如国道 213 线映秀至汶川段的老虎嘴堰塞湖淹没公路，在两岸选择合理位置，临时开辟简易码头，采用槽渡运送救援人员和车辆（图 5-2-12）。

图5-2-12 老虎嘴堰塞湖槽渡

3. 搭设便桥

一般跨越河流或沟谷的桥梁被震毁，而必须利用桥梁来保证生命线通道的通行，只能在原桥附近修建便桥。

在抢通中最快捷、最可靠、最灵活的是采用公路战备钢桥，可根据跨度和载重标准需求，灵活搭配组合；另外还有成套成熟的安装工艺及相应的配件，但其跨越能力一般控制在 60m 以内。

桥台及基础形式必须因地制宜、灵活处理，初期一般不用大量混凝土。可以用型钢笼，内填片块石作桥台来支撑梁体，但防冲刷问题是必须考虑的，根据季节情况，分步采取措施。抢通过程中最具代表性的为彻底关处架设的 321 临时钢桥。

典型工程实例——彻底关大桥。

（1）工点基本概况：彻底关大桥在地震中被砸断，第 1 ～ 3 跨、共 90m 桥梁完全损毁，3 跨主梁全部坠落岷江；0 号桥台桩柱、1 号桥墩、2 号桥墩全部折断；第 13 跨主梁被崩积体掩埋，第12、13跨主梁受飞石撞击而破碎、开裂；9、10号桥墩被飞石击打，正面受撞击表面破碎，背面严重开裂；梁体移位、支座破坏、挡块损坏、伸缩缝损坏等。

图5-2-13 彻底关321钢桥

（2）处治措施：由于1、2号桥墩位于岷江主河槽内，岷江水流湍急，又面临即将到来的汛期；因此，想在短时间内在原位修复彻底关大桥，技术上难以实现。需要在下游200m处架设一跨60m的目前国内最大跨径加强型三排双层321临时钢桥。前端设置鼻架，采用推出法进行施工（图5-2-13~图5-2-18）。

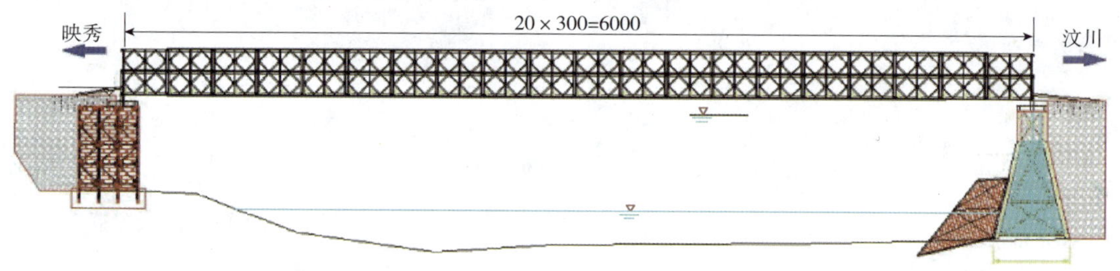

图5-2-14 彻底关321钢桥桥跨布置图（尺寸单位：cm）

图5-2-15 制作型钢笼

图5-2-16 建造汶川岸桥台和导流坝

汶川岸采用型钢笼装大块石、片石作为桥台；在桥台上、下游设置型钢笼装大块石、片石作为防冲刷导流坝，且布置稳定水平拉索；在桥台、导流坝外侧，再增设基脚防冲护笼；在321钢桥上游100～150m附近，向河床内抛填大块石，稍微压缩河岸，起到挑坝功能。

映秀岸桥台采用万能杆件组装成型钢笼，内装块石和片石，相互嵌固；基础采用明挖扩大基础；为防止冲刷，在映秀岸水边布置两排小直径钻孔钢管桩，浇筑表面防冲板，锥坡护面等。321钢桥于2008年8月底架设完毕，于9月2日向社会开放，实现了抢通目标。

图5-2-17 推出法架设321钢桥

图5-2-18 321钢桥架设完毕、开放交通

架设321临时钢桥的彻底关临时钢桥。该桥因跨度大、交通量大、使用时间长而实行严格限载和交通管制，设置专门的养护人员，明确养护责任和养护要点，安排技术人员定期检测，确保了桥梁的安全。

据不完全统计，在整个汶川地震灾区，共架设了321临时钢桥20余座，对抢通道路起到了至关重要的作用。这其中也有一座桥架设失败，即北川禹里在架设321钢桥的过程中，出现器材局部失稳导致架设失败。

（3）工程亮点：321钢桥跨径60m，运营时间超过8个月。

（4）小结：架设321钢桥是重要的临时抢通手段，其在汶川地震灾区道路抢通中发挥了关键的作用。实际运用过程中，也发现了一些不足之处：

① 321钢桥跨越能力较为有限，而跨越能力更大的宽度更宽的HD200型钢桥目前储备不够。

②各地储备的321钢桥构件新旧不一，存在一些缺损和缺陷（图5-2-19）。

图5-2-19 北川禹里某钢桥架设失败

③ 321钢桥设计疲劳寿命较短，难以适应大交通量、长时间的运营需求，只能作为临时抢通、保通方案。

4. 桥上架桥

当上部梁体发生严重纵向移位，但未落梁，而桥墩基本完好，偏移小，有足够承载能力时，一般可用 321 钢桥跨越严重移位的桥跨，在梁底附着桥墩设临时支撑，防止通行车辆振动，导致落梁发生。

典型工程实例——国道 213 线寿江大桥。

（1）工点基本概况：国道 213 线寿江大桥映秀岸梁体严重移位，接近落梁极限（图 5-2-20）。

图5-2-20　寿江大桥桥上架设临时钢桥

（2）处治措施：临时采用 321 钢桥跨越。在抢险初期，首先架设了单层钢梁，满足 10t 荷载通行需求；在应急通行的同时，再加高至双层钢梁，满足 20t 荷载通行需求。

（3）工程亮点：321 钢桥灵活运用。

（4）小结：采用 321 钢桥是重要的临时抢通手段，其在汶川地震灾区道路抢通中发挥了关键的重大作用。

5. 临时支撑或限位

当上部梁体发生严重移位，为防止落梁，条件许可时也采用了临时支撑措施或限位措施。如国道 213 线寿江大桥，采用 321 桁片对临近落梁的 T 梁提供支撑（图 5-2-21）。又如映秀岷江大桥，采用钢管支架对临近落梁的空心板提供支撑（图 5-2-22）。如蒙子沟中桥，采用钢丝绳水平对拉（图 5-2-23），防止墩柱进一步倾倒，在空心板铰缝位置设置限位钢挡块（图 5-2-24），防止梁体与盖梁进一步发生相对滑移。

图5-2-21　寿江大桥临时支撑

图5-2-22　映秀岷江大桥临时支撑

图5-2-23　蒙子沟中桥水平对拉钢丝绳

图5-2-24　蒙子沟中桥防滑移挡块

6. 半幅限行

当上部梁体发生严重移位，难于保证全幅通行安全时，可采用隔离措施为单车道半幅通行，还可起限载作用。极重灾区许多受损桥梁初期均采用这种方式处理。

四、隧道抢通技术

在震后隧道抢通阶段，由于时间紧、任务重且道路不通，大型机械不能进场，只能对一些比较严重但易处理的震害进行临时整治，在最短的时间内恢复通车，保障震区灾后生命线的畅通。本阶段的首要目标是“通”，可以限载限宽限速通行；特点是“快”，因此，提出的加固措施必须以最简单的方式、最快捷的方法，并能在最短的时间内完成。

（一）震害隧道抢通技术综述

首先，运用目测、物探等手段判断震害隧道是否适合抢通。即如隧道出现塌方，则不适宜抢通；如隧道未出现塌方，则适宜抢通。

其次，对适宜抢通的隧道中，洞口存在落石或存在边仰坡及上部山体垮塌体掩埋（或部分掩埋）洞口的隧道进行洞口清理。

第三，对洞内衬砌震害进行快速准确的分级，以便根据分级经过进行震害整治。

对于衬砌震害，在抢通阶段主要采取以下处治技术：

（1）对于衬砌开裂，在抢通阶段不采取处治措施。

（2）对于二次衬砌混凝土剥落、掉块或局部垮塌的隧道段落，首先进行掉块、垮塌体清理，接着可采取喷混凝土或安设型钢钢架进行临时支护。

型钢钢架的刚度和强度大，在处理塌方时使用较多。喷混凝土的优点是不用拱架、模板，施工进度快，劳动强度低，工程费用低，安全可靠性高；同时喷层早期强度高，密实度高，抗渗性也较好。

抢通阶段喷混凝土主要分为：素喷、喷射钢纤维混凝土和合成纤维混凝土。其中喷射钢纤维混凝土其抗裂性、抗渗性、抗腐蚀性、抗震性都很好，因此常常配合使用早强混凝土，利用其施工快捷的特点，用于隧道抢险整治。

（二）隧道洞口落石、边仰坡及上部山体垮塌清理

5·12 汶川地震后，灾区公路隧道洞口多有落石堆积，部分隧道由于边仰坡及上部山体崩塌、滑塌堵塞洞口，严重影响生命线工程的畅通（图 5-2-25 ～图 5-2-28）。

图5-2-25　皂角湾隧道落石堆积洞口

图5-2-26　皂角湾隧道抢通后洞口实景

图5-2-27　烧火坪隧道边仰坡及山体崩塌，掩埋洞口

图5-2-28　烧火坪隧道抢通后出口洞门实景

震后，利用目测、物探等手段确定隧道内部是否出现隧道垮塌，对没出现隧道垮塌的隧道洞口进行抢通，利用现场工程机械（挖掘机、运渣车等）以及人力进行落石、边仰坡及上部山体垮塌体的清理，保证了生命线工程在震后很短的时间内能够顺利通车。

（三）隧道衬砌抢通技术

1. 隧道衬砌震害评估分级

（1）基本情况：隧道衬砌发生严重震害的地段既有浅埋段也有深埋段，二次衬砌既有钢筋混凝土也有素混凝土，面对如此多形式各异的隧道震害，在恢复重建的过程中，要想使加固设计既安全可靠又经济合理，首先必须对隧道震害进行合理的分级。

隧道震害评估分级应综合考虑衬砌结构形式、围岩条件、震害形态等因素综合判定，钢筋混凝土、素混凝土二次衬砌地段震害评估可按表 5-2-1 和表 5-2-2 进行。

表 5-2-1 钢筋混凝土衬砌段震害评估分级表

评定分级	主 要 震 害 现 象
S	情况正常（无异常情况）
B	施工缝开裂；二次衬砌有少量离散裂缝，但裂缝宽度小于 1mm
1A	二次衬砌有少量离散裂缝，但裂缝较深、宽度大于 1mm
2A	二次衬砌裂缝较多，纵横交织呈网状；或者虽然裂缝较少，但裂缝为纵斜向，且延展长、宽度大、深入衬砌内部，甚至为贯通裂缝
3A	二次衬砌混凝土纵向连续剥落、掉块、钢筋弯曲外露；洞室整体坍塌

表 5-2-2 素混凝土衬砌段震害评估分级表

评定分级	主 要 震 害 现 象
S	情况正常（无异常情况）
B	施工缝开裂；二次衬砌有少量离散裂缝，且裂缝延展方向以环向为主、裂缝宽度小于 1mm
1A	二次衬砌有少量离散裂缝，且为宽度小于 1mm 的纵、斜向裂缝或宽度大于 1mm 的环向裂缝
2A	二次衬砌有少量纵、斜向裂缝，但裂缝延展长、宽度大、深入衬砌内部，甚至为贯通裂缝
3A	二次衬砌裂缝较多，纵横交织呈网状；二次衬砌混凝土剥落、掉块、局部垮塌；二次衬砌大面积垮塌；洞室整体坍塌

由于钢筋混凝土结构与素混凝土结构在力学形态、破坏模式有着本质的差别，因此，在隧道震害的评估分级中二次衬砌的结构形式是必须考虑的因素；另外，二次衬砌的结构形式与围岩条件、初期支护结构形式通常有着内在的联系，如一般软弱破碎围岩采用钢筋混凝土二次衬砌、坚硬完整围岩采用素混凝土二次衬砌，因此，按钢筋混凝土与素混凝土结构进行震害评估在一定程度上也反映了围岩条件、初期支护的影响；当然，在具体段落的评估中还应考虑施工过程、施工质量等因素的影响，有条件的情况下如能进一步考虑初期支护结构形式的影响震害评估就会更加合理。

（2）工程亮点：首次对隧道衬砌震害按钢筋混凝土、素混凝土分别进行了详细分级。

（3）经验总结：综合考虑衬砌结构形式、围岩条件、震害形态等因素综合判定，对钢筋混凝土、素混凝土二次衬砌地段震害进行了详细分级，在抢通、保通以及恢复重建阶段可按照以上评估分级标准对隧道衬砌震害进行分级并采取相应的加固技术措施，既保证了工程安全，又加快了工程进度，有力地推进了恢复重建工作的顺利进行。

2. 隧道衬砌抢通技术

隧道衬砌在抢通阶段采取的技术措施如表 5-2-3 所示。型钢钢架支护是进行应急抢通快速而有效的手段（图 5-2-29）。

表 5-2-3　隧道衬砌抢通阶段技术措施

评定分级	隧道衬砌抢通阶段技术措施
S	不采取措施
B	不采取措施
1A	不采取措施
2A	不采取措施
3A	二次衬砌混凝土剥落、掉块、垮塌震害采取清理垮塌体，利用型钢钢架进行临时支护；洞室整体坍塌在抢通阶段无法处理

图5-2-29　烧火坪隧道衬砌垮塌震后抢通

第三节　地震中灾区公路保通技术

保通阶段灾区公路已初通，通行能力极其有限，抗灾能力脆弱，极易出现再次中断，但有较为充分的时间进行实地调查和部分检测工作，并进一步修复受损公路，满足一定时间内的通行要求，确保公路能“通”。

保通阶段是救援的关键，该阶段目标是维持通行、提高能力；保障在抢险期间的通行安全；还要满足灾后重建的大量运输，该阶段具有交通量大、重车比例高的特点，因此需逐步提高通行条件。本阶段应利用仪器设备对道路、桥梁进行全面检测评估，提出的加固方案尽可能兼顾后期的恢复重建。根据道路的损坏程度，分轻重缓急，首先要依靠施工设备对损坏较严重的桥梁进行加固。加固方案尽可能一步到位，兼顾长期效果，因此，也是后期灾后恢复重建阶段的一部分工作。

在保障道路通畅的情况下，处治原则是“抓重点、分阶段、科学保通”，既保证应急抢险的需要，同时兼顾后期整治。突出重点，统筹兼顾，着力研究重点公路或生命线工程的保通，并适当提高防灾等级，统筹兼顾次要道路，恢复路网功能。充分利用已建工程，恢复与重建并重，综合考虑恢复工程的经济性、安全性、合理性。避开可能发生大规模崩塌、滑坡的路段，同时，尽量不破坏自然山体及避免大填大挖，以免再次引发灾害。

通过现场调查评估，视震害危急程度分批次进行处理，首先突击整治威胁断道路段。保通为主，有条件情况下兼顾永久或半永久加固，在处治方案中主要考虑采取施工操作性强、便捷、对交通干扰小的工程措施。此时余震以及地质灾害危险性仍较大，在不安全的环境条件下，尽可能保证行车安全。本阶段主要采用了框架锚杆（索）加固挡墙、桩板墙加固路基、锚杆挡墙 + 凹腔嵌补加固墙基、主、被动网防护、格宾挡墙防护；隧道工程中

I18 工字钢钢架技术和桥梁工程中的整联整移复位技术等一系列措施进行道路的保通工程。抢通保通公路 800 多千米。

一、路基防护加固技术

在 5·12 汶川地震后，公路路基路面产生了各种形式的震害，对于不同的震害，保通阶段采取了相应的处治措施对其进行有效维护，使其能够保障交通的临时通行要求。

（一）路基修复、加固

（1）工点基本概况：G213 线映秀至汶川段 K1018+450 ～ K1018+500 毗邻古溪沟大桥（图 5-3-1）。外侧为衡重式挡墙，墙高约 10m，局部高达 12m；内侧为陡峭高边坡，高 40 余米，坡面采用挂网喷浆封闭，坡面以上仍为高陡斜坡，岩体破碎。基岩岩性为三叠系须家河组砂泥岩互层。

图5-3-1　G213线映秀至汶川段K1018+450～K1018+500段外幅路基滑移

5·12 汶川地震引起下边坡高挡墙墙基失稳，进而诱发左幅路基整体垮塌，仅剩余右半幅路基。上边坡破碎岩体大量垮塌，掩埋道路，坡面基岩裂隙水大量渗出，危岩随时可能崩落，威胁通行。

（2）处理措施：鉴于路段为控制路线畅通的咽喉部位，需要先进行紧急保通处治，待路段稳定，车辆可管制单向通行后，再实施一般保通处治（图 5-3-2）。

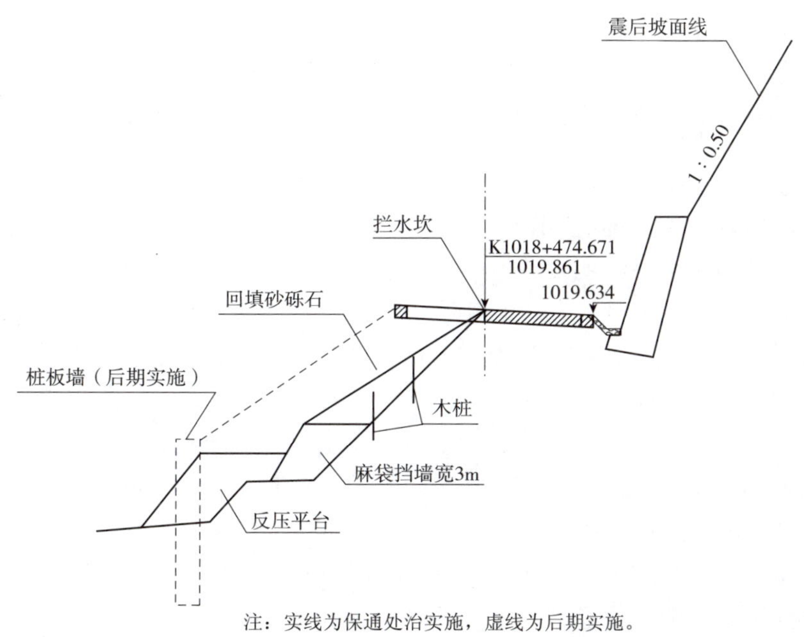

图5-3-2　G213线映秀至汶川段K1018+450～K1018+500段处治示意图

紧急保通处治措施如下：

①首先清除路面崩落、滑塌岩土体，确保道路可通；路段前后均设置人员瞭望预警，车辆交通管制通行。

②结合地形条件，利用坡脚平台采用麻袋堆弃反压平台，高 4m、宽 3m。麻袋挡墙外侧利用垮塌块碎石进一步反压支撑。

③坡面打设木桩，并以邻近场地内砂砾石回填至坡顶路面处，对内侧半幅路基进行反压防护，确保其稳定。

④未垮塌路基边缘设置拦水坎，防止降雨和上边坡基岩裂隙水灌入反压填土，影响坡体稳定。

图5-3-3　G213线映秀至汶川K1018+450～K1018+500路基滑移段紧急处治效果图

一般保通处治措施：主要采用坡脚桩板墙支挡，其上填土恢复路基。

（3）处治效果：经保通处治后，该路段稳定，车辆可管制单向通行（图5-3-3）。

（4）小结：

①保通是救援的关键阶段，所有处治施工必须在保证道路通畅前提下进行。由于受余震、车辆及外界干扰很大，无现成经验、方法可借鉴，需要因地制宜，选择施工操作性强、便捷的处治思路和方法。

②保通处治应以保障可通行为主，兼顾永久或半永久加固，在处治方案中选择施工操作性强、对交通干扰小的工程措施。

③限于保通阶段特殊性，本阶段处治主要对有断道危险的工点进行临时或半永久治理。灾后彻底治理将是长期、艰巨的过程，需要对路基震害、坡面支挡防护结构进行全面检测评估，并进行相应整治。

（二）路基边坡防护、加固技术

1. 主动网＋垫墩锚索防护高边坡

（1）工点基本概况：5·12 汶川地震后，映汶二级公路段边坡岩体发生了大规模的垮塌，整个山体被震裂，造成边坡岩体裂隙及结构面异常发育，在地震及暴雨工况下极易出现再次垮塌。在应急抢通阶段，K51+540~K51+640 高边坡垮塌岩体被清除，但边坡之上存在大量危岩体，并且边坡之上岩体裂隙发育，特别发育有倾向坡外的一组结构面，将岩体切割成块体状，造成此段经常发生落石掉块现象，同时，此段边坡易沿结构面发生局部垮塌。原设计考虑挂设主动网进行防护，但在施工期间，此段经常发生落石及掉块现象，且在 2009 年 7 月 17 日发生局部垮塌，垮塌方量约 2000m^3，将公路阻断，经过施工单位紧急抢险后才得以保通，但是公路边坡之上危岩体更加发育，严重威胁公路正常运营。

此边坡垮塌原因主要为地震将整个山体震裂，而此段边坡为直立坡，外侧花岗岩岩体裸露、临空，没有侧限约束，且边坡岩体的裂隙及结构面异常发育，部分结构面贯通，且发育有3组倾向坡外的不利结构面，在雨季及余震作用下破碎岩体易沿结构裂隙面发生断裂，最后造成垮塌，表层岩体垮塌后又会带动内侧岩体，造成内侧岩体产生松动，内侧岩体慢慢也会发生垮塌，形成连锁反应，2009年7月17日发生的岩体垮塌就是在暴雨工况下出现的，雨水下渗造成边坡内部动水压力过大，当岩体内动水压力大于岩体结构裂隙面之间的联系力后，岩体发生了垮塌。

（2）处理措施：由于此段边坡岩体异常破碎，同时中上部危岩体发育，设计采用GPS3型主动网＋垫墩锚索进行防护，先挂设GPS3型主动网（图5-3-4和图5-3-5），后期在边坡中上部采用垫墩锚索进行加固处理。锚索每孔7束钢绞线，每束直径为15.2mm，钻孔直径为150mm，锚固角为20°，锚索采用无黏结高强度钢绞线制作，钢绞线强度标准值为1860MPa。锚索孔深22m，间距4.5m。

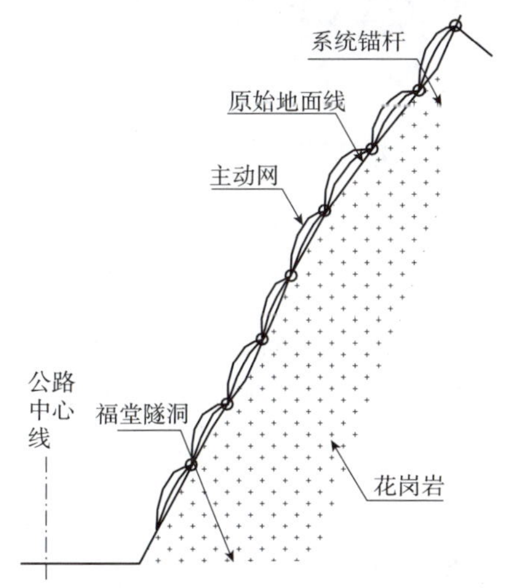

图5-3-4　主动网+垫墩锚索防护

图5-3-5　主动网防护

（3）处治效果：经过一年多的时间考验，特别是经过2010年8月份的暴雨后，此段边坡岩体没有发生任何落石掉块等不稳定情况，边坡之上施工的主动网及垫墩锚索对边坡起到了相当好的加固作用。行车安全得到很好的保证。而同等条件下的边坡未对边坡进行主动网＋垫墩锚索施工的，均在2010年发生了多次落石及局部垮塌情况。

（4）小结：针对地震极重灾区的基岩边坡，由于其受地震力破坏巨大，表层岩体异常破碎，工程处治中应该考虑表层加固处理与深层加固处理相结合。

根据岩体结构裂隙发育情况，垫墩锚索应合理选择适合的处治间距及处治深度，要充分考虑工程的经济型。

2. *被动网＋挡墙防护边坡落石*

（1）工点基本概况：崩塌灾害是5·12汶川地震以后公路沿线主要的地质灾害类型。都汶公路K29+020~K29+630和K30+500~K30+618麻柳湾一带为陡峻的基岩斜坡，坡脚一带为相对较缓的崩塌堆积体边坡，边坡整体处于稳定状态，但高陡边坡岩体松动、危岩发育，在余震、暴雨作用下极易发生局部垮塌及落石，对保通公路带来极大的安全隐患。

（2）处理措施：此处边坡坡脚相对较缓，公路与陡峻斜坡间具有较缓堆积体，崩塌落石具有一定的缓冲空间，能消耗落石的大量动能，因此采用拦石墙＋被动网等防护措施进行防护（图 5-3-6 和图 5-3-7）。

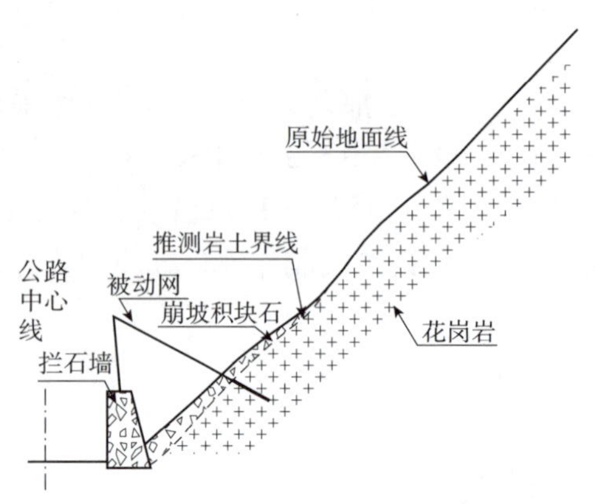

图5-3-6　主动网+挡墙防护

图5-3-7　有效拦截坡面落石

（3）处治效果：经过时间的公路运行检验，该措施的效果良好。

（4）小结：结合震后公路沿线地质灾害发育的特征，对于岩体松动，易产生崩塌以及坡面松散堆积体较多，已形成坡面泥石流地段宜采用被动网结合挡墙的形式，挡墙能够拦截方量较大的崩塌、坡面泥石流，而被动网可以拦截坡体上部个别的崩塌落石，确保公路通畅。

3. 格宾挡墙的改良应用

（1）工点基本概况：5·12 汶川地震后，震区交通受到严重损坏，尤其是路基，由于边坡问题突出，崩滑体及碎屑流冲击路基，大量的挡防工程遭到破坏，原来的道路基本被崩塌堆积体覆盖。即便是抢通形成新的路基以后，由于余震、雨水冲刷的作用，坡面、坡脚残余的松散堆积体的问题更加突出。边坡问题一定时期内还将长期存在，严重干扰和影响公路通行。如果采用砌体结构或（片石）混凝土结构，则圬工量大，造价高、地基需要处理、工期长。

另外震后大量的崩滑体侵占河道，造成了岷江河流的局部改道，对局部段落的路基形成了凹岸冲刷的格局，严重危害公路安全。前期试用堆石护坡，后又用预制四面体护坡，但由于水流湍急，绝大部分石块、四面体被带向下游。

（2）根据上述情况，采用了改良型格宾挡墙分别对这两种病害进行处治。

①拦挡边坡崩滑体：作为挡防结构。

②防止冲刷：采用被动网缝合绳网编织成石笼并填充块石，将四面体用钢绳连接投放。这种格宾是在铅丝笼格宾的基础改良上实现的，利用柔性格宾的原理，改良了其材料和工艺，因地制宜，着重工程实效。成功实现了路基护坡和挑坝填筑。

（3）工程亮点：施工便捷、快速，就地取材，经济适用（图 5-3-8）。

（4）小结：

①格宾挡墙的作用实质为重力式挡护结构，但与一般的砌体结构如片石混凝土、钢筋混凝土结构又存在显著的受力区别：其结构刚度小；结构松散，承受拉力能力差；整体性差。

②其优点在于：有较好的适应变形能力；对地基要求不高；可塑性强，加固方便；施工方便快捷；造价经济；透水性好，防冲刷性好。

图5-3-8　格宾挡墙防崩滑体

③在保通阶段的适用性强。能因地制宜地进行改良并快速投入到使用，包括路基（路基填筑、路肩墙）、挡护（拦石墙）、路基护坡、挑坝等。

（三）应急保通路面工程

（1）工点基本概况：保通阶段要求以尽可能快的速度在新建路基上修建路面，以全面打通道路，支持灾区一切秩序的恢复。路基从崩塌体通过或以崩塌体材料填筑起来，由于路基施工期限短，路基平整度差，个别路段纵坡大，路基强度较低，预计路基变形较大。

（2）处理措施：采用柔性路面结构，结构组合为：7cm 细粒式 SBS 改性沥青混凝土 AC-13C+9cm 大粒径沥青混合料 LSM-25+20cm 级配碎石 +15cm 级配碎石调平层（图 5-3-9）。

图5-3-9　路面施工

在 G213 线映秀至汶川段抢险应急路面施工中，首次将大粒径沥青混合料 LSM-25 应用于路面工程，其混合料的配合比设计、混合料的施工技术是本次工程的关键技术，在四川省乃至全国都较少应用，属新材料新工艺。

（3）处治效果：经过艰苦奋战，路面施工按期完成，实施的路面结构快速，映汶路应急路面从实施至结束，仅用了半个月的时间。从工程数量、施工环境、施工难度及施工工期，都是国内乃至国际上的创举。经实践检验，实施的路面设计达到了预期的目的，经一年的运行，现都汶路路面运行情况良好，为灾区恢复重建和恢复生产发挥着重要作用（图 5-3-10 和图 5-3-11）。本次工程首次应用的新材料新工艺 LSM-25 沥青混合料，在实施中获得了成功。

（4）小结：本次抢险应急路面工程为以后类似工程施工提供了可借鉴的施工技术；对大粒径沥青混合料的设计思想、要点及施工技术有了全方面接触，为以后的工程实际作出了技术上的准备；为抢险应急工程提供了可借鉴的技术标准。

图5-3-10　施工完成后的路面

图5-3-11　通车一年后的抢险应急路面

二、桥梁应急修复技术

5·12汶川地震后，G213线映汶二级路沿线许多大中桥梁受到了破坏，明显震害表现为：大中桥梁梁板发生扭转，纵、横向均发生移位（图5-3-12）；同时，偏位桥梁梁底支座普遍被剪坏并出现较大滑移，部分完全滑脱梁底。因此大部分梁体支垫不实，部分梁体落下支座垫石，直接支撑在墩台帽顶面的破碎混凝土渣上，导致横向出现较大赘余力，严重降低其整体承载能力。

图5-3-12　地震后映秀岷江大桥梁体平面错位

（1）工点基本概况：G213线映汶二级路由于路线走向受岷江两岸地形、地物以及许多工点限制，桥梁布设时出现了许多斜弯桥，在地震波的冲击下，梁体与支座间发生滑动，由于相邻两联及梁端与背墙之间无约束，导致较大的平面位移（伸缩缝间距最大拉开至51cm）。

由于梁体纵、横向的移动，对桥梁本身造成了一系列的损坏。首先，纵向运动引起支座的滑动、破坏；其次，横向移位引起挡块的普遍损坏；除此之外，还引起桥面连续、伸缩缝等设施的破坏；扭转运动剧烈还导致梁板头部封锚端、垫石以及盖梁出现裂缝等。

（2）处治措施：根据对多数桥梁现场情况的调查，经过周密计算和反复比较，大胆而又创造性地提出了“整联整移”的施工技术方案；即对需要复位的桥跨以多跨一联为单位，在不破坏整联梁体跨间桥面连续和桥面铺装的情况下进行整体同步顶推复位，用千斤顶顶推横移和纵移梁、撤换并安装支座，最后落梁、恢复至成桥状态（图 5-3-13）。

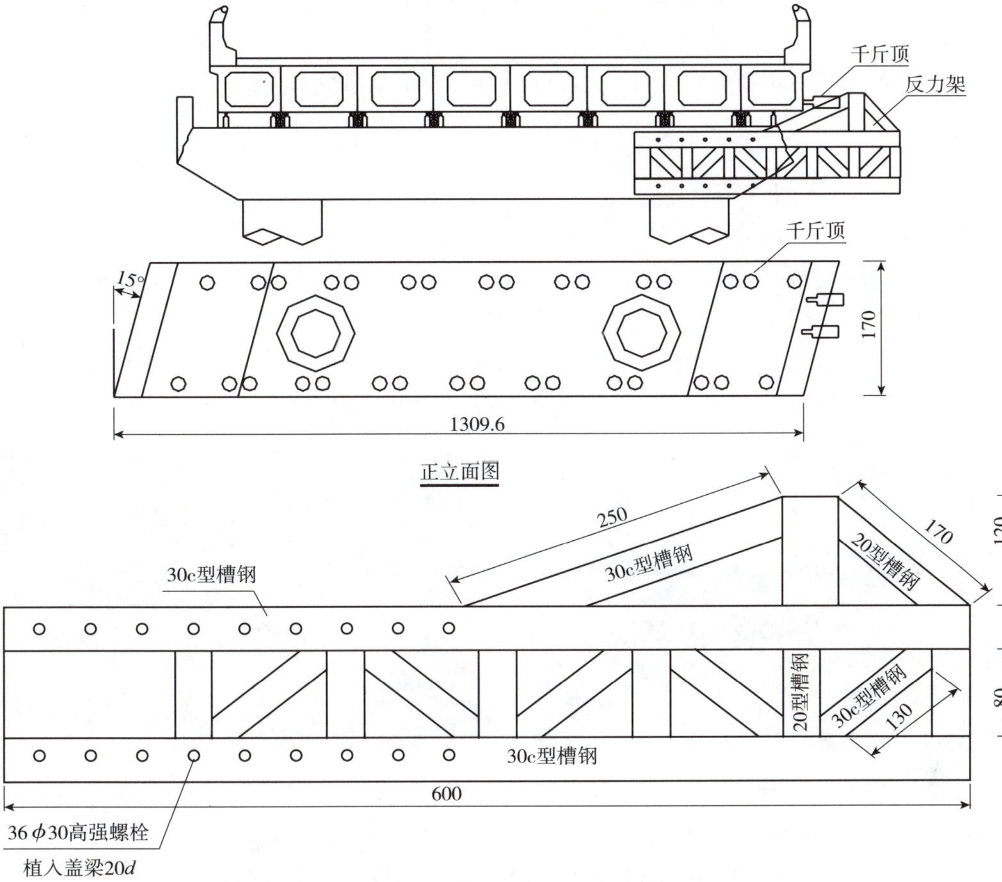

图5-3-13　移梁复位千斤顶与反力架布置大样图（尺寸单位：cm）

进行横向移动前应首先保证上部结构所受的阻力较小，一切结构约束已经解除，在桥墩盖梁左右侧及两岸桥台左右侧设置支撑反力架，然后通过竖向顶升、安装临时支座和水平顶推力将上部结构移动至设计位置。

通过抢通阶段和灾后恢复重建两个阶段的加固处理，几次余震和两年来均未对沿线桥梁的运行造成任何影响，加固处理起到了比较好的效果。

（3）工程亮点：首创性的提出桥梁的整联整移的技术方案。

（4）小结：在保通阶段利用这一技术方案对在地震中严重受损的 21 座跨岷江大桥进行了移梁复位；在随后的灾后重建阶段，又对 9 座大中桥梁进行了整联复位。其优点在于无需对已经完成的桥面铺装、桥面连续、护栏进行凿除，充分利用已经施工完成的部分，施工工期较短，材料浪费少；缺点是平移重量较大，竖向和水平向的千斤顶数量多，有一定的施工难度等。本方案的大胆创新及开拓的设计方案，可供类似工程参考、借鉴，具有一定推广价值。

三、隧道应急保通加固技术

保通阶段目标是维持通行、提高能力；保障在抢险期间的通行安全；还要满足灾后重建的大量运输，该阶段具有交通量大、重车比例高的特点，因此需逐步提高通行条件。

本阶段应利用仪器设备对隧道进行全面检测评估，提出的加固方案尽可能兼顾后期的恢复重建。根据隧道的损坏程度，分轻重缓急，首先要依靠施工设备对损坏较严重的隧道进行加固。加固方案尽可能一步到位，兼顾长期效果，因此也是后期灾后恢复重建阶段的一部分工作。

（一）震害隧道保通技术

1. 隧道衬砌震害详细检测

（1）隧道掉块坍塌（塌方）情况调查：采用目测、摄影及测量等手段对隧道内掉块、坍塌情况进行调查，查明掉块、坍塌规模及影响范围。

（2）衬砌强度检测：采用超声—回弹法对隧道二次衬砌进行强度检测（图 5-3-14 和图 5-3-15）。回弹法采用回弹仪测定混凝土强度，属于表明硬度法的一种。

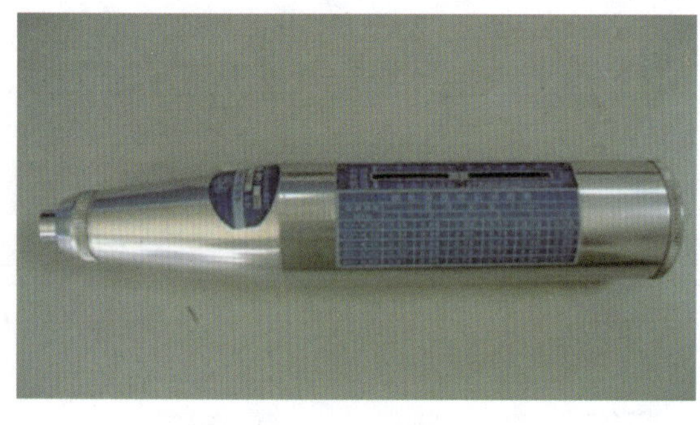

图5-3-14　回弹仪

图5-3-15　超声波仪

超声波法采用超声波穿透混凝土内部，通过波速的变化来测定混凝土轻度；超声—回弹综合法则综合回弹法和超声波法的优点，使检测结果更为准确可靠。

（3）衬砌（初期支护）、路面（仰拱）等背后缺陷检测：采用彩色地质雷达检测系统对隧道衬砌、路面（仰拱）背后的缺陷情况进行检测（图 5-3-16），掌握衬砌（初期支护）背后的空洞、不密实等缺陷的分布及范围，并掌握衬砌（初期支护）的厚度。

地质雷达由一个天线向地下发射，另一个天线接收来自地下介质界面的反射波，电磁波在介质中传播时其路径、电磁场强度与波形将随所通过不同介质的电性质及几何形态而变化。根据收到电磁波的旅行时间（亦称双程走时）、幅度与波形资料，由雷达主机记录下来，通过数据处理，图形合成等手段，便可得到反映前方地质剖面的雷达图像。

（4）隧道断面净空检测：隧道断面净空检测采用激光断面仪法（图 5-3-17）。激光断面仪法测量隧道净空断面的原理为极坐标法，即以某物理方向（如水平方向）为起算方向，按一定间距（角度或距离）依次一一测定仪器旋转中心与实际衬砌轮廓线的交点之间的矢径（距离）及该矢径与水平方向的夹角，将这些矢径端点依次相连即可获得实际衬砌的轮廓线。测量时断面仪的扫描方向应与隧道中线垂直，扫描间隔约 25cm。测量完成后再将实际衬砌的轮廓线与设计衬砌轮廓线对比，从而得出隧道断面的变形情况。

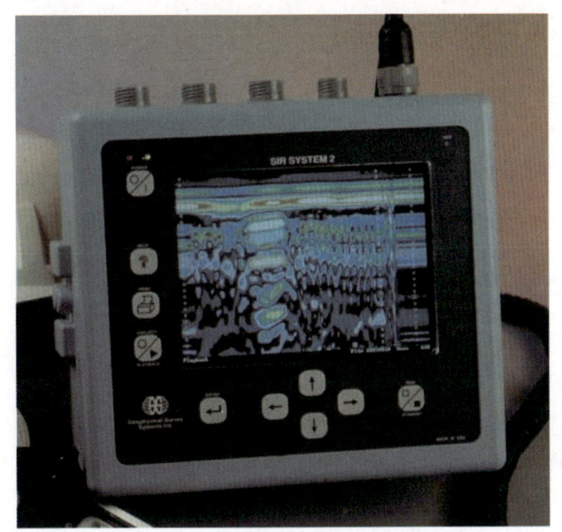

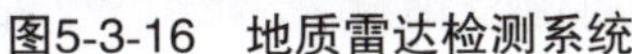
图5-3-16　地质雷达检测系统

图5-3-17　激光断面仪

（5）衬砌、路面（仰拱）结构裂缝及渗漏水调查：采用目测、摄影及测量手段详细调查隧道衬砌结构裂缝及渗漏水情况，准确绘制在裂缝及渗漏情况平面展示图。结合隧道结构背后缺陷情况分析病害产生的原因，评价隧道整体结构的稳定性和可靠度。

2. 保通阶段隧道衬砌处治技术

根据检测结果对震害隧道分段评级，按照分级结果采取不同加固处治措施。对于B、1A震害级别隧道震害段在保通阶段不做处治，对于2A和3A震害级别隧道震害采取措施进行整治。

（1）2A级别隧道震害处治技术

2A级别隧道衬砌震害，衬砌开裂严重，纵横交织呈网状，有的甚至为贯通裂缝。此级别衬砌震害导致衬砌承载力下降，在保通阶段可采用型钢钢架、型钢钢架与喷混凝土联合支护、粘贴纤维复合材料以及粘贴钢板（带）等处治措施。

型钢钢架支护是进行应急保通的快速而有效的手段，再与喷混凝土支护相配合其适应性非常广泛。喷混可采用素混凝土、钢纤维混凝土或合成纤维混凝土。

粘贴纤维复合材料法，主要适用于比较小的范围内衬砌有掉块的可能，但没有漏水，且净空富余，原衬砌混凝土强度不小于C15。

粘贴钢板（带）法，主要适用于比较小的范围内衬砌有掉块的可能，但没有漏水，且净空富余；当衬砌厚度略有不足、衬砌混凝土裂缝比较密集时，可采用外层初期支护钢带结合锚杆的方法进行加固。采用粘贴钢板（带）法加固的原衬砌混凝土强度不小于C15。

（2）3A级别隧道震害处治技术

3A级别隧道衬砌震害，二次衬砌混凝土纵向连续剥落、掉块、钢筋弯曲外露，二次衬砌混凝土局部垮塌或大面积垮塌，洞室整体坍塌。此级别衬砌震害衬砌承载力基本丧失，在保通阶段采取的加固技术措施有：

①对于衬砌严重开裂、掉块、垮塌段可采用钢管支撑、型钢钢架与喷混凝土联合支护。

②对于隧道内存在短塌方段，可采用管棚法、WNF法和WF法处理。

管棚法技术要点：工作面预注浆→长管棚施工→上小导管及半断而开挖与支护→底板开挖与支护→二次衬砌与铺底。

WNF 法适用于塌腔的矢跨比 $H/B<0.7$，利用围岩暂处于基本稳定状态，边清渣边处理，抓紧时间沿坍塌面采用喷锚支护技术加固未塌的地层，即“外层初期支护”，简称为“W”，然后沿二次衬砌外轮廓施作钢筋（钢架）混凝土支护壳体，即“内层初期支护”，简称“N”，同时用钢架将内、外层初期支护连成整体，待二次衬砌完成以后，沿内层初期支护的外轮廓依次设防水层、1.0m 厚混凝土护拱及 1.0m 以上的土层缓冲层，即“防护层”，简称为“F”。使用这种方法的特点是：工序多，处理周期较长，成本较高，但安全可靠。

WF 法适用于塌腔的矢跨比 $H/B \geqslant 0.7$，即在塌方发生以后，利用围岩的自稳能力，抓紧时间沿坍塌面进行外层初期支护，即 W。不设（也难于设置）内层初期支护，待洞内二次衬砌完成以后，设置与 WNF 法相同的防水层、1.0m 厚的护拱以及 1.0m 以上厚度的土石缓冲层。与 WNF 法相比，WF 法不设内层初期支护以及内、外层初期之后之间的连接钢架，从而使成本大幅度降低，处理周期大大缩短，但因为矢跨比较大，再次塌方的可能性较小，仍能基本保证施工安全。由于设置有 1.0m 的混凝土护拱及 1.0m 以上厚度的土石缓冲层，即使在隧道竣工后的运营时期，发生了一定规模的坍塌，其抗冲击能力仍可确保运营的安全。

（二）公路隧道保通技术

1. 抽水换气

震后隧道内瓦斯含量较大，顺利排放瓦斯、保证后续施工中的通风质量，是整个恢复重建工作能够安全、顺利进行的关键。特别是龙溪隧道由于塌方处于堵塞状态，恢复重建任务紧迫，决不能按部就班，必须采用措施立即进行瓦斯排放，采取横向迂回通风的方式将聚集瓦斯成功排放。

成功解决了在强余震不断地情况下，穿越活动断裂带进行高瓦斯隧道施工的难题（紫坪铺隧道月开挖进尺 117m，龙溪隧道仰拱拆除重建每天 45m）。

2. 隧道衬砌保通技术

（1）工程基本概况：隧道衬砌震害评估分级如表 5-3-1 所示。隧道衬砌在保通阶段采取的技术措施如图 5-3-18~ 图 5-3-21 所示。

表 5-3-1　隧道衬砌保通阶段技术措施

评定分级	隧道衬砌保通阶段技术措施
S	不采取措施
B	不采取措施
1A	不采取措施
2A	采用型钢钢架或型钢钢架与喷混凝土联合支护，钢架间距根据破坏程度可按 50 ~ 120cm/ 榀架设
3A	边墙或拱部出现严重开裂、掉块、垮塌处，如不做加固会恶化危及行车安全，可采用钢管支撑进行加固； 洞室未整体坍塌段主要采用型钢钢架或型钢钢架与喷混凝土联合支护，钢架间距根据破坏程度可按 50 ~ 120cm/ 榀架设； 洞室整体坍塌段（短），应根据实际情况进行专项设计，主要包括临时钢架、超前管棚、坍体清除与加固等措施； 洞室整体坍塌段（长），在保通阶段无法处理

图5-3-18　工字钢钢架加固

图5-3-19　钢管支撑加固

图5-3-20　塌方段的注浆处治

图5-3-21　钢架支撑加喷射钢纤维混凝土套衬

利用超前钻孔与物探相结合的手段确定洞室整体坍塌段长度，对于长塌方在保通阶段无法处理，对于短塌方在保通阶段可在采取长管棚＋预注浆加固的条件下开挖疏通。首先采用注浆固结防治塌方体的进一步发展（由于施工期间余震随时发生），同时起到封堵瓦斯的作用使塌方处治施工更安全，在进行注浆加固后采用“长管棚、强支护”的手段重新开挖隧道。

上述应急加固方案加快了工程进度、保证了施工安全、节省了工程造价，有力推动了恢复重建工作的顺利进行。

（2）工程亮点：在保通阶段，运用型钢钢架、型钢钢架与喷混凝土联合支护或钢管支撑对未塌方段进行加固处理；对于短塌方段采用“预注浆＋长管棚＋强支护”技术进行开挖疏通。

（3）经验总结：

①型钢钢架支护是进行应急保通的快速而有效的手段，再与喷混凝土支护相配合其适应性非常广泛。

②对于隧道短塌方段的疏通，“预注浆＋长管棚＋强支护”技术具有安全可靠、施工便利、迅速的优点。

参 考 文 献

[1] 云南省地质矿产局．云南省区域地质志［M］．北京：地质出版社，1990．

[2] 陈宗瑜．云南气候总论［M］．北京：气象出版社，2001．

[3] 柏松平，杨世瑜，苏生瑞．山区公路地质病害机理与技术对策［M］．北京：人民交通出版社，2010

[4] 中华人民共和国交通运输部，四川省交通运输厅，甘肃省交通运输厅，等．汶川地震公路震害图集［M］．北京：人民交通出版社，2009．

[5]《工程地质手册》编委会．工程地质手册［M］．4 版．北京：中国建筑工业出版社，2007．

[6] 中华人民共和国行业标准．JTG C20—2011　公路工程地质勘察规范［S］．北京：人民交通出版社，2011．

[7] 交通部第二公路勘察设计院．公路设计手册　路基［M］．2 版．北京：人民交通出版社，1996．

[8] 中华人民共和国行业标准．JTG D30—2004　路路基设计规范［S］．北京：人民交通出版社，2004．

[9] 中华人民共和国行业标准．JTG F10—2006　公路路基施工技术规范［S］．北京：人民交通出版社，2006．

[10] 中华人民共和国行业标准．JTG D63—2007　公路桥涵地基与基础设计规范［S］．北京：人民交通出版社，2007．

[11] 解明恩，程建刚，范菠．云南气象灾害的时空分布规律［J］．自然灾害学报，2004，13（5）．

[12] 杨晓丰，李昆．工程地质与水文［M］．北京：人民交通出版社，2005．

[13] 唐永建．“5·12”汶川大地震四川灾区公路应急调查与抢通［M］．北京：人民交通出版社，2008．

[14] 宋胜武．汶川大地震工程震害调查分析与研究［M］．北京：科学出版社，2009．

[15] 李乔，赵世春．汶川大地震工程震害分析［M］．成都：西南交通大学出版社，2008．

[16] 宋波，黄世敏．图说地震灾害与减灾对策［M］．北京：中国建筑工业出版社，2008．

[17] 云南省地震局．云南省地震局汶川 8.0 级地震应急大行动［M］．昆明：云南科技出版社，2009．

[18] 蒋爵光．隧道工程地质学［M］．北京：中国铁道出版社，1991．

[19] 罗筠．工程岩土［M］．北京：高等教育出版社，2011．

[20] 黄润秋．汶川地震地质灾害研究［M］．北京：科学出版社，2009．

[21] 李涛．云南省公路气候、地貌区划及路基设计参数研究［D］．重庆：重庆交通大学，2008．

[22] 李海光. 新型支挡结构设计与工程实例 [M]. 北京：人民交通出版社，2004.

[23] 解明恩，程建刚. 云南气象灾害特征及成因分析 [J]. 地理科学，2004，24（6）.

[24] 温克刚，刘建华. 中国气象灾害大典云南卷 [M]. 北京：气象出版社，2006.

[25] 唐川，朱静. 云南省泥石流地面活动程度分区研究 [J]. 土壤侵蚀与水土保持学报，1996，2（4）.

[26] 姜朝松. 云南省地质灾害 [J]. 灾害学，1990（4）.

[27] 程建刚，王建彬. 云南气象与防灾减灾 [M]. 昆明：云南科技出版社，2009.

[28] 赵维城. 论云南地貌体系 [J]. 云南地理环境研究，1998，10（增刊）.

[29] 郑庆鳌，俞国芬，王维贤. 云南地质（断裂）构造骨架新认识 [J]. 云南地质，2006，25（2）.

[30] 和伟，刘有菊. 雷电放电电磁场及防护 [M]. 昆明：云南大学出版社，2009.

[31] 高波，王峥峥，袁松，等. 汶川地震公路隧道震害启示 [J]. 西南交通大学学报，2009，44（3）.

[32] 陈乐生. 汶川地震公路震害与分类 [J]. 西南公路，2010（2）.

[33] 向波，李勇. 汶川大地震震中生命线路基工程保通处治简述 [J]. 西南公路，2008（4）.

[34] 马洪生，何恩怀，郭晓东. 汶川地震灾区茂北公路禹里乡至擂鼓镇段应急调查与抢通 [J]. 地质灾害与环境保护，2009（1）.

[35] 姚令侃，冯俊德，杨明. 汶川地震路基震害分析及对抗震规范改进的启示 [J]. 西南交通大学学报，2009，44（3）.

[36] 中华人民共和国地质矿产部. 中国地质灾害与防治 [M]. 北京：地质出版社，1991.

[37] 徐德玺，谭认. 汶川大地震对杜文公路的破坏及原因简析 [J]. 西南公路，2008（4）.

[38] 许毅. 国道 213 映汶路抢保通及灾后重建工程关键技术及其应用 [J]. 汶川地震公路抗震技术文集，2010.

[39] 吉随旺，唐永建，胡德贵，等. “5·12”汶川大地震公路路基边坡典型震害分析 [J]. 西南公路，2008（4）.

[40] 陈朝晖，汪晓峰，钟涛. 九环线映日旅游公路映秀～耿达段打通方案初析 [J]. 西南公路，2008（4）.

[41] 张荣、张毅. 都汶公路高速路段路面震害分析评估及处治对策 [J]. 西南公路，200（4）.

[42] 乔定健. 高地震烈度区山区公路路线总体设计的思考 [J]. 西南公路，2008（4）.

[43] 蒋劲松，庄卫林，刘振宇. 汶川大地震百花大桥震害调查研究 [J]. 西南公路，2008（4）.

[44] 李本伟，姚红兵. 5·12 汶川大地震后庙子坪岷江大桥掉落梁体和水下墩柱检测 [J]. 西南公路，2008（4）.

[45] 黄麟，蒋劲松. 庙子坪岷江大桥震后主墩裂缝的成因分析以及深水修复与加固 [J]. 西南公路，2008（4）.

[46] 裴来政，刘应辉，庄建琦. 汶川地震震后都汶公路的恢复与重建[J]. 四川大学学报(工程科学版)，2010（增刊）.

[47] 冯丹，钟胜. 节能环保是灾区道路系统恢复重建中的重要环节 [J]. 四川建筑科学研究，2010，36（2）.

[48] 吴事贵，周永江，余进元. 国道 213 线映秀至都江堰公路特殊路基震害现象及保通处治浅识 [J]. 西南公路，2008（4）.
[49] 江大兴，谭顺坤，徐兵. 都汶公路高速公路段一般大中桥震害分析及震后恢复重建设计简介 [J]. 西南公路，2008（4）.
[50] 李远达，李远明. G213 线映秀至汶川段 22 座桥梁 30m T 梁多跨整联复位试验研究 [J]. 西南交通大学学报，2009，44（3）.
[51] 陶双江，吉随旺. "5 · 12" 汶川大地震后四川部分公路隧道震害初步分析 [J]. 西南交通大学学报，2009，44（3）.
[52] 吉随旺，宋光润. "5 · 12" 汶川大地震灾区公路边坡崩塌滑移破坏特征初步分析 [J]. 西南交通大学学报，2009，44（3）.
[53] 张建经，冯君，肖世国，等. 支挡结构抗震设计的 2 个关键技术问题 [J]. 西南交通大学学报，2009，44（3）.
[54] 桂岚，李跃军. 基于 ISM 的公路突发地质灾害应急机制构建 [J]. 中国地质灾害与防治学报，2010（1）.
[55] 罗松涛，翟耀武，闵代洪. "5 · 12" 地震后道路抢通过程中的成功做法 [J]. 水利水电技术，2008（8）.
[56] 钟开斌. 汶川地震灾后恢复重建政策执行：主要困境和对策建议 [J]. 中国软科学，2008（12）.
[57] 谢秉磊，穆威，李斌. 灾后恢复阶段多期道路交通网络重建规划 [J]. 交通信息与安全，2009（3）.
[58] 雷建. 地震灾后工程恢复重建路段水毁灾害的分析及防治措施 [J]. 青海交通科技，2010（增刊）.
[59] 刘爱文，夏珊，徐超. 汶川地震交通系统震害及震后抢修 [J]. 震灾防御技术，2008，3（3）.
[60] 张家明，徐则民，刘华磊. 云南省公路水毁时空分布与态势. 山地学报，2011，29（1）.